大家受啓發的 大家身影

走過，必留下足跡；畢生行旅，彩繪了閱歷，也孕育了思想！人類文明因之受到滋潤，甚至改變，永遠持續！

將其形諸圖文，不只啓人尋思，也便尋根與探究。

昨日的行誼，即是今日的史料；不只是傳記，更多的是思想的顯影。一生浮萍，終將漂逝，讓他走向永恆的時間和無限的空間；**超越古今，跨躍國度，「五南」願意！**

思想家、哲學家、藝文家、科學家，只要是能啓發大家的「**大家**」，都不會缺席。至於以「武」、以「謀」、以「體」，叱吒寰宇、擾動世界的風雲人物，則不在此系列出現。

大家受啓發的

大家身影系列 008

一個孤獨的散步者的夢

LES RÊVERIES DU PROMENEUR SOLITAIRE

盧梭 著

李平漚 譯

Jean-Jacques Rousseau
LES RÊVERIES DU PROMENEUR SOLITAIRE
Oeuvres Complètes de J.-J. Rousseau
Volume I, Pleïade, Gallimard
1959
根據法國伽里瑪出版社 1959 年版譯出

盧梭

譯者前言

李平漚

我要寫一本蒙台涅寫的那種書，但我的目的與他的目的相反，因爲他的《論文集》完全是寫給別人看的，而我逐日撰寫的文章則是寫給我自己看的。①

盧梭

各位讀者，這是一本一字一句皆出自眞誠的書。你把書打開一看，就會發現，書中所言，除家庭和個人之事以外，便無別的。②

蒙台涅

---

① 盧梭：《一個孤獨的散步者的夢·第一次散步》。

② 蒙台涅：《論文集·致讀者》，《法國散文精選》，李平漚選編，北嶽文藝出版社一九九九年版，第一頁。

盧梭的《一個孤獨的散步者的夢》開始寫作於一七七六年秋季。一七七八年五月二十日他離開巴黎，搬遷到吉拉爾丹侯爵向他提供的埃默農維爾山莊的新居。在新居僅住了一個多月，七月二日上午在山莊散步回家後，突感不適，病情急劇惡化，來不及搶救，於十一時與世長辭。從一七七六年秋到一七七八年七月這一年多「孑然一身，沒有兄弟，沒有鄰人，沒有朋友，沒有可與之交往的人」的日子裡，盧梭爲什麼要記述他散步中的「夢」呢？讀者在展卷閱讀本書之前，想必要提出這個問題。這個問題提得好，先弄清楚這個問題，對於了解盧梭寫作此書的因由和思路的展開與筆調變化的掌握，是有幫助的。以下，譯者謹就管見所及，與讀者一起對這個問題進行初步的探討。

一、事情要從《懺悔錄》說起

1. 聽衆的沉默是不祥的徵兆

一七六四年末，盧梭在莫蒂埃③開始寫作《懺悔錄》。一七六六年三月至一七六七年五

③盧梭想寫一部表述自己一生清白的《懺悔錄》，醞釀了很久，但始終沒有動筆；因爲寫這樣一本書，必然要涉及別人。一七六四年十二月，伏爾泰的《公民們的看法》這本惡語傷人的小冊子傳到莫蒂埃後，盧梭便拋開一切顧慮，著手寫這部書。

月流亡英國期間寫完了前幾卷，而最後一卷（第十二卷）大約於一七七〇年殺青。他滿懷希望，以爲用這部「披肝瀝膽地暴露自己」的書可以證明自己的無辜，消除人們對他的誤解，終止官方和教會從他的《愛彌兒》一七六二年被判爲禁書之後對他的迫害，並揭露敵人對他的誹謗和施展的種種陰謀。而要達到這個目的，他必須勇於結束一七六七年五月從英國潛回法國之後居無定所的逃亡生活，回到巴黎。多虧孔迪親王從中幫助和多方疏通，巴黎當局才默許他回到首都，只要他不隨便發表文章，大家就不管他。於是，一七七〇年六月二十四日，他又回到了從前居住的普拉特里埃街（今尙—雅克．盧梭街）的聖靈公寓；經歷了八年苦難的流浪生活，到此終於告一段落。

他始終記住此次回到巴黎的目的。儘管「不隨便發表文章」，但他必須要另想辦法「公布事情的眞相」，他幾次邀請人們來聽他朗讀他的書[4]。第一次是十二月在佩澤侯爵家，第二次是十二月末在朵拉家，第三次是一七七一年二月念給瑞典王子聽，還有一次是五月在埃格蒙伯爵夫人家。」[5]在埃格蒙伯爵夫人家讀完第十二卷[6]後，他表情嚴肅地發表了如下一段

④ 指他的《懺悔錄》。
⑤ 見雷蒙．特魯松：《盧梭傳》，李平漚、何三雅譯，商務印書館一九九八年版，第三百八十六頁。
⑥ 他每次朗讀，都只朗讀《懺悔錄》第七至十二卷，而沒有朗讀第一至六卷，因爲「這六卷的內容不適合讀給

聲明：

我講的都是事實。如果有人說他所知道的情況與我所講的情況相反，即使他說的情況是經過千百次驗證的，他心裡也明白，那全是謊言和誣衊不實之詞。如果他不去深入調查，並在我活著的時候給我把事情弄清楚，那他就是一個不公平正直和不尊重事實的人。至於我，我要在這裡毫無畏懼地公開聲明：將來無論什麼人，即使他沒有讀過我的書，只要他親自對我的天性、我的人品、我平日的作風、志趣、愛好與習慣進行一番觀察之後，還硬說我為人不誠實的話，那他自己就是一個理應被絞死的人。⑦

他講完這段話以後，滿以爲可以得到熱烈的回應，然而聽眾卻報以死一般的沉寂，一個個全都默不作聲。這樣的氣氛，不僅令人尷尬，而且是一個不祥的徵兆。果然，一七七一年五月十日，巴黎員警總局局長應埃皮奈夫人的請求，下令禁止盧梭向人們朗讀他的書；法官

女士們聽」。

⑦ 盧梭：《懺悔錄》，巴黎「袖珍叢書」一九七二年版，下冊，第四百七十六頁。

也召見他，告誡他要「安分守己」，否則就會導致法院對他的舊案重提。這一下，他被封住了嘴。

敵人勝利了，尙－雅克．盧梭再一次遭受失敗。

2.聖母院的祭壇被關閉，這難道是上天的旨意？

盧梭失敗了，但他並不認輸。禁止他向人們朗讀《懺悔錄》這一做法的本身，難道不是正好證明他的敵人心裡有愧，證明他的敵人還在繼續玩弄陰謀，而他更加有爲自己辯護的必要嗎？現在，擺在他面前的問題，不是要不要繼續爲自己辯護，而是如何辯護；這時，他突發奇想：寫一本與《懺悔錄》在形式和筆調上完全不同的書；在這本書中，他將不像在《懺悔錄》中那樣詳細陳述事實和內心的感情，而要自己對自己作一次客觀的分析和評判。他把自己一分爲二：把「尙－雅克．盧梭」分爲「尙－雅克」和「盧梭」，另外還設想了一個法國人，透過他和這個法國人的對話，闡明他一生行事的是和非。從一七七二年到一七七五年底，他極其祕密地以〈盧梭評尙－雅克〉爲題，寫了三篇《對話錄》。文字有時明快，有時晦澀，拐彎抹角，故布疑陣。被一分爲二的盧梭和一個法國人談論那個人人都在評說，但誰也不眞正了解的尙－雅克。盧梭讀過尙－雅克的著作，並且十分讚賞，而那個法國人沒有讀過尙－雅克的書，卻沒完沒了地重複尙－雅克的敵人散布的流言蜚語和捕風捉影之詞，說什麼作品是好的，但作者是一個十惡不赦的壞人！作品的「好」與作者的「壞」是矛盾的，如何解決這個矛盾？如何論證尙—雅克是一個好人？如何論證這個熱愛眞理和熱愛人類的尙—雅克與他的作品之間的統一性？是盧梭這部《對話錄》全書的主題。

《對話錄》第一篇主要是回顧敵人對他策劃的一系列陰謀，並坦率承認他的過錯，後悔他不該拋棄他的孩子，他說良心上的責備使他感到如同身在囹圄。在《對話錄》第二篇中，盧梭說他經過調查，查明尙—雅克並非人們所說的是一個壞人；人們之所以迫害他，是因爲他敢說眞話，他說：「尙—雅克人如其文；他言行一致，他的生活與他奉行的立身處世的原則是一致的。」《對話錄》第三篇主要是讓那位法國人講他的看法；他說他在讀了尙—雅克的著作之後，才恍然大悟這些著作的作者並不是一個壞人，還說他將和盧梭一起去蒐集能夠證明尙—雅克爲人正直的證據，以便讓後世的人們終有一天能明白他是一個好人。

《對話錄》大約完稿於一七七五年末；寫好後，他並不公開發表，而是想悄悄把它藏在巴黎聖母院的祭壇上，託付給上帝幫他保存。一七七六年二月二十四日，他走進聖母院時，突然發現祭壇被人用柵欄圍起來，柵欄的門被鎖上了。他在巴黎生活了三十餘年，從未見過祭壇周圍的通道被關閉過，今天突然關閉，難道說上帝也要把他拒之門外嗎？既然如此，以後就聽天由命好了。於是他決心從此以後，永遠放棄爲自己申辯的打算，因爲他深信「不管人們怎樣做，上帝自有安排，……我把該做的事情都做了，人們就休想折磨我，就休想使我死時心裡不得安寧。」⑧他告訴人們「休想按照他們的模式塑造一個尚—雅克；盧梭將永遠是原來那個盧梭」⑨。看來，他在說這個話的時候，就已經產生了用另外的方式和筆調寫一部表述自己是何許人的新作品；一七七六年九、十月間，《一個孤獨的散步者的夢》的構思，大體上已在他心中形成。

二、一七七〇—一七七六年：他以替人抄寫樂譜謀生

有些人根據《對話錄》中某些情節的描述十分荒誕，便認爲盧梭寫作此書時，神志已經錯亂，他晚年的頭腦已不清晰。其實不然；我們從《對話錄》第一篇中就可看出，書中的敘述是按照一定的順序鋪敘的，儘管有些譫言妄語，但事情的發展是合乎邏輯的。是的，盧梭晚年的脾氣有些乖張，有時甚至反常，但思維一直是正常和健全的；一七七〇—一七七六年這段時間，他的寫作活動從來沒有停止過。他應波蘭米謝爾．韋羅爾斯基伯爵的請求，

⑧ 見盧梭：《前一部著作（指《對話錄》——引者）寫作的始末》，伽里瑪出版社「七星叢書」，《盧梭全集》，第一卷，一九五九年版，第九百八十九頁。

⑨ 見盧梭：《前一部著作（指《對話錄》——引者）寫作的始末》，伽里瑪出版社「七星叢書」，《盧梭全集》，第一卷，一九五九年版，第九百八十五頁。

替波蘭王國寫了一本《關於波蘭政府的思考》（一七七一—一七七二）；他爲他的芭蕾舞劇《鄉村巫師》增寫了六首新的曲子，另外還寫了許多短歌、抒情曲和二重唱，加起來大約一百首，在他去世後匯成一個集子，題爲《我貧困生活中的慰藉》；在天氣晴朗的日子裡，他就到巴黎郊外去採集植物標本，而且，「爲了討得德萊塞爾夫人及其女兒小瑪德隆的歡心，他還寫了八封《關於植物學的信》。他說寫這些信的目的，是使孩子們養成『認眞觀察，特別是養成正確推理的習慣。』」[10]除了這些活動以外，他還結識了一些新的朋友：《離恨天》的作者森彼得[11]就是其中之一。盧梭一生窮困，晚年靠替人抄寫樂譜謀生；據他的帳簿記載，這七年裡替人抄寫的樂譜有一萬二千餘頁之多，「許多知名人士，如里涅親王、加里齊納、達爾貝公爵、德・克羅伊公爵、克伊翁伯爵，都曾氣喘吁吁地爬幾層樓梯到他的陋室來看望這個工作認眞的小人物，只見他一刻也不停地抄寫，筆尖在紙上發出沙沙的聲音。」[12]他這樣勤奮工作，直到辭世前一年——一七七七年八月才完全停止。

---

⑩ 雷蒙・特魯松：《盧梭傳》，商務印書館一九九八年版，第三百九十頁。

⑪ 森彼得（今譯聖皮埃爾，一七三七—一八一四）：法國作家，他的《離恨天》收入商務印書館一九八一年版「林（紓）譯小說叢書」，此書今譯作《保爾和維吉妮》。

⑫ 特魯松：《盧梭傳》，第三百九十二頁。

三、最後一線希望一破滅，《夢》⑬的寫作便開始

在《懺悔錄》和《對話錄》這兩次為自己辯護的努力失敗後，盧梭並沒有氣餒；他還依然抱著有朝一日為自己洗刷冤屈的希望。然而，正如俗語所說的：萬事都有一個「料不到」，他的希望再次落空；他在〈第一次散步〉中寫道：

> 我心中恢復往日的平靜的時間，到今天還不到兩個月。儘管我早就什麼都不怕了，而且滿懷希望，但這個希望時而浮現在我眼前，時而又離我而去，搞得我心緒不寧，時憂時喜。突然，一件從未料到的令人傷心的事情把我心中的一線希望全都掃除乾淨，使我感到今生命運將萬劫不復，再也無法挽回。從這個時候起，我決定一切都聽天由命；如此決定之後，我的心才又重獲安寧。⑭

這段話中所說的令人傷心的事情，是一七七六年八月二日，孔迪親王突然病逝。

---

⑬《夢》，《一個孤獨的散步者的夢》的簡稱，此後，為行文的方便，有時用簡稱，有時用全稱。

⑭見本書正文第七至八頁。

一七六二年盧梭雖逃脫縲絏，未身陷囹圄，⑮但他心裡一直想現身公堂，當眾為自己申辯，得到一個公正的判決，恢復自己的名聲，而唯一能幫助他達到這一目的的人，只有這位親王；親王一死，他的最後一線希望便隨之破滅。萬念俱灰的盧梭，只好接受命運的安排，今後不再做任何徒勞的努力。他說：「我要把我一生最後的時光用來研究我自己；我要及早準備我應當為我自己作出的總結。現在讓我們全身心地投入與我的心靈進行親切的對話。」⑯他的《一個孤獨的散步者的夢》就是在這種情況下產生的。

四、對十篇〈散步〉的淺析

盧梭的《一個孤獨的散步者的夢》是他在世最後兩年的作品。一七七六年秋寫〈第一次散步〉，十月二十四日在梅尼爾蒙丹被一條狂奔的巨犬猛撞，暈倒在地，沒過幾天，巴黎街頭便謠傳他已死去，於是他便以這次事件為主，寫〈第二次散步〉。一七七七年春夏寫第三次至第六次〈散步〉；八月，因視力不濟，不得不完全停止替人抄寫樂譜的工作，把他的時

---

⑮ 一七六二年盧梭之能逃脫巴黎高等法院的逮捕，全靠孔迪親王事前的通風報信；關於此事的經過，請參見本書正文第八頁註腳⑤。

⑯ 見本書正文第十一頁。

間用來研究植物學，到巴黎郊外去採集植物標本（〈第七次散步〉）。一七七八年初寫第八次和第九次〈散步〉。最後一次〈散步〉——〈第十次散步〉開始寫於一七七八年四月十二日星期天聖主枝日，沒有寫完，五月便接受吉拉爾丹伯爵的邀請，遷居到伯爵在埃默農維爾仿照《新愛洛伊絲》中描述的「愛麗舍」的樣式修建的莊園，僅住了一個多月，就於七月二日猝然病逝。

這十次〈散步〉所記述的文字，乍看起來好像是沒有一定的次序，但仔細閱讀便可看出，它們是按照作者預定的安排寫的。這個預定的安排，見本書第一百七十九頁「《夢》的草稿」第二十七段及對該段所作的譯注。綜觀全書，全書的整體布局是按照這個安排進行的，篇章之間內在的聯繫不僅行文自然，而且脈絡清晰，例如：〈第二次散步〉的頭三段講的就是〈第一次散步〉中陳述的作者的寫作計畫；〈第二次散步〉的結尾說「上帝是公正的……祂知道我是清白無辜的」⑰。緊接著在〈第三次散步〉中，盧梭便追述他堅持宗教信仰的勇氣和他與《百科全書》派無神論哲學家之間的分歧。從全書的內容來說，《夢》有兩大主題。這兩大主題，一個是寫人，特別是剖析和評述作者本人；另一個主題是寫自然，寫自然的美和人與自然的心靈溝通。現在，讓我們按照書中十次〈散步〉的順序，對它們作一

⑰ 見本書第二十七頁。

個簡要的分析。

1.〈第一次散步〉

這篇文字實際上是全書的「引言」，文中說明作者寫作此書的原因，指出他如今孤獨的處境是他的敵人長期策劃的陰謀造成的；他說他發現敵人對他「布置的羅網是如此之大」，所以他從此將永遠放棄在他「生前把大眾重新爭取到」他這一邊的希望；他今後將不求助於任何人，而要反過來求諸自己，他說：「只有在我自身才能找到幾許安慰、希望和寧靜。」他慶幸自己的「心在逆境的洗滌下，已得到淨化」；他傲視他的敵人，他說：「儘管他們對我受到的屈辱拍手稱快，儘管他們無所不用其極，但他們無法阻止我享受我的天眞，安詳地度過我的餘生。」

2.〈第二次散步〉

在這次〈散步〉的開頭，盧梭著重說明了它將如何執行他在〈第一次散步〉中擬定的寫作計畫；他說他將忠實地記下他孤獨一人散步時的思想「隨著它們傾向的發展而做的夢」，因爲只有在他孤獨一人散步時思考，他才「心無旁騖，毫無阻礙」。眞正成了大自然希望他成爲的那種人。

不幸的是，十月二十四日，正當他在梅尼爾蒙丹一邊領略那片風景如畫之地給他的愉快，一邊回顧他「從青年時期到成年之後的心靈活動」時，被一條狂奔的巨犬撞暈在地，許久才在路人的救助下甦醒過來；他在書中記述了甦醒過來那一瞬間所見到的情景：

天色愈來愈黑。我看了一下天空，看見幾顆星星，看見我周圍是一片草地。這刹那間的第一個感覺，眞是美妙極了。正是透過對這一景色的感覺，我才恢復了知覺；在這短暫的一瞬間，我好像又誕生了一次似的。我覺得我所看到的這些東西，充實了我微弱的生命。

然而，在他回憶當時的美妙感覺還餘味未盡時，他腦中揮之不去的疑慮又浮現在他眼前：他又想起了他的敵人對他玩弄的陰謀，因爲巴黎街頭盛傳他已死去，甚至有人刊登了一則廣告，說是要出版在他「家中發現的文稿」。於是，他不僅擔心生命受到威脅，名聲受到玷汙，而更擔心的是作品將被人篡改。可是，面對這一切，他又無可奈何，無計可施，只好求上帝爲他作證；他說他相信「上帝是公正的，儘管祂要我遭受苦難，但祂知道我是清白無辜的。這是我的信心之所以得以產生的根源。」

3. 〈第三次散步〉

盧梭在這次〈散步〉中記述的是他對道德的追求和樹立宗教信仰的艱苦歷程。他在這兩方面努力尋求的結果，都歸納在篇末最後一句對自己勉勵和期望的話；他說：「如果由於我自身的進步，我能夠做到在臨終之時，比我在生之日雖不更好一些，但卻更有可述的德行，我就引以爲榮了。」

在文章的寫法上，他用梭倫晚年常詠誦的一個詩句，作全篇文字的出發點。不過，儘管他想像梭倫那樣「活到老，學到老」，但「這麼晚而又這麼痛苦地從我的命運和他人擺布我的命運所採用的手法中獲得的知識，對我有什麼用處呢？」「我們一生下來就進入了一個競技場，直到死亡的時候才能離開。現在，我們已經到了賽程的終點，還有什麼意義去學習如何更好地駕馭馬車呢？」於是，他回顧自己一生的經歷，回顧童年，回顧和華倫夫人的相識以及在文壇的成功給自己帶來的厄運；他「嚴格檢驗」了自己的內心和與《百科全書》派無神論哲學家之間的分歧。對於他在《愛彌兒》中寫的那篇〈一個薩瓦者的牧師的信仰自白〉，他依然深具信心，他說：「這部作品儘管遭到了現今這一代人的惡毒攻擊和褻瀆，但是，良知和信仰一旦復活，它終有一天會在人們的心中引發一場革命。」

4. 〈第四次散步〉

這次〈散步〉記述的仍然是關於道德問題的思考。

盧梭有幾件深感內疚、悔恨一生的事情；他在《懺悔錄》第二卷中所講的「瑪麗蓉絲帶事件」就是其中之一。在一個富人家當僕人的少年盧梭，偷了主人的一條絲帶，被發現後，卻滿口謊言，說是女傭瑪麗蓉偷來送給他的，致使這個小姑娘受到了傷害。誣陷他人，這是有損道德的事情；他不僅在《懺悔錄》中坦率承認了過錯，而且在晚年撰寫這篇〈散步〉時又從回顧此事入手，剖析內心，檢驗自己是否忠實執行了座右銘「我把我的一生奉獻給眞理」，並再一次告誡自己「在任何情況下，都應當有爲人眞誠的勇氣和力量，不僅口不能講任何子虛烏有之事，尤其是專門用來記述眞理的筆，更不能寫虛假不實之詞。」謊言是有害的；在判斷謊言的動機和後果方面，他認爲最好的辦法是聽從「良心的啓示」，按照道德的本能行事。他說他已經養成了這種本能，在那次「傷害了可憐的瑪麗蓉的罪惡謊言」之後，在一生中就再也沒有爲自己的利益撒過這種謊，更沒說過任何可能涉及他人利益和榮譽的謊言。

5.〈第五次散步〉

這篇〈散步〉記述的是盧梭在碧茵納湖中的聖皮埃爾島度過的短短四十餘天的快樂時光。他對這個「地貌變化萬千，什麼樣的風景都有」的小島抱有極其甜蜜的懷念之情。他說：

在莫蒂埃遭到一頓石頭襲擊之後，我就來到這個島上避難。我感到在這個

> 島上居住是如此地令人心曠神怡，島上的生活是如此地適合我的性情，以致使我下定決心，要在這個島上度過餘生。……忘記島外的人們，也讓島外的人們忘記我。

讀到這裡，讀者將發現，盧梭在文字的布局上有些變化。前四篇〈散步〉之間有一條主線聯繫；這條主線是他對往事的不斷回憶，他從不同的事例出發，追述敵人對他的迫害和他對艱難處境所抱的態度及採取的應對方法，而到了這篇〈散步〉，這條主線突然中斷，文中描述的是作者沉浸在一個孤島上的美麗的自然景色中的愉悅心情。這種心情，盧梭在《懺悔錄》第十二卷中講過，現在重溫舊事，那種人與自然融爲一體，泛舟湖上，隨波蕩漾，心醉神迷的感覺又重新湧現在心頭。

在這種感覺中，時間觀念完全消失：既忘記了過去，也不希冀未來，心中只想到「現在」，只想到自己的存在，「對自己的存在感到可貴和可愛。」在這種狀態中，他像做夢似地沉思，海闊天空般地想像，因而得到了「無論是命運或任何人都無法剝奪的樂趣」。

寫這篇〈散步〉時，儘管作者已離開聖皮埃爾島整整十二年，但回憶起來，仍覺得身在島上，心情和那時一樣快樂。

6.〈第六次散步〉

這篇〈散步〉記述的是盧梭在篇首所講的一段小故事引起的思考：他每天從丹弗爾豁口外面的一條大街到郊外散步時，總會在大街的拐角處見到一位瘸腿小孩，並給這位小孩幾個小銅錢。可是有一天他避而不從那裡經過；這是爲什麼呢？他對這一行動上的改變做了一番心理分析，想找出其中的原因。他說：「任何一個不自覺，其動作，只要我們善於尋找，就不可能在我們心中找不到原因。」

這篇〈散步〉是第一次至第四次〈散步〉關於道德問題的論述的繼續：回顧過去，審視自己的內心是全篇的主題。他說：「我的大部分行動，其眞正的第一動機，只有經過長時間的思考，才能把它弄清楚。」

向人布施，給那位瘸腿小孩幾個小銅錢，這是善行。「行善事，是人的心所能獲得的最大的快樂，」然而，如果這類事情變成了一種習慣，成了慣例，「變成了一種像功課似的非做不可的事情，」就會成爲一種負擔，感到厭煩，「心中的快樂便完全消失。」並感到它影響了自己行動的自由。他回顧成名之後所吃的苦頭說：自從成爲一個「人物」以後，他的家便門庭若市，「一切受苦受難的人或自稱是受苦受難的人都來找我，四處打秋風的騙子和那些假裝尊敬我而實際是想方設法整我的人，都上門來見我。」好像欠他們的債，理應爲他們效勞似的，這種情況使他感到苦不堪言。他說：「一系列痛苦的經驗改變了我的性情。」因此，他從經驗中得出的結論是，當「善意有可能助長他人的惡意時，切莫盲目按自己的性情行事」。

7.〈第七次散步〉

這次〈散步〉講述的是盧梭對植物學產生濃厚興趣的經過和他晚年專心研究這門學問的原因。

他在書中一邊回憶在四處流浪的青年時期採集植物標本的樂趣，一邊又問自己：如今已年老衰邁，爲什麼又重新對植物學燃起這股熱情？他說他一想到這個問題便「開懷大笑」；對於這個問題的回答又再次引發了他對道德和敵情的思考；思考的結果是：在當前眾敵圍困的情況下做他「高興做的事」，這是最明智的選擇，而且是很有勇氣的選擇，是避免仇恨的種子在心中發芽滋長的最好辦法。這個辦法，不僅可以用來培養「了無半點仇恨之心的善良天性」，而且還可以用來報復那些迫害他的人。他說：「爲了要懲罰他們，最殘酷的辦法，莫過於讓我痛痛快快地活著，而不去理睬他們。」

他在書中歌頌「樹木和花草是大地的衣裳和裝飾品」；他認爲「鮮豔的花，碧綠的草，枝葉繁茂的森林，流水潺潺的小溪，幽靜的樹叢和牧場」能淨化他的心靈。他說：「對植物學進行研究，可以使我回想起童年時期，回想起我當年無憂無慮的快樂時光，使我再次享受到它們的樂趣，使我能在他人從未有過的悲慘命運中，仍然生活得很幸福。」

8.〈第八次散步〉

這篇〈散步〉講述的是盧梭身處逆境，而仍能快樂生活的原因。他深入檢查了他天生的性情，說他的性情一方面「變化不定」，稍有什麼風吹草動，就心緒不寧，激動不已；另一方面他又疏懶成性，因此，面對錯綜複雜的世事和敵人的陰謀，他可以做到「不聞不問，心靜如水」；這種疏懶的性情，使他克服了許多險情和困難，等風波平息，就又「重新恢復大自然所希望的那個樣子」。

對於敵人和困難，他是如此的輕蔑；對於命運帶來的不幸，他又如何處置呢？他說不在乎命運對他的折磨；在〈第五次散步〉中曾描述他既忘記了過去，也不希冀未來，而只想到「現在」的心境，他只注重「今天」，他說：「我從來不爲明天如何而著急，只要我今天平平安安不受苦，就行了。」他對他的命運很滿意，他說：「不是我自誇，儘管我處於這樣可悲的境地，但我也不願意和他們當中最幸福的人，交換我的地位和我的命運；我固然是很窮，但我寧可依然故我，也不願意爲了家財萬貫而成爲他們那樣的人。」他靠自己的能力謀生，他說他的「力氣是永遠也用不完的」。

需要指出的是，這次〈散步〉的結束語，和〈第一次散步〉的結束語是遙相呼應的，讀者閱讀時，不妨把〈第一次散步〉最後那段話重讀一下。

9.〈第九次散步〉

這篇〈散步〉的開頭兩段話，是盧梭寫好正文之後添加的。關於這兩段話的最初表述，請參見「《夢》的草稿」第三段。（本書第一百六十七—一百六十八頁）

我們在前面（第十一頁）曾經說過，盧梭的這部《一個孤獨的散步者的夢》表面上看起來，十篇文章好像是各自成篇，互無聯繫；然而一仔細閱讀就會發現，有些重要的論點，他往往要重複發揮：在這篇〈散步〉中講了，又在另一篇〈散步〉中再次加以闡述，比如他在這兩段話中表述的對「幸福」的看法，就是一例。他在這次〈散步〉中說：

> 幸福是一種永恆的狀態；世上之呈現這種狀態，看來，似乎不是為人類而安排的。在這個世界上，一切都在繼續不斷地運動，是不允許任何事物保持一個固定的形態的。我們周圍的一切都在變化，我們自己也在變化。誰也不敢保證他明天還依然喜歡他今天喜歡的東西。

我們稍加回憶，便可看出這段話是盧梭為了再次闡發他在〈第五次散步〉中所陳述的如下一段意思：

世間的一切事物都處在持續不斷的變動之中，沒有任何東西能保持一種永久不變的形態。我們對外界事物的感受，也同事物本身一樣，經常在變動。……世上沒有任何一種能使我們永遠寄託的固定不變的東西，因此，我們在世上所能享受到的，只不過是一些瞬間即逝的快樂。至於永恆的幸福，我懷疑世上是否眞正有過。

我們把這段話和上一段話加以比較，就會發現：意思雖然相同，但措辭和寫法有了變化，便不乏新意。這種寫法，在盧梭的理論著作和文學作品中都有。讀盧梭的書，這一點，請多留意。

現在，讓我們回過頭來談這次〈散步〉的正文。

正文從第一百四十頁「三天前，P先生來看我」起以下，讓我們對這篇文章做一個簡要的分析。

這篇〈散步〉的話題，是由達朗貝爾爲熱奧芙蘭夫人寫的一篇悼詞引起的。達朗貝爾在悼詞中對熱奧芙蘭夫人喜愛孩子說了許多讚美的話，然而筆鋒一轉，就說凡是不喜歡孩子的人就是天性敗壞的人。盧梭認爲，達朗貝爾這個武斷的結論是針對他說的，是指摘他不該把自己的孩子送進育嬰堂而不親自撫養；他說：即使達朗貝爾的話全對，也不該寫在悼詞裡，不該用這種指桑罵槐的筆法，用壞人的形象來「糟踐他們對一個可敬的婦女的悼詞」。

通觀全文，這篇〈散步〉是描寫心理活動的文章。從盧梭講述的幾個小故事看，文中表述的是他看見別人幸福和快樂，他也感到幸福和快樂的滿意心情。但是，正如他字裡行間透露的，這種滿意的心情往往最終被他病態似的心理完全破壞，變得疑慮重重，覺得到處都是對他抱有惡意的人，因此他哀嘆：「如果我還有機會享受來自一顆心的愛，哪怕是一個穿開襠褲兒童的心的愛；如果我還能像以前那樣常常看到一個人的眼睛流露出與我同在一起的（或者至少是由我引起的）快樂與滿意，……我也就用不著到動物中去尋找我今後在人類當中再也見不到的善意的目光了。」

10.〈第十次散步〉

這次〈散步〉，是盧梭為紀念一七二八年和華倫夫人的第一次見面而寫的：

今天是聖主枝日；正好是五十年前的今天，我第一次見到華倫夫人。……這第一次相見的剎那之間，竟決定了我的一生，使我在今後的一生中，要遭遇到一系列不可避免的事情。

他懷著既愉快而又傷感的心情，回憶他和華倫夫人相處在一起的美好時光；他說他「這一生中只有在這短短的日子裡，才活得充實而無雜念，無牽無掛，能夠眞正說得上是在享受人生。」

他在書中明確表示他的一生都是華倫夫人給他的，是她塑造了他；他說，如果沒有和她相處的「這短短的一段珍貴的時間，也許連我自己也不知道我將伊於胡底」，不知道他將成爲怎樣一個人。

這篇〈散步〉開始寫於一七七八年四月十二日，接著在五月就忙於搬家，離開巴黎，遷居到埃默農維爾；在埃默農維爾剛安頓不久，七月二日便離開人間，致使這篇懷念昔日情人的文章沒有終篇，給人們留下許多懸想。他還有哪些想說的話沒有說？人們無法揣測，也許他將把在這裡尚未說完的話，帶到另一個世界去告訴他臨終前念念不忘的華倫夫人。

這十篇〈散步〉，文字清麗，無論寫人寫景或敘事析理，均娓娓道來，引人入勝。不過，筆墨的流暢只不過是這部作品成功的原因之一，因爲文字只不過是載體，是傳遞思想的工具，而眞正感動人的，是作者的眞誠；只有眞誠才能引起讀者內心的共鳴。

這部《一個孤獨的散步者的夢》和其他十篇自傳類短文，譯自法國伽里瑪出版社「七星叢書」《盧梭全集》第一卷；在翻譯過程中，曾參考該書編者所作的引言和注釋。

二〇〇六年二月
於北京

目次

一個孤獨的散步者的夢

附錄

一個孤獨的散步者的夢①

①《一個孤獨的散步者的夢》是盧梭在世最後兩年的作品，開始寫作於一七七六年秋，到一七七八年四月寫到〈第十次散步〉，未終篇即於是年七月二日猝然長逝。在盧梭的作品中，這是抒情意味最濃的作品之一。盧梭愛「孤獨」，他在一七六二年一月四日致馬爾澤爾布的信中說：「我生來就對孤獨和寂寞有一種天然的愛。」盧梭愛「散步」，他的幾部主要著作都是在散步時構思和寫作的；他在〈我的畫像〉片段三十五中說：「我只有在散步的時候才能寫作，在其他時間，我是一個字也寫不出來的。」這部作品有一個零零星星寫在二十七張撲克牌上的寫作提綱。他在第一張撲克牌上寫道：「要眞正按這個集子的標題寫，我應當在六十年前就開始寫了，因爲我整個的一生，只不過是一個長長的夢；這個夢，由我每天散步時，分章分段地做。」（本題解中的三處著重號是譯者加的）——譯者

第一次散步

我如今在這個世界上已孤零零地孑然一身，除我自己以外，既無兄弟，又無親友，也沒有可與之交往的人。人類當中，最願與人交往和最有愛人之心的人，卻被人們串通一氣，排擠在千里之外。他們懷著刻骨的仇恨心，想方設法要用最惡毒的方式折磨我多愁善感的心靈，並粗暴地斷絕了與我的一切聯繫。不過，儘管他們這樣對我，我也還是愛他們的。他們只有違背良知，才能躲避我愛他們的心。現在，他們既然不願意我愛他們，他們在我心目中就是陌生人了，就是不相識和不相干的人了。但是，就我來說，儘管擺脫了它們，擺脫了一切，我自己又成了什麼樣的人呢？如今，我要探索的，就是這個問題。不幸的是，在探索這個問題之前，還須對我現在的處境做一個簡短的回顧。只有經過這番回顧之後，我才能由談他們轉而談到我。

十五年來①，甚或更多的時間以來，我一直處於一種奇怪的狀況；在我看來，整個事情好像是一場夢②。我總覺得我患了消化不良症，使我深受其苦；我的睡眠不好，迷迷糊糊，

---

① 指一七六二年他的《愛彌兒》發表以後的十五年來；該書出版後，不僅遭到查禁和當眾焚毀，而且盧梭的人身安全也受到威脅：聽到巴黎高等法院發出逮捕令的消息後，盧梭連夜出逃，開始長達八年的流浪生活，直到一七七〇年才返回巴黎。——譯者

② 盧梭在〈第七次散步〉開頭第一句話中說道：「我剛剛才開始描寫我這長長的夢，我就覺得好像是快要寫完了似的。」把這兩句話中的「夢」加以比較，就可看出，它們表述的心情各有不同；一加細讀，令人玩

似睡非睡，因此，巴不得趕快醒來，去會會朋友，以減輕我的痛苦。是的，毫無疑問，我那時一定是不知不覺中從清醒陷入沉睡，從生奔向死。我不知道是怎樣被排除在事物的正常秩序之外的；然而我發現，在離開那個秩序之後，我立刻又跌入了一個難以言狀的混亂狀態中：我什麼也看不清楚，愈是思考我當前的處境，就愈不明白我身在何處。

唉！我那時怎麼能預見到未來的命運呢？我哪裡想像得到今天會落到如此地步呢？我善良的心怎麼能料到：同是過去的我和今天的我，會被人們一口咬定是魔鬼，是投毒犯、殺人犯和人類的災星呢？我怎麼能料到我會成爲壞蛋捉弄的對象和來往的行人用吐唾沫的方式向我打招呼呢？我怎麼能料到整整一代人，個個都巴不得把我活埋才好呢？當這種奇怪的劇烈變化發生的時候，我毫無準備，因此，一開始被弄得驚惶不已。我心情的激動和惱怒，使我陷入了精神錯亂的狀態，直到十年③以後才逐漸恢復平靜。在這段期間，我行事一錯再錯，一誤再誤，做了一樁又一樁的蠢事；由於我的思慮不周，舉措又失宜，我讓命運的主宰者

味。——譯者

③ 指十年前，即一七六六年，盧梭在英國伍頓居住期間，與休謨發生爭吵；盧梭懷疑休謨與巴黎的法國《百科全書》派哲學家勾結起來陷害他。——譯者

們④提供了許許多多口實，讓他們巧妙地用來使我從此沉淪，永無翻身之日。

我曾經做過短時間的抗爭，然而，儘管我拼命掙扎，卻毫無成效。我既不懂抗爭的技巧，又缺乏抗爭的策略；既無心計，又欠謹愼，而且直來直去，匆匆忙忙急躁行事，因此，我愈是抗爭，反而愈陷入困境，讓他們一而再地不斷抓住新的把柄，不放過任何一次打擊我的機會。當我最後感到一切努力終歸徒勞，白白使自己連遭損失的時候，我發現，最後能採取的唯一辦法是：一切聽從命運，再也不要和必然之事抗爭。因爲這種聽從命運安排的辦法，使人得到了寧靜，進而能補償我遭受的種種痛苦，而且又可避免艱難且毫無效果的繼續爭鬥。

另外還有一件事情有助於我心靈的寧靜。在他們無所不用其極地仇恨我時，那些迫害我的人因急功近利，反而忽略了一個辦法沒有使用。這個辦法是：他們應當巧妙地安排，使他們取得的成功一點一點地發揮作用，進而使我無時無刻都感到接連不斷地遭到新的打擊和受到新的創傷。如果他們善於策劃，使我有一線希望的錯覺，他們反而會使我受他們的掌握，收發由心。他們可以製造某些假象，把我玩弄於股掌之中，而我也將每每因希望落

---

④ 指埃皮奈夫人、格里姆與霍爾巴赫等人。盧梭用這樣的措辭指他們，在他的自傳性著作中曾多次出現，例如：在《懺悔錄》第十卷中說「支配我命運的那些人」。——譯者

空，心裡備受煎熬。可是，他們一下子把手段全都使完了，在使我毫無招架之力的同時，他們也黔驢技窮了。對我的誣衊、貶損、嘲笑和羞辱，雖不能有所緩和，但也沒有什麼新花樣了；我們雙方都失去了戰鬥力：他們再也沒有什麼辦法增加我的痛苦，而我也沒有辦法逃脫他們的網羅。他們是如此之迫不及待地巴不得一下子使我的苦難達到極點，以致把人間的一切力量和地獄的一切詭計都使用殆盡，便再也找不到什麼更惡毒的辦法了。身體上的創傷不但沒有增加我的痛苦，反而分散了我心靈受到的壓抑。他們雖然把我整得大聲吶喊，但卻使我免於暗暗呻吟；我的身體受到了摧殘，但卻免去了我的心受摧殘。

事已至此，我還有什麼好怕他們的？他們既然沒有什麼辦法使我的處境更加惡化，也就沒有辦法使我感到更加恐慌。不安和畏懼，這兩種痛苦的心理，我已完全擺脫，從此，我將永遠感到輕鬆。現實的痛苦，對我的影響不大：對於眼下的痛苦，我可以很容易地找到辦法加以克服；但是，對我所擔心的未來，這痛苦，我就無能爲力了。我這像脫韁野馬似的想像力把它們綜合起來，反覆琢磨，由此及彼地多方設想。等待痛苦，比眞正受到痛苦給我的折磨更難受一百倍；威脅要打擊，比打擊本身更可怕得多，因爲，在眞正受到打擊之後，就可對它們的程度作出正確的評估，而不必胡思亂想，擔驚受怕地妄加揣測。

我心中恢復往日平靜的時間，到今天還不到兩個月。儘管我早就什麼都不怕了，而且還滿懷希望，但這個希望時而浮現在眼前，時而又離我而去，搞得我心緒不寧，時憂時喜。

突然，一件從未料到的令人傷心的事情⑤，把心中的一線希望全都掃除乾淨，使我看到我的命運今生將萬劫不復，再也無法挽回。從這個時候起，我決定一切都聽天由命；如此決定之後，我的心才又重獲安寧。

當我發現他們布下的網羅是如此之大以後，我便永遠放棄了在生前把人們重新爭取到我這邊的念頭；即使人們的態度反過來傾向我，那對我也沒有什麼用處。他們枉自轉向我這邊，因爲他們再也找不到我了。由於他們的行爲使我感到輕蔑，因此我和他們來往已沒有什麼意義，甚至是一種負擔：我孤單一個人，比和他們在一起，更愉快一百倍。他們把我心中對與人交往的樂趣，已消除乾淨；在我這個年齡，他們再也不可能使我的這種樂趣重新萌生；現在已爲時太晚了。不論他們今後對我是好還是壞，我都毫不在乎；不論他們做什麼，對我來說，同時代的人都永遠與我無關了。

但是，我對未來還是抱有希望的：我希望更優秀的一代人，將仔細檢驗這一代人對我的

---

⑤指一七七六年八月二日，孔迪親王的猝然死亡。親王與盧梭的私交甚篤：一七六二年《愛彌兒》出版後，巴黎高等法院發出逮捕盧梭的命令，這一消息就是親王透露給盧梭，使他得以及時出走，逃脫厄運。孔迪雖身爲貴族，但有共和主義思想，在盧梭遭遇困難時，曾多次提供庇護，因此盧梭把恢復名聲的希望，完全寄託於親王的幫助。——譯者

評判和他們對我的所作所爲，充分揭露他們的行徑，並澈底看清楚我是怎樣一個人。正是因爲我抱有這個希望，所以我才寫《對話錄》⑥，並想盡種種辦法，試圖把這部作品留諸後世。這個希望儘管很渺茫，但它使我的心跟我想在這個時代尋找一顆正直的心的願望是同樣的激動。我把希望寄託於未來，孰料此事也同樣使我成了今天人們的笑柄。在《對話錄》中，我已經講了我是根據什麼理由產生這一期待的。但我的估計完全錯了。幸虧我及時覺察到了這一點，所以在我最後的時刻到來之前，還能找到一段非常安寧和絕對閒適的時刻；這段時間開始於我現在所談的那個時期⑦；我有理由相信它將再也不會被中斷。

然而在幾天前，我又重新思考了一下，結果發現，我對人們之會回過頭來傾向於我的估計，是大錯特錯了，甚至是下一個世紀的人們，也不會傾向於我，因爲他們都是按照那幫引導他們的人的眼光看我的；而引導他們的那些人，是一波又一波地不斷從那個憎恨我的群體中產生的：個人雖然死了，但群體沒有死，他們原來的那些看法還依然存在，他們像魔鬼附

⑥「對話錄」是副題，這部作品的全稱是《盧梭評尙—雅克——對話錄》，是盧梭用對話體寫的一部自傳性著作。——譯者

⑦指開始於孔迪親王死後的時期。親王死後，盧梭想恢復名聲的希望完全破滅；正是由於這一希望的破滅，他反而心境寧靜，不抱任何幻想，完全聽天由命。參見本書正文第八頁譯注⑤。——譯者

身似的仇恨心，還照樣在活動。即使我的敵人作爲個人全都死光了，但醫生和奧拉托利會會員總還有活著的。即使迫害我的只是這兩個群體，我估計，在我死後，他們也不會讓我得到安寧，他們也會像我在生之時那樣對我。也許，由於時代的變遷，我眞正得罪過的醫生們會平靜下來，不再恨我；但我曾經愛過、尊敬過和信任過而從未冒犯過的奧拉托利會會員，這些基督教的教徒和半僧侶似的人，是絕不會手下留情、就此甘休的。由於他們自己的不公正而造成的我的罪過，他們反而自以爲是，不原諒我，因此，被他們千方百計加以攏絡和煽動起來的大眾，也將同他們一樣，是不會偃旗息鼓、就此收兵的⑧。

對我來說，在這個世界上，一切都結束了。人們從此既不能對我有所助益，也不可能對我有所不利。在這個地球上，我既不希望什麼，也不害怕什麼：我在地獄的最深處，反而最寧靜；雖然成了一個可憐的倒楣鬼，但卻和上帝一樣，對世上的萬事萬物都無動於衷。

從此以後，對我身外的事物，我都毫不過問。我在這個世界上既無親友，又無兄弟。我雖居住在這塊土地上，但卻好像是從另外一個星球上掉下來的人。雖說周圍有一些我熟悉的

---

⑧ 法國的奧拉托利會創辦於一六一一年。盧梭在蒙莫朗西居住期間，與該會會員多有來往，如《懺悔錄》第十一卷中提到的阿拉曼尼與芒達爾就是「奧拉托尼會的先生」。一七六二年五月，盧梭送了一本《愛彌兒》給他們，這些「先生們」就開始與他疏遠，於是盧梭便懷疑他們站到敵人那邊去了。——譯者

事物，但它們無非是一些令我傷心和痛斷肝腸的東西。我不想看我周圍的一切，因爲它們沒有一樣不是使我感到鄙棄，便是使我感到痛苦。因此，應當馬上把這一切使我感到難過而又無益的令人心酸的事，從心中澈底排除，既然只有在我自身才能找到幾許安慰、希望和寧靜，我便應當獨自一人安度餘生，只依靠自己和關心我自己。正是在這種心情下，才又接續寫《懺悔錄》，眞誠和嚴格地審視我自己。我要把一生最後的時光用來研究我自己；及早準備應當向我自己作出的總結。現在，讓我們全心地投入與心靈進行的親切對話，因爲，只有與心靈的對話，是任何人都無法阻擋我進行的。我要對內心的活動進行縝密的分析，把它們清理出一個很好的頭緒，改正其中尚存在的缺點。我這樣潛心思考，不至於完全沒有用處；儘管我在這個世界上已不可能再作出什麼貢獻，但我絕不會浪擲餘下的時光。我每天散步的閒暇心情，往往充滿了令人神往的對往事的回憶；遺憾的是，我把它們差不多都忘記了，因此，我要用筆趕快把我還能想起的事情都記錄下來，以便今後拿出來重新閱讀時，能從中得到快樂的享受。我要把我過去的不幸、我的迫害者和我受到的屈辱，通通忘記，只回憶我的心配有享受的獎勵之事。

這些記錄，嚴格說來，只不過是我的夢的不完整的日記。其中有許多地方是談我自己，因爲一個孤身進行思考的人，必然是大部分時間都思考他自己的。不過，在我散步的過程中，在我的頭腦裡一閃而過的一些不相干的事情，也將在我的記錄中有一席之地。我認爲事情是怎樣經過的，我就怎樣陳述，而且，事情與事情之間，沒有多少聯繫，就和昨天的看法與明天的看法通常無多大聯繫是一樣的。不過，透過我的頭腦在我所處的奇特環境中，每天得到的感受和想法的影響，我必然會對我的天性和性格產生一種新的認識。因此，可以把這些記錄看作是我的《懺悔錄》的附錄，不過，我並不對它們冠以這樣的標題，也不覺得還有什麼值得用這樣標題的話要說。我的心在逆境的洗滌下，已得到淨化；即使細心觀察，也很難發現在我心中還殘存有什麼應當受到指摘的傾向。既然我在塵世的愛已完全從心中消除，我還有什麼要懺悔的呢？我既沒有什麼可稱讚的，也沒有什麼可譴責的；今後，我在人群當中已形同虛無；既然我和他們沒有什麼眞正的關係，又沒有眞正可與之交往的人，所以我只能是這個樣子。既然我做的好事沒有一件不變成壞事，我的每一個行動不是使他人，便是使自己受到傷害，那麼，澈底抽身便成了我唯一的選擇；我要盡力按我的這個選擇去做。不過，我的身雖閒，但我的心還在活動：它還在產生情感和思想。它內在的生命力，似乎由於我在世上的一切利害關係已經斷絕，反而有所增長。對我來說，我的肉體完全成了一個累贅、一個障礙，我要及早盡我的所能擺脫它。

如此奇特的一種處境，當然是值得加以研究和描寫的。我將把我今後的閒暇時間用來做這項研究工作。爲了把這項工作做好，就需要有條不紊地按部就班地進行。然而這是我力所不能的事情，而且我愈是這樣做，反而愈是偏離我的目標，因爲我的目標是：要把我心靈的變化和一個接一個的變化過程向自己作一個詳細的描述。我將像物理學家逐日記錄每天的天氣變化那樣，在自己身上從幾個方面進行這項工作。我要把氣壓錶放在我的心上，這樣有針對性地長時間反覆進行這項工作，必將使我獲得與物理學家同樣精確的結果。但是，我並不把我的工作做得那樣細，我只滿足於對它逐日作個記錄，而不條分縷析地歸納成什麼系統。我要寫一本蒙台涅寫的那種書，但我的目的卻與他的目的相反，因爲他的《論文集》完全是寫給別人看的⑨，而我逐日撰寫的文章則是寫給我自己看的。如果我在接近辭世的垂暮之年，還能懷著我現在的心情讀我記述的文字，必將使我回想起當初寫作時的無窮興味，進而使我過去的時光重又出現在我的眼前，可以說，這樣就等於是讓我再次經歷我的一生。儘管有人排斥我，但我依然知道如何領略社會生活的樂趣；因爲，雖然衰老之年的我和另一個時代的我在一起，但也如同和一個年齡比我小的朋友一起聊天。

我以前寫《懺悔錄》和《對話錄》時，始終是懷有無限憂慮的，因此千方百計地加以隱瞞，以期使之不至於落入我的迫害者的貪婪的手，而能傳諸後世。但現在寫這部作品時，我已經沒有這種折磨我的不安的心情了，因爲憂慮不安是沒有用的；何況使它們廣爲人知的願望，在我心中也早已熄滅，所以，對我的作品和我的清白的諸多見證將遭到何種命運，我都

⑨盧梭對蒙台涅說的這個話，有失偏頗，因爲蒙台涅在他的《論文集·致讀者》中說，他的這部作品「主要是奉獻給我的親友」，而不是「爲了討好大眾而作此書的」。（參見《法國散文精選》，李平漚選編，北嶽文藝出版社一九九九年版，第三頁）——譯者

泰然處之，抱無所謂的態度；也許，對我的清白的見證，早已被他們清除乾淨了。目前，儘管有人在窺探我的行動，對我所寫的這些文字深感不安，想方設法要奪取，要扣押，要篡改；這一切，我毫不在乎；我既不隱藏它們，也不出示它們。即使有人在我在生之時把它們奪走了，但他們不可能奪走我寫作的樂趣和我對作品內容的記憶；他們尤其不能奪走我孤單一人潛心思考的能力：我這部作品，就是我潛心思考的結果，而潛心思考的源泉是只有隨著我的才情枯竭才枯竭的。現在想來，如果從我早先的災難開始發生之初，我就懂得不和命運抗爭，採取我今天採取的辦法，那麼，他們這些人的種種努力和布下的機關，就不會對我發生什麼作用了，就不會像他們後來那樣處處取得先機，玩弄種種伎倆擾亂我的安寧。不過，儘管他們對我受到的屈辱拍手稱快，儘管他們無所不用其極，但他們無法阻止我享受我的天真，安詳地度過我的餘生。

第二次散步

我如今處在一個任何人都從未遇到過的奇特處境中；對於我的心靈在這種處境中的狀態，擬好了寫作計畫之後，我發現，執行這個計畫最簡單而又最可靠的辦法是：忠實地記下我孤獨一人散步的經過，記下我在散步過程中，讓我的頭腦完全自由地思考、讓我的思想毫無阻礙地隨著它們傾向的發展而做的夢。我只有在這一天當中孤獨沉思的時候，才能夠充分表現我自己和屬於我自己；我獨自一人思考，心無旁騖，毫無阻礙，我敢說自己眞正成了大自然希望我成爲的那種人。

稍後不久，我就感覺到執行這個計畫的時間已經太晚了。我的想像力已不如從前活躍；已不像從前奔放，一看見引起它注意的事物，就集中精力思考。夢境中的狂熱，已不再令我感到陶醉。今後，在夢境中產生的，屬於回憶性的東西多，創造性的東西少；淡泊一切的倦意使我所有的官能幾乎陷於麻痹，生命的火花已逐漸在身上熄滅，我的心靈已很難衝出它的窠臼；對於我認爲有權利達到的境界，已毫無達到的可能了：今後，我只有在回憶往事中感到我還依然存在。因此，在暮年到來之前，爲了審視我自己，就需要至少追溯到我在世上的希望完全落空、我的心在這個大地上再也找不到什麼精神食糧之前的幾年時光①：從那個時候起，我已逐漸習慣於以它自己來滋養它自己，在我的身體內尋找養料。

---

① 指從《愛彌兒》（一七六二年六月）出版，到他開始流亡生活的那幾年。——譯者

這個來源，儘管我發現得太晚了，但它是如此的豐富，以致足以滿足我的所需。由於我已養成了反觀自己的習慣，因而忘掉了對自己的苦難感受和記憶。我從自身的經驗中發現：眞正的幸福源泉在我們自身；一個人只要自己善於追求幸福，別人是無法使他落到眞正悲慘的境地的②。這四、五年來，我經常領略到我溫柔仁慈的心在沉思默想之時所感到的快樂。在我孤身一人散步的過程中，之所以有時候是那樣的心醉神迷，這都要歸功於那些迫害我的人；沒有他們，我也許既不能發現也不能認識我自身所擁有的這一財富。對於這一如此豐富的寶藏，我應如何忠實地把它們一一記錄下來呢？然而，在回憶夢境中得到的那麼多樂趣時，我不僅顧不上描述它們，反而愈來愈沉醉在其中。這種狀態，是在我進行回顧之時造成的，因此，對它的感受一旦停止，我也就走出這個狀態了。

在決定按照計畫繼續寫《懺悔錄》之後，我在散步中，尤其是在我即將談到的那次散步中，我對這種感受深有體會；在那次散步過程中，一次沒有料到的意外事故打斷了我的思路，使我的思路在有一段時間，朝別的方向發展了。

② 這個話，盧梭在十多年前就說過了。一七六二年一月二十六日，他在致馬爾澤爾布的信中說：「我的幸福是我自己創造的。……我心裡想怎麼快活，我就能做到怎麼快活。我從來不到遙遠的地方去尋求幸福，我就在我身邊尋找，而且眞找到了。」——譯者

一七七六年十月二十四日星期四，我順著林蔭大道一直走到綠茵街；從這條街登上梅尼爾蒙丹，從那裡的葡萄園和草地中的小路，走到夾在兩個村莊中的風景如畫的夏洛納；接著，我便回過頭來想經過這塊草地，從另外一條路回家。我一邊走，一邊領略這些風景如畫之地給我的愉快，有時候又停下來觀賞綠葉叢中的花草。我發現兩種在巴黎周邊少見但在這一帶卻非常多的植物。這兩植物，一種是菊科的黃菊，另一種是傘形科的柴胡。這一發現使我歡喜不已，而且接著又發現了一種在高山之地更爲稀少的植物——水生小雞草。儘管當天發生了那次事故，我後來還是在我那天隨身攜帶的書中找到了它，並把它收藏在我的植物標本冊裡。

接著，我又仔細觀察了另外幾種尚在開花的植物；儘管它們的花和葉子及分類，我都很熟悉，但我對它們還是很感興趣。隨後，我逐漸停止了這些細小的觀察，集中精力盡情回味這一片美麗的景色使我產生的愉快而又動人的感覺。收穫葡萄的日子已結束好幾天了；城裡來的遊客已漸次稀少；農夫們已離開田野，一直要等到冬忙才重新到地裡幹活。儘管農村依然是綠油油的，但有些樹木已開始掉葉，呈現出荒涼的景象：到處靜悄悄的，冬天已經臨近了。大地的景象既甜蜜又令人悲傷，與我的年齡和命運極其相似，使我不能不觸景生情，別有一番感受。我發現，我清白而又不幸的一生，已到了暮年。儘管我的心還充滿了強烈的感情，靈魂還裝點著幾朵花朵，但它們已經由於悲傷而枯萎了，由於憂慮而凋零了。孑然一身，被世人拋棄的我，已感到初冬的寒意即將來臨；我一天比一天枯竭的想像力，已經不能按照我的心意想像有人來陪伴我度過這孤寂的餘生。我慨然長嘆地問自己：我在這世上究竟做了些什麼？我是爲了過人的生活，才誕生在這世上的，然而我卻沒有經歷過眞正說得上生活的日子便死了。無論怎麼說，這都不是我的過錯，因此，我向我的生命的創造者奉獻的禮物，雖然不是什麼美好的作品（人們不讓我做出這樣的作品），但至少是美好的願望（儘管它屢遭挫折）和健康的思想（雖然它們沒有產生什麼成果）與受人嘲弄而不稍動搖的耐心。我懷著無限的溫情這樣思考，認眞回顧我從青年時期到成年之後的心靈活動，尤其對我被排除出人類社會以後和我準備了此餘生的長期的隱居生活中的心靈活動，我回顧得更加詳細。我懷著喜悅的心情回憶我心中的感情，回憶那親切而又盲目的眷戀之心，回憶這些年來，我腦海中所產生的令人安慰多於令人悲傷的想法，我決心要把它們召回在我的眼前，以便懷著我當初沉湎於它們之時的快樂心情，將它們記錄下來。那天下午，我就是這樣在寧靜的沉思中度過的。然而，正當我慶幸我這一天沒有虛度，準備回家時，下面敘述的意外事故，使我脫離了夢境。

大約在六點鐘左右，我走下梅尼爾蒙丹，差不多快到「風流的園丁」小酒館對角時，我發現走在我前面的行人突然向兩邊閃開；只見一輛四輪馬車前邊有一隻高大的丹麥狗向我這個方向跑來。當牠看見我時，牠已來不及刹住腳或掉轉方向。於是，一下子就撲在我身上。我當時認爲，要想不被牠撞倒在地，唯一的辦法是向旁邊騰空一跳，讓牠在尚未落地之前，從我雙腳下面跑過去。可惜，我的這一想法剛一閃現，還來不及細想和實施，就發生了那次事故。當時，我既不知道是怎樣被撞的，也不知道是怎樣倒在地上的，更不知道我甦醒以前發生了些什麼事情。

當我甦醒過來的時候，天已經快黑了。我發現，我躺在三、四個年輕人的懷裡；他們把經過的情況告訴了我。他們說，那隻丹麥狗因爲沒有剎住腳，撞到我的腳。它高大的身軀和奔跑的速度，一下子就把我撞得頭朝前方，身子摔倒在地。承受著我全身重量的上顎，碰上一條高低不平的石板路上。這是一條下坡路，所以摔得特別猛；我的頭比我的腳，傷勢還重。

那隻狗的主人的四輪馬車緊跟著便衝了過來。要不是車夫及時勒住轡繩，也許車子就從我身上壓過去了。我從那些把我扶起來並在我甦醒之後，還一直抱著我的人的口中知道的情況，就是這些。我甦醒時見到的情景特別奇特，不能不在這裡描述一下。

天色愈來愈黑。我看了一下天空，看見幾顆星星，看見我周圍是一片草地。這剎那間的第一個感覺，眞是美妙極了。正是透過對這一景色的感受，我才恢復了知覺。在這短暫的一瞬間，我好像又誕生了一次似的；我覺得，我所看見的這些東西充實了我微弱的生命。我當時只注意到眼前的情景，別的什麼都不知道，對自己的狀況也沒有清楚的意識，更不知道究竟發生了什麼事情；我既不知道我是誰，也不知道我在什麼地方；我既不感到疼，也不感到害怕和不安；我像觀看小溪的流水那樣，看著我的血往外流，而意識不到那流淌的血是我自己的血。我心中有一種非常安詳平靜的美妙感覺，此後，我每次再回顧當時的情景，就再也沒有獲得可與之相比的快樂，儘管我也領略到了別人領略過的樂趣③。

人們問我家住哪裡；我回答不上來。我問他們，我在什麼地方，他們告訴我說，在上波納街，可是我聽起來好像是在阿特拉斯山。④於是我依次問在阿特拉斯山脈的哪個國家、哪個城市和哪個街區。一連問了這幾個問題之後，結果還是搞不清楚我究竟在什麼地方；及至順著這個方向一直走到那條林蔭道，我才想起我的住處和我的名字。有一位素不相識的先生陪我走了一段時間；當他知道我住得那麼遠以後，便建議我在聖殿街僱一輛馬車送我回家。我走路走得很好，很輕快，既不感到疼，又不覺得受了傷，儘管我一直在咳嗽，而且咳出了許多血。我感到身上很冷，凍得我殘缺的牙齒格格作響，很不舒服。到了聖殿街，我心裡想，既然我走路沒有問題，那最好就仍然一路步行，以免坐在馬車上受凍。我就這樣走完了從聖殿街到普拉特里街的半法里路⑤。沿途一路無事，躲閃障礙和來往車輛，都沒有問題；辨認道路也很清楚，和我身體健康時一個樣。我走到了家，打開臨街的門上的暗鎖，摸

---

③ 這裡的「別人」，指蒙台涅；蒙台涅有一次從馬上跌下，從昏迷中甦醒過來，渾身無力時，反而感到這一跤跌得很有趣。（見蒙台涅：《論文集》，第二卷，第六章，巴黎費爾曼—迪多版，第三百九十頁）——譯者

④ 阿特拉斯山：位於北非，綿亙於摩洛哥和突尼斯之間。——譯者

⑤ 本書中的法里指古法里，一古法里約等於四公里；半法里約等於二公里。——譯者

黑走上樓梯，最後走進了房門：別的意外沒有發生，只是最後摔倒在地；至於我是怎麼摔倒的，摔倒之後發生了什麼事情，我一點都不知道。

妻子看見我時，發出了一聲尖叫，這才使我發現，傷勢比我想像的嚴重。當天夜裡，我沒有怎麼感到疼痛；直到第二天才感到疼痛難忍的。我的上嘴唇裡邊的皮肉已經破裂，一直裂到鼻子；嘴唇外邊幸虧有皮膚保護，才沒有裂成兩半；有四顆牙齒被撞得陷進了上顎，因此這半邊臉腫得特別大。我的右拇指挫傷了，腫得很粗大，左拇指也嚴重受傷；左臂挫傷，左膝也腫得很厲害，而且有一處挫傷疼得我不能彎身。不過，儘管受了這麼多傷，並沒有斷胳臂、斷腿，連牙齒也沒有掉一個，這眞是奇跡，不幸中的大幸。

以上是我對那次事故的忠實記錄。可是，沒過幾天，這件事情就傳遍了巴黎，而且愈傳愈離奇，竟添枝加葉地篡改得和事情的眞相完全兩樣了。這樣的篡改，雖不出我所料，但沒有想到，其中竟摻雜了那麼多古怪的傳聞和含沙射影、欲言又止的話：人們在和我談起這件事情時，都面帶一種如此可笑而又神祕的樣子，以致使我深感不安。我對黑暗歷來是深惡痛絕的⑥，因此自然而然地對這些年來有增無減地在我身邊暗中搗鬼的事情十分憎恨。在這段期

---

⑥「我生來就害怕黑暗；我害怕並憎恨黑暗的那種陰森可怖的樣子。」（盧梭：《懺悔錄》，第十一卷，巴黎「袖珍叢書」一九七二年版，下冊，第三百四十八頁）——譯者

間眾多稀奇古怪的訛傳中，我只講其中的一個，因爲，僅此一個，就足以使人們判斷其他了。

我和警察局長勒魯瓦先生從來沒有任何聯繫，可是他卻派祕書來打聽我的消息，而且說可以馬上提供一些幫助。他的這一表示，在當時的情況下，對減輕我的痛苦毫無用處。那位祕書急著要我對是否接受幫助表明態度，甚至說，如果我不信任他，可以直接寫信告訴勒魯瓦先生。這麼殷勤和誠懇的樣子，反倒讓我看出這當中必定有什麼陰謀。這次事故已經使我夠煩的了，加之又發高燒，因此，稍有一點異樣的情況，就使我惶惑不安。我懷著憂慮的心情翻來覆去地琢磨，對我周圍的風言風語更是聞之心驚。這種心態，完全是一個高燒病人的精神紊亂，而不是一個與世無爭的人的冷靜。

另外還有一件事情把我搞得心緒不寧。陶穆瓦夫人這幾年來一直想認識我；其中的原因，我始終沒有猜透。她經常送我一些針對我的愛好的小禮品，有時又無緣無故地登門拜訪，索然無味地和我閒聊。這些情況，相當清楚地表明她一定有什麼不可告人的目的。她對我說過，她想寫本小說作爲禮物獻給皇后。我把我對女作家的看法告訴了她。後來我終於明白，她的這一行動的目的是要重振家業，並求得皇后的庇護。對此，我沒有什麼話可說。她告訴我，由於她沒有接近皇后的機會，所以她要把她的書公開發表。對於這種做法，我不便提什麼建議，因爲，一方面她沒有要求我提什麼建議，另一方面我發現，即使我提了，她也不會照辦。她說要先把書稿給我看；我求她別這麼做，因此她才沒有送來。

有一天，正當我靜心養傷的時候，我收到了她那本已經印刷並裝訂成冊的書。我在該書的序言中發現她對我說了好些恭維話，但語言卻非常粗俗，而且筆調矯揉做作，使我感到很不愉快。一看她的文章，就知道她是在胡亂吹捧，而不是出自眞正的善意：我的心是不會上這種當的。

過了幾天，陶穆瓦夫人帶著女兒來看我。她告訴我說，她的書由於其中的一條注釋鬧得滿城風雨，因此招來了麻煩。我先前在匆匆閱讀她那本小說時，對那條注釋沒有怎麼注意。在陶穆瓦夫人走了以後，我拿起書來重新閱讀。我仔細研究她的寫法，這時我才恍然大悟，明白她以前屢屢來拜訪以及她在序言中吹捧我的動機。我發現，這一切的目的無他，全是爲了使人們認爲那條注釋是我寫的，把人們對那條注釋的指摘引到我頭上⑦。

我沒有辦法平息人們的議論和消除它可能產生的影響。我唯一能做到的事情是：從此不再接待陶穆瓦夫人和她的女兒虛情假意的來訪。爲此，我寫了一封便函給陶穆瓦夫人如下：

⑦ 盧梭在他的《對話錄》第二次對話的一條注腳中說：「那些迫害我的人慣用的手法是：拿我作犧牲，來滿足他們發洩仇恨的心；讓他們的僕從去幹壞事。最後把責任推在我身上。他們用這種手法，先後把《自然的體系》（霍爾巴赫著——引者注）和《自然哲學》（德．薩勒著——引者注）以及陶穆瓦夫人小說中的那條注釋說成是我作的。」（盧梭：《對話錄》，弗拉瑪尼翁一九九九年版，第三百十六頁）——譯者

「盧梭不在家中接待任何作家。對陶穆瓦夫人的好意謹敬謝不敏，請夫人此後勿再光臨寒舍。」

她寫了一封信回給我，形式上倒還客氣，但語氣卻跟別人在這種情況下寫信給我一樣，用詞造句都很尖酸。我在她敏感的心上猛地捅了一刀，因此我從她信中的筆調可以看出：她對我的感情是那麼的強烈和眞實，而我卻對她宣布斷絕往來，她一定會氣死的。在這個世界上，無論做什麼事情，只要老老實實坦率行事，反而會造成可怕的罪惡：我在同時代人的眼中，只因爲我不和他們同流合汙，不跟他們一樣虛僞和奸詐，他們反而把我看成是壞人和惡人。

我已經走出家門閒逛了好幾次，甚至還常常到杜伊勒利宮去散步；在散步過程中，我從遇見的那些人的吃驚表情可以看出，他們對我還有一些我不知道的新傳聞。我後來得知，原來是人們以爲我因那次摔倒的傷勢過重而亡。這個傳聞傳得如此之快和如此之添油加醋，以致兩個星期之後，有人告訴我說：國王和王后在談起我時，竟信以爲眞。好心的朋友寫信告訴我說，《阿維尼翁信使報》在刊登這一樁消息⑧時，竟提前登載了一篇準備以悼詞的形式發表的謾罵和羞辱我的文章。

---

⑧指在人群中訛傳的盧梭「死訊」。——譯者

這一消息還伴隨了一個更加奇怪的情況：這個情況，我是偶爾得知，但不甚詳細。據說，有人刊登了一則徵訂廣告，說是要出版在我家中發現的文稿。於是，我明白，原來是有人準備把我的文章蒐集起來，加以篡改之後出一個集子，以便把集子中的文章說成是我的遺作。如果人們以爲他們會把那些在我家中找到的文章一字不改的忠實付印的話，那就太傻了；這是任何一個有頭腦的人都可想像得到的；十五年來的經驗已經證明了這一點。

所有這些一個接一個地紛至沓來的傳聞，再加上許多令人吃驚的現象，又重新把我原以爲已經死亡的想像力啓動起來了；人們不斷在我周圍暗中搗鬼的伎倆，使我自然而然地產生了一種恐懼心理。我努力對這一切作了一個又一個的分析，想儘量把這一切莫名其妙的神祕事情弄個一清二楚。從這麼多謎團的猜測中得出的唯一結果，更加肯定地證實了我以前的結論，即：我個人的命運和我的名聲，已經被現今這一代人確定了，而且，無論做出多麼大的努力，我都無法逃脫，因爲在這個時代，我沒有辦法使我的作品不經任何一個想扼殺它的人之手傳諸後世。

不過，這一次，我通前徹後想得更多。那麼多意料不到的情況；我的那些殘酷的敵人由於時運亨通而步步高升：所有那些執掌國政和指導大眾輿論的人，所有那些身居要津的人，所有那些從暗中恨我的人當中挑選出對我施展陰謀的傢伙，他們之間的沆瀣一氣是如此的異乎尋常，所以不可能純屬偶然。然而，只要其中有一個人拒絕成爲他們的同夥，只要有一件事情朝著與他們的陰謀相反的方向發展，只要有意外的情況成爲他們實施陰謀的障礙，他們的陰謀就會徹底失敗。可是，無論是上天的意志，還是命運的安排或事態的演變，都有助於那些人的陰謀實施；他們奇跡般的步調一致的協同作戰，不能不使我認爲他們的成功已經是記錄在永恆的神諭上了。無論是過去，還是現在所看到的諸多事實，都使我如此明確地認識到：從今以後，我必須把我迄今認爲是人性的惡造成的結果，看作是非人的理性所能識透的上天的祕密之一。

這一看法，不僅不使我感到難過和心酸，反而使我感到安慰，心裡平靜，有助於我拿定聽天由命的主意。然而我並不像聖奧古斯丁⑨走得那麼遠，沒有像他那樣認爲：如果上天要他遭受苦難的話，他就一定要想方設法受到苦難，才感到心安。我的聽天由命的想法，雖然不是那麼毫無私心，但卻完全出自眞誠，而且十分純潔，無愧於我所敬拜的完美上帝。上帝是公正的，儘管他要我遭受苦難，但他知道我是清白無辜的。這是我的信心之所以得以產生的根源；我的心和我的理性告訴我：我的信心是不會欺騙我的。因此，那些人和我的命運想怎麼折磨我，就讓他們怎麼折磨我；我要學會毫無怨言地忍受；一切都終將回到正常的秩序，因此，或早或晚輪到我的那一天，必將到來。

---

⑨ 聖奧古斯丁（西元三五四－四三〇）：基督教神學家。——譯者

第三次散步

我要活到老，學到老。

梭倫①晚年經常吟誦這句詩。他晚年時候的看法，可以說，我晚年時候也有；不過，這二十年來②的經驗教給我的知識，是很可悲的，因此，還不如沒有這些知識的好。人生的逆境無疑是一個偉大的教師，不過，對它的教導是要付出高昂代價的，而且，從它的教導中得到的教益，往往抵不上所交的學費。此外，從它開始得太晚的教導中得到的知識，還來不及應用，時光就匆匆過去了。青年是培育才德的時期，而老年是付諸實行的時期。我承認，經驗對我們的教育始終是有用的，但它發揮效用的時間是在我們往後的日子裡。難道說，要到臨死之前，才是我們學習如何生活的時間嗎？

唉！這麼晚而又這麼痛苦地從我的命運和他人擺布我的命運所採用的手法中獲得的知識，對我有什麼用處呢？我必須學會好好地認識人，才能更準確地感知他們使我遭受的苦難；不過，即使靠這些知識可以發現他們設置的每個陷阱，也不能使我躲過其中的任何一

① 梭倫（西元前六四〇—前五五八）：古希臘政治家，雅典的立法者，雅典民主政治的奠基人。——譯者

② 指一七五七年十二月，盧梭與埃皮奈夫人、格里姆等人發生齟齬，憤而搬出退隱廬後，到他撰寫這篇〈散步〉之時的二十年。——譯者

個。但願我永遠處於那種雖愚昧但卻很甜蜜的信任感中，因爲，儘管這種信任感使我這麼多年來成了那些大吹大擂的朋友們的獵物和捉弄的對象，但我卻對他們布下的重重網羅沒有產生過一點疑心！我成了他們欺騙的對象和犧牲品，卻還以爲他們非常愛我；心中還一直想著：他們給我多少友誼，我也要用多少友誼回報他們。現在，這一切甜蜜的幻想都煙消雲散了。時間和理性向我揭示了可悲的事實眞相，使我認識到了苦難的根由，使我認識到這一切已無法挽回；我唯一能採取的辦法是：逆來順受，聽之任之。我這些年來所獲得的經驗，對我現在所處的境況來說，既無眼前的用處，又無將來的意義。

我們一生下來就進入了一個競技場，直到死亡的時候才能離開。現在，我們已經到了賽程的終點，還有什麼意義去學習如何更好地駕馭馬車呢？如今，唯一要做的事情是：想辦法如何離此而去。一個老年人如果還有什麼要學習的話，那就是學習如何死亡。這一點，恰恰是人們在我這個年齡考慮得最少的：人們什麼都想到了，唯獨這一點沒有想到。所有的老年人都比小孩子更留戀生命，比年輕人更捨不得現在的生活，因爲他們所有的一切努力都爲的是今生，只是在生命結束的時候，他們才發現：他們的一切辛勞都是白費勁。他們的種種經營、他們的一切財產以及他們日以繼夜地工作的成果，在他們離開這個世界的時候，都得捨棄。他們沒有認識到，生前所獲得的東西，死時一樣也帶不走。

想到這一切，我心中豁然開朗，頓有所悟，而我之所以沒有從我的思考中找到更好的解決辦法，這倒不是因爲我覺醒得不及時和沒有更好地加以分析。從童年時候起，我就已被投入到社會的漩渦之中，因而很早就從經驗中知道，我生來就不適合於在這個社會中生活。在這個社會裡，我將永遠無法達到我的心所嚮往的境地。因此，試圖在世人當中尋求我明知尋求不到的幸福，這個念頭我早已放棄；我強烈的想像力已經飛越了我剛剛開始的生命拓展的空間，彷彿到了一塊陌生的土地，想找一個可以安安穩穩休息的寧靜之地。

我之所以有這種想法，是我童年時候所受的教育養成的，現在，經過一生的坎坷，我的這種想法是更加強烈了，可以說它貫穿了我的一生，使我時時都比別人更有興趣和更細緻地研究我的天性和人生的目的。我發現，有許多人比我更善於條分縷析地進行哲學思辨，但是，他們的那一套哲學可以說與他們自己毫無關係。他們每個人都想顯示自己比別人高明，因此，他們像觀察某種稀奇的機器似地去研究，想了解宇宙是怎樣安排的。他們也研究人的天性，其目的，是爲了將其作爲誇誇其談的談資，而不是爲了對人的天性獲得眞知；他們高談闊論，爲的是教訓別人，而不是爲了吐露他們的心聲。他們當中有幾個人一心想寫一本書——不論什麼樣的書，只要有人拍手叫好就行，而在書寫好和印刷以後，他們就對書的內容不再關心；如果不是爲了讓別人誇他們的書，或者在別人批評時爲自己的書進行辯護，他們便對書的命運不再過問：既不從他人的批評中吸取教訓，也不對書中的內容是對還是錯擔負責任，只要不遭到駁斥就算完事③。至於我，我研究的目的，是爲了認識自己，而不是爲了教訓別人。我始終認爲，在教育他人之前，必須首先對自己有一個基本的認識；我這一生在人們當中進行的種種研究，幾乎沒有一種是不能像我今天這樣準備把我的餘生孤孤單單地幽禁在一個荒島上進行的。一個人應該做的事情，其成功與否，某種程度上取決於他的信心；在一切不涉及自然的第一需要的事物中，輿論是我們行爲的準則。根據這個原則（我始終遵循這個原則），我花了很長的時間研究如何把我的一生用來探討它的眞正目

③ 在《愛彌兒》中，盧梭有一段話講得很精闢，與此處的這段文字異曲同工：「即使哲學家們有發現眞理的能力，但他們當中哪一個人對眞理又感到過興趣呢？每一個人都知道他那一套說法並不比別人的說法更有依據，但是每一個人都硬說他的說法是對的，因爲那是他自己的。在看出眞僞之後，就拋棄自己的荒謬論點而採納別人所說的眞理，這樣的人在他們當中是一個也沒有的。哪裡找得到一個哲學家能夠爲了自己的榮譽而不欺騙人類呢？哪裡去找在內心深處沒有顯揚名聲打算的哲學家呢？只要能出人頭地，只要能勝過同他相爭論的人，他哪裡管你眞理不眞理！最重要的是要跟別人的看法不同。在信仰宗教的人當中，他是無神論者，而在無神論者當中，他又是信仰宗教的人。

經過這樣的思考之後，我得到的第一個收穫是了解到：要把我探討的對象限制在和我有直接關係的東西，而對其他的一切則應當不聞不問；除了必須知道的事物以外，即使對有些事物有所懷疑，也用不著操我的心。」（盧梭：《愛彌兒》，商務印書館二〇〇二年版，下卷，第三百八十一頁）——譯者

的；不久之後感到慶幸的是，儘管我的天資不高，但它巧妙地指導了我在這個社會中的行動，使我發現：我本來就不該在這個世界上追求這個目的。

我出生在一個崇尚美德和篤信宗教的家庭，後來在一個既聰慧又虔誠的牧師家中健康地成長。在童稚之年就受到了許多宗教教義和嘉言雋語的薰陶；儘管有些人說它們是偏見，但我至今仍銘記在心，從未忘懷。當我還是一個孩子的時候，就由著我的性子行事④；後來，在他人的善言誘導下⑤，在虛榮心的唆使、幻想的誘騙和生活的逼迫下，我改宗了天主教，然而我心裡始終是一個基督教教徒。此後，由於久而久之的習慣，我的心對新的宗教還眞的產生了誠摯的感情。華倫夫人對我的教導和示範作用，使我的這種感情愈來愈鞏固。我如花似錦的少年時期是在鄉村的寧靜環境中度過的；鄉村的寧靜和我貪讀好書的癖好，加強了我對眞摯感情的天然傾向，使我變得幾乎像費納龍⑥一樣虔誠。在寂靜的環境中的思考，對大自然的研究和對宇宙的觀察，這一切，使一個孤獨的人不斷向造物主祈求

---

④ 指一七二八年三月十四日傍晚，他決定離開日內瓦，獨自一人開始流浪生活。這一年，盧梭只有十六歲。——譯者

⑤ 指孔菲涅翁的朋維爾勸導他信奉天主教。「這位神父是個專家，善於把脫離基督教的人轉變爲天主教的教徒。」（特魯松：《盧梭傳》，李平漚、何三雅譯，商務印書館一九九八年版，第二十五頁）——譯者

⑥ 費納龍（一六五一—一七一五）：曾任康布雷主教和法王路易十四的孫子布爾戈涅公爵的師傅。——譯者

引導，並懷著不安的心情探索他看到的一切事物的結局和他所感受到的種種心情的起因。當命運再次把我投入社會的激流以後⑦，我就沒有發現過任何一樣能使我的心感到片刻欣喜的事情。我對往昔悠閒度日的樂趣，一直眷戀不已，因而對一切能獲得財富和榮譽的事情都不感興趣，甚至感到厭煩。然而，由於我對我追求的是什麼，連我自己也不清楚，因此我心中的奢望不多，而感到有所得的時候，那就更少了。甚至在命運微露曙光之時，我也感到：即使在得到了我所追求的東西的時候，我也沒有發現自己一心嚮往但又無明確目的的幸福。因此，早在那些使我成爲這個社會的另類人物的不幸事件到來之前，這一切已經讓我心灰意冷，對這個社會日益疏遠了。在年滿四十歲以前⑧，我一直漂盪在貧窮和富有、正道和歧途之間；不過，儘管我有許多惡習，卻無半點邪念；我隨遇而安，在生活中並不奉行什麼從我的理性中產生的原則。對於我應盡的本分，我雖不抱輕視的態度，但並不十分關心，而更多的時候，對它們缺乏正確的認識。

---

⑦ 指一七四〇年初，他懷著憂傷的心情辭別華倫夫人，離開夏梅特後，再次混跡社會，先到里昂，後來又到巴黎。——譯者

⑧ 指一七五〇—一七五五年，盧梭相繼以兩篇論文（〈論科學與藝術〉和〈論不平等〉）登上文壇以前。——譯者

在我還是一個青年人的時候，我就把年滿四十這一年定為終點；到了這個終點，我為了躋身上流社會而做的種種努力以及為實現胸中的抱負而具有的一切理想，都通通宣告結束。下定決心，我便從年屆四旬之時起，無論我身處何種境地，我都不再為了走出那種境地而爭鬥，我要把餘年用來悠閒度日，絕不為未來如何而操心。我等待的時機終於到來，於是，便毫不猶豫地開始執行計畫，儘管那時候，我的命運似乎還有更上一層樓的樣子，但我還是決心放棄，不僅無怨無悔，而且打心眼裡還十分高興。在擺脫了種種誘惑和幻想之後，我成天懶懶散散，無憂無慮，心靈十分寧靜——這是我最喜歡的樂趣，它最適合我一生的天性。我離開了這個社會與它的一切喧囂和浮華，我拋棄了一切裝飾品，不戴佩劍，不戴時錶，不穿白色長襪，不戴鍍金飾物，不戴頭飾，只戴一頂簡簡單單的假髮，穿一件寬大的粗呢衣服，而且，更重要的是，我把一切貪圖名利的想法從心中通通驅除（這是我離開社會之後的一大成就），我放棄了根本就不適合於我擔當的職位[9]，開始替人抄寫樂譜，按頁數收費謀生：這個工作，我做得津津有味，樂此不疲。

我不僅僅只改革生活中的外在事物。我認為，這種改革的本身就要求我還需要進行另外一種更艱辛的但卻是必要的改革，即思想改革。這兩種改革，我決定不分成兩次進行，因

---

⑨ 指在他的朋友杜賓・弗蘭克耶主管的梅斯和阿爾薩斯財政區稅務局出納處擔任的職員工作。——譯者

此，我對我的內心作了一番更嚴格的檢驗，以便加以調整，使我在今後餘下的日子裡，能成爲我臨終時希望看到的那種人。

我內心發生的這場大革命和展現在我眼前的另外一個精神世界，世人的胡亂評說（我當時並未預料到會深受其害，直到今天我才開始覺察到它們是何等的荒謬）和我傾心追求的另外一種與文壇的名氣⑩迥然不同的榮譽（文壇的名氣剛一吹拂到我身上，我就感到十分厭煩）與我要爲我的餘生開拓一條不像我前半生所走過的道路那麼坎坷的道路的願望：這四者迫使我加緊進行我感到有必要進行的大檢驗。這項檢驗，我現在已開始做了；爲了完成這項工作，一切可以由我做到的事情，我一樣也不忽略。

我完全脫離社會和從此矢志不渝地喜歡孤獨，就是從這個時期開始的。我撰寫的那篇文字⑪，只有在我絕對隱居的情況下才能寫出：它需要我長時間和痛苦地潛心思考，不能受到紛擾的社會活動的干擾；它使我在某一個時期養成的生活方式，我後來發現它是如此之

---

⑩ 指他的兩篇論文，尤其是第一篇論文（〈論科學與藝術〉）發表之後，原本默默無聞的盧梭，一夜之間便聲名鵲起，但接著又給他招來許多麻煩，與包括前波蘭國王斯．勒辛斯基在內的知名人士進行了一場激烈的論戰。——譯者

⑪ 指一七六二年發表在《愛彌兒》第四卷中的〈一個薩瓦省的牧師的信仰自白〉這篇被伏爾泰視爲「可以單獨用軟羊皮裝訂起來」的文字，詳細陳述了盧梭的全部宗教思想和宇宙觀。——譯者

好，以致從那個時候起，我只有在迫不得已的情況下，才短時間中斷，而且，一有可能，我便馬上又滿心歡喜地恢復這種生活方式，而不覺得有什麼不便。後來，人們硬把我孤立起來；然而我發現，他們爲了使我落到可憐的地步而採取的包圍手段，反而使我獲得了我自己無法獲得的幸福。

我全心地投入作品的寫作：情緒穩定，快慢適中，視內容的重要程度和我感到的需要而按部就班地進行。那時候，我與幾位和古代的哲學家大不相同的現代哲學家⑫過從甚密；然而，他們不但沒有消除我心中的疑團和猶豫不決的態度，反而動搖了我對我認爲已經了解的某些問題的信心。他們是狂熱的無神論的傳播者，行事極其武斷和專橫，不論在什麼問題上，他們都不能容忍他人敢於發表與他們不同的看法。由於我不喜歡與人爭論，而且又缺乏爭論的才能，所以我往往只是輕描淡寫地稍稍辯護一番，不過，我是從來沒有採納過他們那些令人難過的論點。與這些不容異己並固執己見的人的意見相左，也成了使他們對我心懷仇恨的諸多原因之一。

他們不僅沒有說服我，反而使我感到不安。他們的論點雖使我產生了動搖，但並未使我心悅誠服。我總覺得他們的論點中有可反駁之處，但又找不到用什麼話來反駁：這不是我的

⑫ 指百科全書派的狄德羅、格里姆及霍爾巴赫等人。——譯者

過錯，而是由於我的頭腦遲鈍。我的心對他們的論點大不以爲然，然而我的頭腦卻說不出一個所以然。

最後，我問自己：難道我就永遠讓那些能說善道者的詭辯弄得左右爲難、搖擺不定嗎？其實，我根本就不相信他們宣講的、並硬要別人採納的論點是他們自己也奉行的。從主導他們的論點的那種感情與硬要別人相信這個和那個的急切表現來看，是根本捉摸不透他們到底想說些什麼。我們能在宗派首領們的身上去尋找眞正的信仰嗎？他們的哲學是對別人宣揚的，而我需要的是爲我自己的哲學。趁現在爲時尚不太晚之際，我要盡一切努力去尋找這種哲學，以便獲得一個能指導我今後行爲的準則。現在，我已到了成熟的年齡，有充分的理解能力。我已接近晚年，如果再蹉跎歲月的話，那麼，在我爲時已晚的沉思中，我就沒有使用全部力量的時間了。我的智慧也許已經失去了它的活力，所以，即使今天盡了我最大的努力，其收效也不見得能那麼好了。讓我們抓住現在的有利時機：現在，既是從外部和物質方面進行改革的時候，同時也是在精神和道德方面進行改革的大好時機。一旦拿定了主意，確定了我奉行的原則，我今後終身就要成爲我經過深思熟慮之後應當成爲的那種人。

我執行這個計畫的速度儘管很慢，而且有幾次反覆，但我是盡了全力並最認眞地執行的。我深深地感到：今後餘下的日子是否能得到安寧，我整個命運是否順達，全取決於此。首先我發現，我進入了一個充滿障礙的迷宮，到處是困難，到處有人反對，道路曲曲折折，沿途一片黑暗。我曾多次準備放棄我的全部計畫，不再做這毫無希望的尋求，只按一般謹愼行事的規則進行思考，而不去探索那些令人難以理解的原理。然而，這個謹愼行事的規則，對我來說，是如此的格格不入，以致我覺得如果用它來作我的嚮導的話，那無異於在暴風驟雨的大海中，駕著一條既無舵又無羅盤的船，向一個幾乎無法接近的燈塔駛去，是不可能找到進入港口的航道的。

我堅決按原計畫繼續進行：這是我有生以來，第一次鼓起勇氣做事，而我之能頂住那早已把我團團圍困而我卻絲毫沒有覺察到的厄運壓力，靠的就是這股勇氣。在我進行了從無他人進行過的最眞誠和最專心的探索之後，我終於制定了這一生應當奉行的準則；如果奉行的結果出現了差錯的話，我相信，人們至少是不會把我的錯誤看作是罪行，因爲我已經盡了全力防止自己犯任何罪行。是的，我毫不懷疑我童年時候形成的思想和我內心的祕密願望已經使我的心感到事情在向著最令人愉快的方向發展。硬要人們不相信他們一心嚮往的事物，那是很難的；誰也不會懷疑：大多數人對他們所希望的或害怕的事物的看法，都取決於他們對來生的審判是相信，還是不相信。我承認，所有這一切都將對我的判斷產生巨大的影響，但它們不能改變我的信仰：在任何事情上，我都不願意欺騙自己。既然問題的關鍵是如何使用這個生命，那麼，我就應當知道如何更好地使用它，以便在爲時不太晚的時候，讓那些操之在我的東西，充分發揮它們的作用，而不受到他人的欺矇。不過，在這個世界上，我最擔心的事情是：生怕我的靈魂的永恆的生命沉溺於享受世上的種種浮華，因爲，在我看來，它們並不是什麼值得欣慕的東西。

我還要承認，我並未完全滿意地解決所有那些使我感到困惑的難題，儘管我們的哲學家經常絮絮叨叨地在我耳邊講說那些難題。既然我決定要在人類的智慧理解得如此之少的事物方面做出自己的判斷，並處處發現了難以識透的謎和無法解答的反對意見，我就要在每個問題上採取我認爲是最有直接根據、而且本身就最值得相信的觀點，而不去理會那些我無法解決的反對意見，因爲它們自會遭到與它們對立的思想體系的強烈駁斥。在這些問題上，說話武斷的人，必定是騙子；至於我們，我們應當有一種對自己負責的精神，盡可能經過深思熟慮之後才發表我們的意見。萬一我們這樣做了之後，還是犯了錯誤，我們也問心無愧，因爲我們不是故意犯罪。我心安理得，凡事處之泰然的態度，就是建立在這個不可動搖的原則的基礎上。

我這番苦心孤詣地探索的結果，差不多全都寫進了〈一個薩瓦省的牧師的信仰自白〉⑬；這部作品，儘管遭到了現今這一代人的惡毒攻擊和褻瀆，但是，一旦良知和信仰復活，它終有一天會在人們的心中引發一場革命。

自此以後，我便安下心來按照我經過如此長的時間和反覆思考之後制定的原則行事；我

---

⑬ 盧梭：《愛彌兒》，李平漚譯，商務印書館二〇〇二年版，上卷，第三百六十九—三百七十六頁；下卷，第三百七十七—四百五十七頁。——譯者

確定了指導我的行爲和信仰的永不更正的準則，便再也不爲那些解決不了的疑難和沒有遇到的新出現的問題而操心了。儘管它們有時候使我感到不安，但它們不可能動搖我的信念。我經常對自己說：所有這一切，都無非是一些誇誇其談的詭辯和形而上學的煩瑣哲學，對我經過理智思考而採取的基本原則絲毫不能產生什麼影響，因爲我衷心奉行的原則，都打上了我的心在情緒寧靜之時認同的印記。在人類的智力難以解答的諸多深奧的問題中，是不是只要有一個不能解答的反對意見，就完全推翻有堅實的事實依據並經過潛心思考的一整套理論呢？難道與我的理性、感情和整個人生都有密切聯繫、並得到我對其他理論都未曾有過的衷心贊同的理論，就如此輕易地被它所推翻嗎？不會；因爲毫無根據的論斷，永遠不能破壞我在我永恆的天性與這個世界的結構與自然的秩序之間所發現的完美的契合。在這完美的契合中，我發現了與自然的秩序相對應的精神的秩序——這是我進行的探索所獲得的成果；它正是我忍受人生的苦難所需要的支援。在任何其他的秩序中，我將無法生存，在絕望中死去，成爲人類當中最不幸的人。讓我們緊緊依靠這個秩序，因爲只有它才能使我不受命運和他人的擺布，生活得很幸福。

這番思考和我從中得出的結論，難道不像是在上天的指引下進行和取得的嗎？難道不是祂爲了讓我對即將遭遇的命運做好準備去接受磨練嗎？如果找不到一個躲避那些凶惡的迫害者的避難所，如果找不到任何辦法洗雪他們使我在這個世界上蒙受的屈辱，如果沒有得到我應當得到的公正對待的希望，並一直遭受這個世界上從未有人受過的可怕命運的折磨，那麼，我當初在那麼令人苦惱的狀況中，在有生之年被逼迫得處於如此令人難以置信的境地中，我將成爲什麼樣子？我後來又可能成爲什麼樣子？當我以爲安安靜靜、清清白白地生活就可受到人們的敬重和親切對待時，當我向我的至親好友敞開心扉無話不談時，那些背信棄義的人卻悄悄把我投入地獄的深淵。一顆高尚的心突然遭到那前所未料的、可怕的苦難襲擊：不知道被誰、也不知道爲什麼被推進這汙濁的環境，跌入一個恥辱的深谷，周圍一片黑暗，充滿了陰森可怖的東西。乍一墜入這令人吃驚的環境，簡直把我嚇得目瞪口呆；如果我事先沒有積蓄足夠的力量從跌倒的地方站起來，我就永遠不能從這前所未有的沮喪狀態中恢復清醒。

正是在經歷了多年的心靈動盪之後，我的精神才又振作起來，開始恢復常態，並感受到了爲應付逆境而積蓄的力量的強大價值。我下定決心要對一切我應當作出判斷的事物整理出一個正確的看法，因此，當我把奉行的準則和我所處的環境進行比較時，我發現，我把別人的錯誤論調和這短暫的一生中的瑣碎事情看得太重，太耿耿於懷了。既然這短促的一生是一場連續不斷的考驗，那麼，這場考驗將採取什麼形式，就無關緊要了，只要它能達到預期的效果就行了，因此，考驗的規模愈大、愈激烈、愈多種多樣，則知道如何去經受它們，就愈有好處了。無論多麼劇烈的痛苦，只要我們深信能從中找到辦法，對它加以巨大的和可靠的補償，我們就不覺得它有什麼了不起；我對這種補償之所以有這樣的信心，是我從前面所說的沉思中獲得的主要成果。

是的，在遭受各方面對我施加的不計其數的傷害和無所不用其極的羞辱過程中，我有時候也感到不安和懷疑，因而動搖了對希望的信心，並擾亂了我的安寧。我的能力以前無法解答的重大疑難，恰恰在我承受著命運的打擊時，又出現在心中，把我搞得心灰意冷，幾乎喪失了勇氣。在從前曾一度使我大傷腦筋的論點支持下，新的論點又時時浮現在我的心裡。在我緊張得幾乎窒息的時候，我問自己：唉！在我屢遭厄運的打擊時，如果理性使我感到的安慰只不過是一些幻象，那麼，又有誰來保證我陷入絕望的境地呢？如果它要這樣摧毀它自己的業績，打破它在我身處逆境之時，使我產生的希望和信心，我將如何是好呢？不過，回過頭來一想，在這個世界上，那些只能欺騙我一個人的幻象，有什麼用呢？現今這一代人把我獨自一人特有的看法都視爲謬誤和偏見；他們認爲，只有在與我的理論體系相反的體系中，才能發現眞理和眞正的論據；他們甚至不相信我的理論體系的產生是出自眞誠，而且，在我毫無偏見地形成這一理論體系的過程中，我又發現了無法克服的困難，不過，儘管我無法克服它們，但它們不能阻止我堅持我的理論。這樣說來，在眾人當中，是不是只有我一個人是智者和頭腦清楚的人呢？是不是只要事物適合我的心意，就可以相信它們是眞的呢？如果我的心不支持我的理性，我也要把那些在他人看來已毫無根據而且在我本人看來亦純屬虛妄的表面現象看作是眞的嗎？在我自己的幻象屢遭他們的破壞，而我又無力抵抗他們的破壞情況下，要想與我的迫害者⑭相抗爭，最好的辦法，難道不是採用與他們對等的武器和論點嗎？我自以爲明智，而實際上卻陷入了一個荒謬的錯誤圈套，成了它的犧牲品和殉葬品。

在這樣的懷疑和動搖期間，我有許多次幾乎完全陷入絕望的境地。這種情況，只要有一次持續一個月，我這一生就完了，我本人將不再在人間。這種危機，儘管以前曾一再發生，但爲時都很短暫；而現在，雖然我沒有完全擺脫它們，但它們發生的次數已如此稀少，而且轉瞬即過，所以它們已無力擾亂我的安寧。我只稍稍感到一點不安：如同掉進河中的一片羽毛之不能改變水的流向一樣，這一點點的不安，根本不能影響我的心靈。我認爲，如果要我對以前決定了的看法重新加以審視，這就意味著我得到了什麼新的啓示，或者對我所探索的眞理有更確切的判斷或更大的熱情。可是，這些情況我都沒有，因此，沒有充分的理由使我寧可自己陷於絕望之時徒增我的苦難的那些論調，而不要我青春正旺和思想成熟的時候經過嚴格分析之後採取的觀點；因爲它們是在我心靈最寧靜，除了尋求眞理便別無他念之時所形成的看法。今天，我的心十分焦慮，我的靈魂已被煩惱折磨得極其疲憊，我的

---

⑭ 指他的《愛彌兒》出版後，那些撰文批駁和動用法律手段迫害他的人，如巴黎大主教、巴黎高等法院和他從前的朋友——百科全書派的哲學家。——譯者

想像力已陷入毫無頭緒的境地，我的頭腦被我周圍的許許多多可怕的疑團搞得昏昏沉沉，再加上我的各部分官能因年事已高和心中的憂傷而大大衰弱，失去了它們的活力，在這種情況下，難道要我自己剝奪自己積蓄的精神力量，去相信必將使我再遭不幸的一天比一天衰退的理性，而不相信能補償我不該遭受的苦難的充滿活力的理性嗎？不。儘管我並不比當初在這些重大問題上作出決斷之時更明智、更有見識和更有信仰，但我對今天使我感到困惑的疑難並非完全沒有認識，因此，它們沒有能夠阻擋我前進；如果還有什麼我沒有預料到的難題的話，那就是形而上學的胡亂詭辯了；不過，它們若想推翻古往今來的賢哲都承認的、世界各民族都信奉的、用永不磨滅的大字鐫刻在人們心中的永恆真理，那完全是徒勞的。在我思考這些問題時，我發現，人類的理解如果只透過感官去認識它們的話，那是不可能把它們全都認識清楚的。因此，我只限於研究我的能力所能研究的問題，而不去探索那些超過我的能力的問題。我過去就是這樣做的，而且矢志不渝，從不更改。今天，有這麼多強而有力的理由要我堅持這樣做，我憑什麼不這樣做呢？按照這個路子走下去，有什麼危害？不走這個路子，又有什麼好處？如果採納我的那些迫害者的學說，是不是也要同時採納他們的道德觀呢？他們那種既沒有根又不結果的道德觀念，儘管在書中大肆吹噓或者在舞台上大演特演，但永遠打動不了人們的心，也影響不了人們的理性，不過，他們可以用它作幌子，暗中用卑鄙的手段向人們灌輸他們那一夥人內部奉行的學說：他們在行爲中唯一遵循的，以及十分巧妙地用來對付我的，就是這種學說。這種學說純粹是進攻性的，而不能用來防禦，只可用來侵犯他人。在我處於他們迫使我身處的境地中，它對我有什麼用處呢？在苦難中，只有靠我清白的心支持我。如果我失去了這個唯一的但是更強而有力的手段，用邪惡的手段代替它，我遭受的痛苦不知道還要大多少倍！我能用害人的伎倆來害他們嗎？即使用害人的伎倆能使我獲得勝利，我使他們遭受的痛苦能減輕我自己的痛苦嗎？如果我這樣做了，就失去了我自己的尊嚴，而且到頭來，將一無所獲。

我就是這樣對我自己講說道理的，因此沒有被那些誇誇其談的說法和無法解決的矛盾，以及非我本人甚至整個人類的思想能力所能解決的難題，動搖我奉行的原則。我自己的思想是建立在我爲它營造的堅固基礎上的，所以是如此安然地得到我的良心的庇護，以致任何舊的或新的奇怪的學說都無法干擾它，都無法片刻擾亂我的安寧。儘管在我心情憂傷和苦悶之時，我甚至忘記了我賴以建立的信仰和行爲準則的論點，但始終沒有忘記我本著良心和理性從中得出並一直堅持的結論。讓所有的哲學家們都來說三道四，挑它的缺點；我敢斷言，他們將枉自花費他們的時間和精力。今後，在我的晚年，無論在什麼事情上，我都將堅持我當初能正確判斷時所選定的方針。

在我這樣心情寧靜之時，很高興地發現了在現今所處的境遇中所需要的希望和安慰。而在我如此長久而憂傷的極端孤獨的時期中，面臨現今一代人強烈的敵意和他們使我一再遭到的屈辱，我不可能不會感到頹喪。我渺茫的希望和令人心灰意冷的疑慮，又不時地來擾亂我的心，使我感到憂傷。由於我的頭腦已無力進行必要的思考，不知道如何使我恢復信心，因此，我需要回顧我以前的決定，需要回顧我爲了作出決定而花費的心力和奉獻的眞誠，才能恢復信心，把所有一切新的想法都通通拋棄，把它們視爲巨大的錯誤：它們虛假的外表，將徒然擾亂我的安寧。

正是由於囿於我以前的狹隘知識圈子，所以我沒有梭倫那樣在年紀老邁之時仍每天學習、日益精進的雄心⑮，因此，我要防止我有害的虛榮心去學習那些我今後已無力學會的東西。如果在獲取有用的知識方面希望甚微的話，在養成適合於我的處境的道德方面，我還是有許多重要的事情可做。現在，正是用新的成就來充實和裝點我的靈魂的大好時機，讓它擺脫這個使它閉目塞聽的臭皮囊，揭開遮擋著眞理的帷幕，識破我們的僞學者們如此吹噓的那些知識的虛妄；我這一生中竟浪費了那麼多時間去尋求這種知識，這不能不說是一大憾事。只有耐心、溫情、聽天由命的態度、正直和公正，才是一個人自身可以不斷充實的財富，是任何別人都搶奪不走的，甚至死亡也不會使它失去其價值：我要把我的晚年全都用來進行這唯一有用的探索。如果由於我自身的進步，我能夠做到在臨終之時，比我在生之日雖不更好一些，但卻更有可述的德行，那我就引以爲榮了。

---

⑮ 指篇首所引梭倫晚年常吟誦的那句詩：「我活到老，要學到老。」——譯者

第四次散步

在我現今還偶爾閱讀的少數幾本書中，普魯塔克①的作品是我最喜歡和受益最多的書。它是我童年時候閱讀的第一本書，也是我晚年閱讀的最後一本書；可以說只有這位作者的書，我沒有一次閱讀是沒有收穫的。前天，我還閱讀了他的《道德篇》中的一篇論文：〈如何使敵人爲我所用〉。也是在前天，我在整理幾位作者寄給我的小冊子時，突然看到洛西埃教士②送我的一本學報，在這本學報的扉頁上，他題寫了這麼一句話：「贈給那位把一生獻給眞理的人。」我對這些先生們的刀筆之厲害，是太了解了，所以，不會不明白這句話的涵義。我知道：他是想用這種客氣的語氣說我一句刻薄的反話。不過，他根據什麼說這句話呢？爲什麼要這樣挖苦我呢？我有什麼把柄被他抓住了呢？爲了實地運用善良的普魯塔克的教導，我決定第二天散步時，就謊言問題，嚴格檢查一下我自己；檢查的結果使我認識到人家的話是對的，德爾福神廟的格言：「你對你自己要有所認識」並不像我在《懺悔錄》中所說的那麼容易做到。

第二天，我一邊散步，一邊按照計畫做。我開頭想到的第一件事，是我在少年時候說過

① 普魯塔克（約西元五〇—一二五）：古希臘史學家。——譯者

② 洛西埃教士，盧梭於一七六八年與他相識於里昂。洛西埃是里昂皇家科學院院士，自一七七一年起，擔任《物理學和博物學學報》主編。——譯者

一次壞良心的謊話③。在我這一生中，只要一想到此事就深感不安，一直到晚年，它還在以各種各樣的方式折磨著我已經受了傷害的心。這次謊言，它本身就是一個大罪過；從它產生的後果看，罪過就更大了；儘管它產生的後果，我始終不知道，但我的後悔之心使我從各方面都能想像得到它是多麼嚴重。不過，我當時只不過是靈機一動而撒謊的。這次謊言，是由於錯誤的害羞心理造成的，絕不是我存心傷害那個姑娘。我敢對天發誓：就在不可克服的害羞的心理使我撒謊的那一瞬間，我眞願意用我全身的血去換取謊言的後果全都落在我一個人的身上。對於這件事情，我只能按我現在的理解來解釋，那就是：在當時的那一刹那間，天生害羞的心壓倒了心中所有的其他想法，所以才說了那一番胡言亂語。

這一不光彩的行爲，以及它在我心中留下的永不磨滅的歉疚，使我對謊言十分厭惡，因而使我的心今生今世再也不做此罪惡之事。當我選定我的座右銘④時，我感到自己就是爲實踐這個座右銘而生的。我毫不懷疑，當我按洛西埃教士的話開始嚴格檢驗我自己的時候，我

---

③ 盧梭偷了朋達爾小姐一條絲帶，被發現後，竟一口咬定說是女廚瑪麗蓉偷來送給他的，使這位姑娘有口難辯，成了他的謊言的犧牲品。此事對盧梭性格的影響極大，使他終生受到良心的譴責。請參見盧梭：《懺悔錄》，第二卷。——譯者

④ 盧梭信奉的格言：「我把我的一生奉獻給眞理。」一七五九年三月十八日，盧梭決定以這句話作爲自己的座右銘，並專門刻了一方鐫有這句話的圖章。——譯者

是無愧於他那句話的勉勵之意的。

一深入地嚴格檢查我自己，我發現，正是當我自誇熱愛眞理，並自以爲在人類當中再也找不到另外一個人像我這樣爲了眞理寧願犧牲自己的安全、利益和生命的時候，竟憑空編造，把不是眞實的事說成是眞實的，而且，編造的事情之多，就我能回想起來的件數來說，就夠我大吃一驚了。

最使我吃驚的是，在我回憶這些憑空捏造的事情時，我沒有任何眞正的後悔之意。我這個對謊言深惡痛絕、心中容不下半句謊言的人，我這個敢面對苦刑、寧挨一頓鞭打也不撒謊的人，爲什麼會那麼奇怪，竟心口不一、心血來潮就撒謊呢？因撒了一次謊而心中不斷地內疚了五十年的我，在既無必要、又無好處的情況下，是什麼不可思議的矛盾動機使我撒了謊也毫不後悔呢？對於我的錯誤，我是從來不抱聽之任之的態度；道德的本能始終引導著我走正確的道路，我的良心儘管爲了個人的利益也可能變壞，但它迄今還像當初那樣純潔。在欲望的驅使下，只要良心端正，它就至少能正視自己的缺點。然而，爲什麼單單在不能自圓其說的無關緊要的事情上，良心擺不端正呢？我認爲，在這一點上是否能正確判斷自己，全看我是否能解答這個問題。經過仔細思考以後，我終於用以下的方式把這個問題解答了。

我記得有一本哲學書上講過：所謂撒謊，就是一個人掩蓋他應當公之於眾的事實。從這個定義可以看出：一個人對於沒有義務非講不可的事情保持沉默，是不能算作撒謊的。不過，如果一個人不滿足於對一個事實閉口不講，而說了相反的話，我們是算他撒謊呢？還是不算他撒謊？按照那本哲學書上的定義來看，是不能說那個人撒謊的，因爲，如果他把一枚假錢幣給了一個他分文不欠的人，他當然是欺騙了那個人，但他並沒有撈取那個人的好處。

這裡有兩個問題需要加以研究；兩個問題都很重要。第一個問題：既然並非時時都該把事實告訴別人不可，那麼，在什麼時候和以什麼方式把一個事實告訴別人才好呢？第二個問題：是否可以無惡意地欺騙別人？這第二個問題，我知道，要求的回答必須是一語道破的。書上的回答說不行，因爲書的作者講嚴格的道德規範是一個錢也不花的；相反地，社會大眾卻回答說可以，因爲，在他們看來，書上講的道德全是不能實踐的廢話。讓我們把這些互相矛盾的看法放在一邊不談，儘量用我自己的理論，爲我自己解答這些問題。

普遍的和抽象的眞理，是所有一切美好的事物中最珍貴的事物。沒有它，人就會成爲瞎子；它是理智的眼睛。有了它，人們才知道應如何立身，如何爲人，如何做該做的事和達到該達到的目的。特殊的和個別的眞理，並不一定總是好的，它有時候甚至是壞的，更多的時候是用不上的。一個人必須知道與他的幸福密切相關的事情，是不會太多的，但是，不論是多是少，都是屬於他的財富；他無論在哪裡，都有權獲得。誰要是不允許他獲得，誰就會犯最不公平的盜竊罪，因爲它是屬於大家公有的財富，歸大家公用，誰也不能不允許一個把自己的一份財富交歸公有的人享受他應該享受的那一部分。

至於那些沒有任何用處的眞理，既不能教化人，又無實踐意義，我們怎麼能說它們是眞實的財富呢？它們說不上是財富，因爲，財富的最終目的是供人使用，沒有用處的東西，就不是財富。我們可以要求得到一塊土地，哪怕是一塊不毛之地，但它至少可以供人居住。然而，一件毫無用處的事情，一件無論從哪方面看都可有可無、對誰都無足輕重的事情，不管它是眞是假，都與任何人沒有關係。對人的精神無益的事物，對人的身體也將是無益的。一無用處的東西，就沒有價值。一個事物要有價值，就一定要有用處或能夠排得上用處，因此，只有合乎公正原理的眞理，才是有價值的眞理。如果把沒有用處的事物也稱爲眞理，那簡直是在褻瀆眞理的神聖名稱，因爲，它們的存在與誰都沒有關係，即使掌握了有關它們的知識，那也是沒有用的。眞理如果失去了它的可用之處，就不再成爲有價值的東西了；無論是閉口不談它或是渲染它，都不算是撒謊。

到底有沒有毫無意義和沒有任何一點用處的眞理呢？這是另外一個問題，我以後會回過頭來談它們的。目前要討論的，是第二個問題。

閉口不說眞話與說假話，這根本是兩碼事。不過，這兩件不同的事會產生同樣的後果，因爲，只要兩者的後果都是零，所產生的效果就是相同的。在眞理不爲人重視的地方，它的反面——謬誤——也不會爲人所重視。在這種情況下，一個說與事實相反話的人，也不會比另外一個明知事實而不說的人更有傷公正，因爲他們兩個都同樣是在騙人。既然是沒有用處的事情，把它理解錯了，也並不比不知道它糟糕到哪裡去。我認爲海底的沙子是白色或是紅色，這與我根本不知道它究竟是什麼顏色一樣，對我的關係都不大。既然不公正的後果是傷害他人，那麼，怎麼能說一個不傷害他人的人是不公正的呢？

我把這些問題簡單明瞭地提出來，但是，如果不預先做許多必要的解釋，闡明如何在可能出現的種種情況下準確地應用它們，我們也是不可能恰到好處地應用的，因爲，如果說眞話的義務純粹是以眞話的實際用處爲基礎的話，要怎樣把它們的實際用處判斷準確呢？往往出現這樣的情況：對一方有利，對另一方就有弊；個人的利益幾乎總是和大眾的利益相矛盾，在這種情況下，該怎麼辦呢？要不要把不在場的人的利益奉獻給予你當面談話的人呢？對一方有利而對他方有害的眞話，到底是說，還是不說？我們把該說的話是拿到獨一無二的大眾利益的天平上去衡量，還是拿到公平分配的天平上去衡量？我敢不敢肯定說我把事情的一切關係都搞清楚了，以致不需要參考我所掌握的情況，單單按公平的法則行事就可以了？此外，一個人在檢查了他應該如何對待別人的同時，是否也充分檢查了他應該如何對待他自己和如何對待眞理？儘管我欺騙了別人，但我對他沒有造成任何損害，能不能因此就說我對我自己也沒有造成任何損害呢？只要一個人從未做過不公正的事，就能說他是一貫清白的嗎？

傷腦筋的問題雖然這麼多，但只要你自己拿定主意：「不論冒多大的危險，我都要說眞話。」這些問題就容易解決了。公正的本身存在於事情的眞實中。謊言總是有傷道德的，謬誤終將使人誤入歧途。一個人只要把不合常理的事，原封不動的告訴他人說是該做的或該信的事，不論他的話將來的後果如何，他都該受到指摘，因爲他沒有把自己明知此事不合常理的話說出來。

談到這裡，問題雖然都清楚了，但還沒有解決，因爲，問題不在於弄清永遠說眞話是不是好，而在於弄清是不是應該（按我在前面引述的那個定義說是：不應該）區別對待，是不是應當區分：在哪些情況下是絕對該說眞話，而在另外一些情況下，只要不有失公正，便可避而不談，或者在不撒謊的條件下，改變一下說法。我發現，這些情況實際上是存在的；問題在於我們應當找到一個可靠的法則去識別它們。

不過，到哪裡去找這麼一個法則，並如何證明它是萬無一失且絕對可靠的呢？……在諸如此類困難的道德問題上，我總覺得用我的良心啓示，比用我的理智光輝來解決好。⑤道德的本能從來沒有騙過我；一直到現在，它在我心中還保持著純潔，我可以信任它。儘管有時候它對我的行爲的欲念保持沉默，但在事後回憶時，仍能對我加以引導。我就是這樣自己審判我自己，而且，審判之嚴格，和我死後由最權威的法官審判是一樣的。

---

⑤ 關於良心比理智更能導人於善，盧梭在他的《愛彌兒》中有一段著名的話：「良心呀，良心！你是聖潔的本能，永不消逝的天國的聲音。是你在妥妥當當地引導一個雖然是蒙昧無知然而是聰明和自由的人，是你在不差不錯地判斷善惡，使人形同上帝！是你使人的天性善良和行爲合乎道德。沒有你，我就感覺不到我身上有優於禽獸的地方；沒有你，我就只能按我沒有條理的見解和沒有準繩的理智，可悲地做了一樁錯事又做一樁錯事。」參見盧梭：《愛彌兒》，李平漚譯，商務印書館二〇〇二年版，第四卷，第四百十七頁。——譯者

對於人們的言論，如果用他們的言論產生的後果去檢驗的話，往往檢驗得很不準確，推其原因，除了由於它們產生的後果並不總是那麼明顯和容易識別以外，還由於它們產生的後果，如同言論所針對的事情一樣，是變化無窮的。唯獨用發表言論的人的意圖去檢驗他的言論，不僅可以作出正確的評價，而且還可斷定他的言論好到什麼程度或壞到什麼程度。只有在故意騙人的情況下說假話，才能算作撒謊。故意騙人之心，它本身並不總是和害人之心聯繫在一起的，它有時候的目的還恰恰相反呢！不過，爲了使一句謊言無害於人，單單無害人之心是不夠的，還需要有確切的把握，使聽謊言的人即使把事情搞錯了，也不會受到任何損害。一個人是很難有這種把握的，同樣，要使一個謊言百分之百的無害，那也是很難的。爲自己的利益而撒謊，那是故意矇騙人；爲他人的利益而撒謊，那是弄虛作假。爲害人而撒謊，那是故意中傷，這是謊言之中最壞的謊言。既無圖利之心，又不損害自己和他人，即使說了謊言，也不算撒謊。這不能算撒謊，而只能算作瞎說一氣。

爲了宣揚一種道德而編寫的故事，叫作寓言或神話。由於它們的目的只能是或應當是包含有一些以令人喜聞樂見的形式表達的有用的眞理，所以就用不著掩蓋謊言，因爲它只不過是眞理的外衣；至於爲編寫寓言而編寫寓言的人，我們無論從哪方面看，都不能說他撒謊。

還有一些編寫的故事，純粹是無益的，如大部分短篇故事和小說，就屬於這類作品。它們沒有任何眞正的教育意義，完全是爲了供人消遣而作。對於這類毫無道德意義的作品，只能根據作者的意圖來評價它們。當一位作者煞有介事地洋洋灑灑寫書的時候，我們很難說他寫的東西是假的，有誰對他的謊言起過疑心，認認眞眞地琢磨過呢？有誰對寫這類作品的人嚴肅地批評過呢？舉例來說，《尼多斯神廟》⑥這本書如果是爲教化世人而作，它的目的也被書中繪聲繪色描寫的豪華場面和荒淫行爲糟蹋得一乾二淨了。作者爲什麼要用一層樸素無華的油彩來掩蓋這一切呢？他謊稱這本書是一部譯作，原稿是用希臘文寫的；他編造了一套發現這部原稿的經過；編造得合情合理，以致讀者們把他說的話信以爲眞。如果這不算道道地地的謊言，請問，要怎樣才算是謊言呢？問題是：有沒有人敢說這位作者犯了撒謊罪？有沒有人根據這本書就說作者是騙子？

人們休想說什麼那本書上講的，只不過是讓人讀了覺得好玩而已；說作者已經講了，他不指望有什麼人把書中講的故事當眞，實際上，他也的確沒有使誰眞相信了他的故事，大眾也從不懷疑他本人就是這部所謂的希臘作品的作者，儘管他說他只是譯者。我的回答是：這樣一種毫無道德目的而只圖讀了好玩的作品，實在是一種非常愚蠢而又幼稚的書。儘管他說他不指望別人相信他講的故事，他也難辭撒謊之咎。我認爲，應當把有知識的讀者和廣大的

⑥《尼多斯神廟》是孟德斯鳩在一七二五年發表的一部作品，書中有許多渲染色情的描寫，遭到當時人們的批評。——譯者

普通讀者加以區分，因爲後者往往是作者怎麼講，他們就怎麼信的。對於這樣的讀者，由一個裝出一副善良樣子的嚴肅作者講的故事，是很有權威性的；他們會毫不懷疑地把作者用古代的酒杯盛的毒酒一飲而盡。這杯毒酒，如果作者用現代的杯子盛，讀者至少會有點戒心，提高警惕。

不論書中有沒有這種區別，至少在一切善良的人的心中是有這種區別的，因爲他不願意受良心的譴責。爲了自己的利益而說假話，其騙人的性質，與爲了損害他人而說假話是一樣的，雖然撒謊的罪過不那麼大。如果把利益給予一個不該得這份利益的人，那就會打亂秩序和有損公正。把一個錯誤歸給自己或歸與他人，其結果，不是受到稱讚就會遭到譴責；不遭別人指摘，就會有人出來替他辯護，所以，這種做法是不正確的。凡是與眞實的情況相反的話，都將以某種方式損害公正，因此，應當視爲謊言。這是一條準確的界線。不過，一切與眞實的情況相反的話，只要不以某種方式涉及公正問題，就只能被看作是瞎編的故事。現在我宣布：無論何人，只要把他純粹是瞎編的故事斥責爲謊言，我就承認他的良心比我的良心好。

冠冕堂皇的謊言，是眞正的謊言。因爲，無論是把謊言得來的好處歸給別人或歸給自己，都同樣是不公正的，有害於人的。無論何人誇不該誇的事或罵不該罵的事，只要涉及一個人，他就是撒了謊；如果涉及的是一個虛構的人，他愛怎麼說就怎麼說，說了也不算撒謊。但是，如果他從道德的角度評論他編造的事實，而且不實事求是地硬說他是對的，人們就可以說他是在撒謊，因爲，他雖沒有謊言事實，但他的話有違道德，而道德是比事實可敬一百倍的。

我曾經見過一些人們稱之爲上流社會中的誠實人；他們的誠實表現在無所事事的閒聊上。他們在列舉地方、朝代和人物的時候，的確是很忠實的：他們不瞎編任何事，不胡亂渲染任何情景，也不說什麼誇張的言辭。在一切與他們的利益無關的事情上，他們談起話來，的確是百分之百的忠實。然而，一談到與他們有關的事，一提起與他們有牽連的問題，那就什麼花招都用上了，一切都揀好的說，從對他們最有利的方面說。如果謊言對他們有利的話，他們自己不說，而想方設法讓人家去說，結果是：誰也不知道別人的話是出自他們的口授。這就叫老謀深算；讓誠實見鬼去吧！

至於我所說的**誠實人**⑦，他的做法卻恰恰相反。對於雞毛蒜皮的事，別人鬧翻了天，而他卻無動於衷。他可以信口編造一些瞎話去取悅同伴，只要他編造的瞎話無論對死人或活人都不會產生不公正的或褒或貶的結論。任何一句話，只要對某人有利或有害，只要含有對某人尊敬或輕視之意，只要違背公正和眞理的表揚或譴責，他就會認爲是一句謊言，他心裡就不會想，嘴上也不會說，筆下也不會寫。即使有損他個人的利益，他也會毫不動搖地**誠實**

⑦ 著重號是原有的。——譯者

實地⑧做人。在無關緊要的談話中，他倒也不句句都追求誠實。他的誠實⑨表現在他從不騙人。無論是指摘他的話或誇獎他的話，他都以同樣的忠於眞理的態度聽取；他從來不爲了自己的利益或者爲了損害他的敵人而做騙人之事。我所說的誠實人與另外一種誠實人之間的區別是：上流社會的誠實人，在一切不需要他付出代價的事情上，他是非常之誠實的，但不能超過這個界線；而我所說的誠實人，在需要爲眞理犧牲自己的生命時，他必定會極其忠實地爲眞理而獻身。

也許有人會問：既然一個人也有信口瞎編、說話沒遮攔的時候，這與我所稱讚的對眞理的熱愛怎麼能調和得起來呢？既然對眞理的愛摻雜了那些東西，那它豈不成了假的了嗎？不，它是眞實的和純潔的，是對正義的愛的眞誠流露。儘管他的做法有時候令人難以理解，但他絕不虛僞。正義和眞理，在他心中是兩個可以毫無差別地互相替用的同義詞。他心中熱愛的神聖的眞理，不是什麼雞毛蒜皮的事情和沒有用的空名，而是把每一個人應該得到的眞正屬於他的東西，原封不動地給他，無論那個東西是好還是壞，是榮譽還是惡名，是讚揚還是非難。他對人絕不虛情假意和故意害人，因爲他的正義感不允許他這樣做。他絕不損

⑧ 著重號是原有的。——譯者

⑨ 著重號是原有的。——譯者

人而利己，因爲他的良心不允許他這樣做；他絕不把不屬於他的東西據爲己有。他非常珍惜自尊心，這是他一絲一毫也不割讓的財富；如果爲了贏得別人的尊重便犧牲這個財富，他認爲那是毫無一得的眞損失。他有時候在一些無關緊要的事情上，也口沒遮攔地說假話，但他的假話，無論對別人或對他自己，都既無損害，也不帶來好處，所以不能說他撒了謊。然而，一旦涉及歷史的眞實，涉及人的品行、正義、人與人的關係和有用的學識時，他就會盡力保證他自己和別人都不出差錯。不屬於這種情況的謊言，在他看來算不上謊言。如果《尼多斯神廟》是一部有益的書，則有關希臘原稿的那段故事就只能算作一個無害的虛構；如果這本書是一部有害人心的壞書，則作者的那段虛構，就是一個該受懲罰的謊言。

這就是我評判謊言和眞話的良心法則；在我從理智上採用這些法則以前，我的心已經不知不覺地按照這些法則行事，並在運用這些法則方面養成一種道德本能。我那次傷害了可憐的瑪麗蓉的罪惡謊言，已留下了不可磨滅的悔恨，因而使我以後不僅沒有再撒這種謊，而且沒有撒過可能涉及他人利益和榮譽的謊。既然我什麼謊都不撒，所以我就用不著斤斤衡量撒謊的利和害，用不著在害人的謊言和出於好意而編造的謊言之間劃什麼確切的界線。我把這兩種謊言都看作是有罪的，所以這兩種謊言我都不說。

在這個問題上，和在其他問題上一樣，我的氣質對我爲人的準則，或者說得更確切一點，對我的生活習慣有很大的影響。我做事是很少按部就班地做；無論在什麼事情上，我除了按天性的驅使去做以外，是很少按其他的準則去做的。預先打定主意撒謊的事，我從來沒有做過，我也從來沒有爲我個人的利益撒過謊。我撒謊，往往是因爲害羞，是爲了在一些無關緊要的或頂多只涉及我一個人的事情上擺脫一時的窘境，例如：在與別人談話時，當我的頭腦反應慢或者找不到話說的時候，我才會編造一些話來說。當我必須說話而又一時想不起有趣的話說時，我就會瞎說一氣，以免待在那裡像啞巴。不過，在我瞎編瞎說的時候，也會儘量小心讓編造的話算不上謊言，也就是說，它們既不有虧道義，也不傷害眞理，全是一些對別人和我都是無關緊要的事情。我希望自己至少要做到：我講的話，雖不確有其事，但在道德上是說得過去的，也就是說，要向別人的心展示天性的愛，是或多或少有益於人的。總而言之，我說的話要有道德意義，要有寓言的意味。不過，要做到這一點，我的才思還嫌不夠，我的口才還不足以使我講得雜亂無章的話，句句都有教育人的作用。當我與別人談話時，談話的進展往往比頭腦的反應快，因此逼得我常常來不及思考，就說出一些傻話和莫名其妙的話，及至說出了口，我的理智才覺得不對，我的心也不贊成，然而它們已經在我仔細掂量之前說了，已無法收回來重新另說了。

也是由於我的氣質的不可抗拒的原動力驅使，往往在意料不到的刹那間，我害羞和膽怯的心理又使我說一些違心的假話。它們之所以不經過內心思考就脫口而出地說了出來，完全是一時的形勢需要。那次傷害可憐的瑪麗蓉的謊言，讓我留下了深刻的印象，一想起此事，就使我不敢再撒這類損害他人的謊。不過，這並未阻止我爲了擺脫困難而說只涉及我一個人的假話；這種假話，在違背我的良心和我立身處世的原則方面，與損害他人命運的謊言是一樣的。

我請上天作證：如果我能收回爲了擺脫困境而說的謊言，並說出於我不利的眞話，而又不因爲我收回前言便蒙受新的羞辱，我是眞心願意收回那些謊言的。不過，由於不好意思由我自己來暴露我的錯誤，所以到現在還沒有這麼做。對於我的錯誤，我是眞心悔恨的，儘管我沒有膽量去糾正它們。有一個例子可以說明我這番話的意思，並說明我撒謊既不是爲了謀取利益；也不是出於維護自尊，更不是由於我有什麼企圖或壞心，而獨一無二地是由於一時的尷尬和我錯誤的害羞心理。我有時候非常清楚：謊言就是謊言，對我是一點用處也沒有。

不久前，福爾基耶先生硬要我破例帶著妻子，和他及他的朋友貝魯瓦，到瓦加森太太開的飯館去吃什麼野餐。這位老闆娘和她的兩個女兒也與我們一起吃，吃到一半，那位大女兒（她已結婚並有了身孕）突然問我，硬要我回答她：我是不是曾經有過孩子。我的臉唰地一下羞得一直紅到耳根；我脫口回答說：「我還沒有這個福氣。」她露出詭秘的微笑，環視了一下在一起用餐的人。這個動作的意思是很清楚的，連我在內，大家都明白的。

我的回答顯然不是出自我的本心，儘管我是有意騙她。我抬頭看那個提此問題的女人，我看出：我否定的回答並未改變她對這個問題的看法。她是早已料到我會否認的，甚至可以說，她是故意激我撒謊，好拿我開心，這一點，我還不至於蠢到察覺不出來。兩分鐘以後，我該回答的話自動就出現在腦海中了，我應該這樣告訴她：「一個年輕的女人向一個老

頭提這個問題是不甚妥當的。」⑩這樣措辭，既沒有撒謊，也用不著因爲說了什麼肯定的話而臉紅，不僅穩住了那些看我笑話的人，而且也使那個女人受到一次小小的教訓，自然而然地使她不敢再那麼放肆地盤問我。可是我沒有這麼做，沒有說我該說的話；相反地，我說了不該說的毫無用處的話。可以肯定的是，我的回答既未經過思考，也不是出自本心，而是由於一時窘迫的結果。在這個問題上，我以前未曾這麼尷尬過。我承認我的錯誤，而且承認時的語氣是坦率多於羞愧，因爲，我毫不懷疑的是，人們是看得出我彌補過失之意和深感內疚之心。而這一次，人們狡黠的目光使我感到難堪，使我手足無措，不知如何是好，結果，使我更加窘迫，更加膽怯。可見，我之所以撒謊，完全是因爲我害羞的緣故。

我從來沒有像我在寫《懺悔錄》時那樣明顯地感到我對謊言有一種天生的厭惡。因爲，在這個時候，只要我的天性稍稍往撒謊方面傾斜一點，撒謊的念頭就會一而再、再而三地強烈引誘我。然而，我決定：我要無話不說；我該受譴責的事，一件也不隱瞞。由於一種我難以解釋和不願意模仿他人的心理作用，我反倒覺得最好是從相反的方向撒謊，這就是說：對我自己的指摘，寧可有過之而無不及；對我自己的辯解，要輕描淡寫到等於沒有辯解。這樣，我的良心就保證了我將來不會像我自己這樣嚴厲地受別人的評判。是的，我是懷著高尚

---

⑩ 著重號是原有的。——譯者

的心靈這樣說和這樣感覺的。在寫《懺悔錄》的時候，我的心地之善良、眞誠和坦率，我自信，和任何另外一個人是一樣的，甚至還遠遠過之。我既感到心中的善勝過惡，我什麼話都說，這對我是有好處的，因此，我把我要說的話，全都說了。

我該說的話，不但沒有少說，而且有時候還多說。不過，不是多說了事實，而是對當時的環境講得過多。這類謊言，是想像力奔放的結果，而不是存心說的。實際上，我是不該把這一類話稱爲謊言，因爲，我多說的話沒有一句是假的。我寫《懺悔錄》的時候，我已經老了⑪，對於我淺嚐輒止的生活樂趣，已經感到厭倦，覺得它們都是毫無意義的。全書是憑回憶寫的；有些情況我回憶不起來，或者回憶得不完全，於是，只好用想像來代替回憶，想像出一些細節來塡補空白。不過，我想像的細節，其情況絕不和當時的情況相反。我喜歡把我一生中的美好時刻講得詳細一些，有時候還情不自禁地添枝加葉把它們美化一番。對於我已經忘記的事，我就想當然地說一個可能是如何如何的情形。我有時候用天花亂墜的詞句來描寫事實，但我絕不用撒謊的辦法來文過飾非，搪塞我的罪惡，也不硬說我有什麼這樣那樣的美德。

在描寫我的畫像時，雖然有時候由於不自覺的一時衝動而不假思索地掩飾了自己不好看

---

⑪ 一七六四年，盧梭開始寫他的《懺悔錄》時，年五十二歲。——譯者

的一面，但這種略而不談的做法，得到了另外一種更加奇怪的略而不談的做法的補償，那就是：爲了做到閉口不談我做的好事，我花的心思，比我爲了閉口不談我做的壞事所花的心思多。這是我的天性中的一個奇特之處。有些人不相信這一點，是大可原諒的；儘管是不可相信的，但是是完全眞實的。在談到我的惡行時，我就要把惡行的種種卑鄙齷齪之處，抖摟個一乾二淨；而在談到我的善行時，我不但很少把善行的可貴之處通通都擺出來，而且還經常是隻字不提，因爲它們將使我獲得太多的榮譽。再說，如果我一字不漏地全講的話，我就有自我吹噓之嫌。當在描寫青年時期的事情時，我就沒有誇耀心中的優良品質；對於有些可充分證明我優秀品質的事，乾脆就略而不提。在這裡，回想起童年時候的兩件事；這兩件事，我寫《懺悔錄》時也想起了的，但我都略而不提；唯一的理由，就是我剛才講的那幾點。

我幾乎每個星期日都到帕基去，在法齊先生家待一天。法齊先生娶了我的一個姑姑，在帕基開了一家織印花布的工作坊。有一天，我在軋光機房裡一邊晾花布，一邊觀看軋光機的生鐵軋輥。軋輥的光澤很好看，我用手指去摸，覺得很好玩。這時，小法齊在大轉輪那裡，他把轉輪稍稍動了一下，眞是巧得很，正好轉過來壓著我的兩根長手指的指頭，把兩根指頭的指甲壓掉了，我尖叫一聲，小法齊立即把轉輪倒回去，於是兩個指甲都捲走了。我的兩根手指鮮血直流；小法齊也嚇得大叫一聲，跑過來抱著我，求我別叫喊，說我再叫喊，他就完了。儘管疼得很厲害，但看到他那難過的樣子，我的心就軟了。我什麼話也不說；我們兩人到水槽那裡去，他幫我把手指洗乾淨，用碎棉紗團幫我把血止住。他哭著求我別去告他。我答應不去告他。我說話算數，嚴格遵守我的諾言，直到二十多年過去了，也沒有人知道是什麼事故讓我這兩根手指留下傷疤的。這兩個傷疤至今還在。我在床上躺了三個多星期，有兩個多月，我幾乎不能活動，有人問我時，我總回答說是一塊大石頭掉下來，把手指砸傷的。

這出自俠肝義膽的謊言啊！
它豈不比任何眞話都美嗎？⑫

從當時的情況看，這次事故對我的影響很大；因爲那時我們正在負責訓練，想把城裡的人都組織起來。我原來是和三個與我同年齡的孩子編在一個班，要穿著軍裝和區裡的連隊一起出操的。可是這時，我卻臥床不起。聽到連隊敲著鼓，和我的三個夥伴一起從我窗下經過，我心裡是很難過的。

⑫ 引自義大利詩人塔索：《解放了的耶路撒冷》，第二章，第二十二段。原詩詠的是少女索福洛尼婭爲了救基督徒，毅然把別人犯的罪，說是她犯的。——譯者

在我年齡稍大時，還發生過一件類似這樣的事。

我和一個名叫普蘭士的夥伴在普蘭宮玩槌球，我們玩著玩著竟吵了起來，最後還動手打架。他用槌球棍在我沒有戴帽子的頭上打了一下，這一下打得那麼準，如果再稍微重一點的話，就會把我打得腦漿迸裂。我立刻倒在地上；這個可憐的男孩看見我滿頭是血，嚇得慌亂無比。當時他心情激動慌亂的樣子，我一生中還從來沒有見過。他以爲把我打死了，撲過來把我抱著，緊緊地抱著我，放聲大哭，還不時發出令人心碎的叫聲。我也使勁抱著他，也像他那樣激動得直哭。當時的激動是含有某種溫暖的情誼的。他幫我止血，可是血還繼續流。他眼見我的兩塊手帕不夠止血用了，就把我攙扶到他媽媽家裡。他媽媽的屋旁有一個花園。這位善良的太太看見我這個樣子，差一點暈了過去。她盡力幫我包紮傷口：用一盆清水把傷口洗乾淨後，又幫我敷上用白酒浸泡過的百合花。這是我們家鄉很好的敷傷口的藥，很管用。這母子兩人的眼淚是如此之深深地打動了我的心，竟使我在一段很長的時間裡，把她看作我的母親，把她的兒子看作我的兄弟，一直到我不再見到他們以後，我才逐漸逐漸地把他們忘記。

同上次事故一樣，我對這件事情也嚴守祕密。類似這樣的事情，在我這一生中，何止發生過一百次，但我在《懺悔錄》中都不曾提；不提的原因，一則是由於我不知道如何才能把它們寫得有意義，再則是由於我的性格使然。有時候我也講了一些與我所知道的事實不符合的話，但那只是一些無關緊要的事情，或者是由於敘述的雜亂，或者是由於一時的興之所至，下筆行文才有欠考慮，而絕不是爲了我個人的私利，更不是爲了有利於或有損於別人。將來，無論何人讀我的《懺悔錄》，只要他平心靜氣，不偏不倚，他就會感到：我在書中對我所做的事情的評述，遠比我評述罪惡之事的用詞更令人羞愧和令人難過；其實，要眞是做了什麼罪惡之事，儘管其性質十分嚴重，那也沒有什麼不好意思說的，而我之所以沒有談，完全是因爲我沒有做過罪惡之事。

從以上所講的話就可看出，我所說的誠實，它的基礎建立在思想的正直和公允上者多，建立在事情的眞實上者少。我立身行事，遵循的是良心的指導，而不是抽象的眞或假的概念。我有時候生編一些故事來講，但我很少說假話。按照這些原則去做，儘管我讓人家抓住許多辮子，但我沒有損害過任何人，也沒有把不該我得的好處撈給自己。我覺得，只有這樣做，講眞話才是一種美德。從其他方面看，對我們來說，它只不過是一種既無益又無害的純抽象的事情。

然而，對於這樣的區分，我心中並不十分滿意，因此，不能認爲我沒有任何可非議之處。在仔細思量我對別人歉疚之事時，我是否也仔細檢查過我對我自己也有歉疚的地方呢？如果說對別人要公正的話，對自己就應當眞實，這是誠實的人對自己的尊嚴應有的尊重。在我和別人談話的時候，因一時找不到適當的話題，便迫不得已地編造一些無害的話說，這我當然是做錯了，因爲我不應當爲了取悅別人而自己降低自己；在寫作時，如果只圖寫得痛快，便給所講的眞事添枝加葉地描寫，那就更是錯上加錯了，因爲，用虛構的情景來美化眞實的事實，實際上是在歪曲事實。

自從我選用了那個座右銘以後，我就更加不能要求人們對我多加原諒了。那個座右銘迫使我比所有其他的人都更應密切地接近眞理。爲了眞理，單單犧牲我個人的利益和改變我的愛好，是不夠的，還須同時改掉我的弱點和天生的害羞之心，在任何情況下，都應當有爲人眞誠的勇氣和力量，不僅不能講任何子虛烏有之事，尤其是專門用來記述眞理的筆，更不能寫虛假不實之詞。這些話，我在選定那個莊嚴的座右銘時，就已熟記在心，只要我繼續奉行這個座右銘，就要不斷地時時重溫。我說假話，絕不是由於爲人虛僞，而完全是由於我的心靈軟弱，但我不能以這一點來爲自己辯解。因爲，軟弱的心靈頂多只能保證人不做壞事，而要敢於宣揚偉大的德行，就需要有自負和勇敢的心。

若不是洛西埃教士提醒我，我是不可能產生這些看法的，當然，要應用這些看法，爲時已晚，但還不是太晚，因爲，它們至少可以改正我的錯誤，重新把我的意志納入正軌，自此以後，一切都要看我自己怎麼做了。在這件事情上，以及在其他類似的事情上，梭倫的教導是任何年齡的人都可以應用的，因此，甚至向敵人學習聰明、眞實和謙遜，學習如何少一點自以爲了不起的心，學習這些，無論任何時候都不能說爲時太晚。

第五次散步

在所有我曾經居住過的地方中（有幾處是很迷人的），沒有一個地方是像碧茵納湖中心的聖皮埃爾島那樣使我眞正感到十分快活，並使我對它產生極其甜蜜的懷念之情。這個小島，納沙泰爾人稱它爲拉莫特島；即使是在瑞士，知道這個小島的人也不多。就我所知，還沒有任何一個旅行家曾經談起過它，然而，它卻非常之美，對一個喜歡把自己幽禁起來的人來說，它的位置簡直是好得出奇。儘管在這個世界上，我也許是唯一一個命中註定要把自己幽禁起來的人，但我不相信有這種天生愛好的人只有我一個，雖然迄今爲止，有此種樂趣的人，我還沒有發現過。

碧茵納湖的湖岸比日內瓦湖的湖岸雖顯得更荒蕪，但卻更別緻。由於湖邊的岩石和樹木更臨近湖水，所以湖岸之美，並不遜於日內瓦湖。雖說沿湖一帶的農田和葡萄園比較少，市鎮和住戶也不多，但它依然到處是鬱鬱蔥蔥，一派天然的美景；到處是草地和樹蔭遮蓋的幽靜處。地勢起起伏伏，互相映襯的景色，比比皆是。由於這寧靜的湖濱沒有可通車馬的大路，所以很少有人到此一遊，然而，對喜歡孤獨和沉思的人來說，這裡正是好地方，因爲他喜歡陶醉於大自然的嫵媚，喜歡在這除偶爾有幾聲鶯啼和小鳥的鳴囀與從山巔奔騰直瀉的嘩嘩水聲以外，便別無其他聲音打擾他在寂靜環境中的潛心沉思。在這近似正圓形的美麗的湖泊中央，有兩個小島，其中一個方圓約半法里，島上有人居住，種有莊稼；另一個小一些，無人居住，十分荒涼，島上的泥土不斷被人們搬去修補大島上被波濤和暴風雨沖毀的地方，看來，這個島終有一天將蕩然無存。弱者的血肉就是這樣被用去增補強者的身軀。

島上只有一幢房子。這幢房子很大，很漂亮，也很舒適；它和這個島都屬於伯爾尼醫院所有。屋裡住著一位稅務官和他的家人與僕役。屋旁有一個養有許多家禽的飼養場、一個鳥欄和幾塊魚塘。這島雖小，但地勢和地貌變化萬千，因此，什麼樣的風景都有，什麼樣的作物都可以種植。有莊稼地，有葡萄園，有樹林，有未開墾的處女地，有樹蔭掩映的大牧場，周遭有各種各樣的灌木林，它們靠近湖邊的水，長得很茂盛；另外，在一個高高的台地上種有兩行樹，在台地的中央建有一個大廳，在採葡萄的季節裡，每逢星期天，湖邊的居民就到大廳來聚會和跳舞。

在莫蒂埃遭到一頓石頭襲擊①之後，我就來到這個島上避難。我感覺在這個島上居住是如此地令人心曠神怡，島上的生活是如此地適合我的性情，以致使我下定決心，要在這個島上度過餘生。我唯一擔心的，是怕人家不讓我執行這個計畫，硬要把我送到英國去，此事的醞釀，我早已覺察②。於是心中惴惴不安，眞巴不得人們把我這個安身的地方建成一個永久

①一七六五年九月六日夜，莫蒂埃部分居民扔石頭襲擊盧梭的住所。關於此事的經過，請參見盧梭：《懺悔錄》，第十二卷。——譯者

②石頭襲擊事件發生後，盧梭的朋友們催促他接受英國哲學家休謨的邀請，到英國居住。一七六六年一月四日，盧梭由休謨與德呂茲伴隨著離開巴黎，於一月十三日到達倫敦。——譯者

的監獄，把我關在這裡一輩子，剝奪我的一切權利，斷絕我走出這個監獄的念頭，切斷我與陸地的聯繫，使我對外界發生的事情一無所知，忘記島外的人們，也讓島外的人們忘記我。

人們讓我在這個島上居住的時間連兩個月都不到③，而我倒是眞想在島上住兩年，住兩個世紀，甚至永遠住下去也不會感到片刻的厭膩。我和我的伴侶④在島上只和那位稅務官與他的太太及僕役接觸，此外就沒有任何其他來往的人。這稅務官一家的確是好人，僅此而已，而我需要的也恰恰是這種人。我把這兩個月看作是一生中最幸福的一段時間。這段時間是如此的幸福，以致，要是我能終生過此生活，也就心滿意足，再也不會三心二意想去過其他的生活了。

不過，究竟是什麼樣的幸福呢？它有哪些東西讓我享受呢？我讓本世紀的人根據我對我在島上的生活的描寫去猜。首先是我無事可做⑤，這是最珍貴難得的享受，是我得到的種種享受中最主要的享受，現在回想起來還覺得其味無窮。我在島上居住期間，我所做的，只不

③ 盧梭於一七六五年九月十二日到聖皮埃爾島，同年十月二十五日離開，只在該島住了六個星期。——譯者

④ 指黛萊絲·勒瓦賽爾。——譯者

⑤ 著重號是原有的。——譯者

過是一個懶散成性的人喜歡做的和必須做的事情而已。

有些人巴不得讓我在這個孤島上自己把自己幽禁起來，如果沒有他人的幫助，就不可能逃離此地，而要逃離，那一定會被人發現的。此外，如果沒有周圍的人通力合作，也就無法和外界聯繫和互通消息。他們的這些想法，倒使我產生了另外一個想法，那就是：我要比以往任何時候都更平平靜靜地在島上度過晚年。由於想到有充分的時間安排生活，所以在開始的時候，我一點準備工作也沒有做。倉促之間被人們送到這個島上，單獨一個人，什麼東西也沒有帶，只好把我的女管家⑥接到島上，然後又陸陸續續把我的書和我的那一點行李運來。可是我懶得打開看，箱籠之物運到時放在哪裡，就讓它們放在哪裡。我住在打算度過一生的屋子裡，就好像住旅店第二天就要離開似的，一切都原封不動，這樣挺好；若要整理，反而會弄得一團糟。最使我高興的事情之一是，我的書放在箱子裡一本也沒有動，甚至連紙、筆和墨水也一樣也沒有取出來。當有些傷腦筋的信非要我拿起筆來寫回信不可時，我只好滿腹牢騷地到稅務官家去借，用完以後，馬上就歸還，盼望從此不再去借第二次。我的房間裡不但沒有討厭的文具，反而擺滿了各種各樣的花和草，因爲那時候，我已開始愛上了植物學。這是迪維爾努瓦博士引導我產生這一愛好的，而且，不久就使我入了迷。我既然不

⑥ 此處的「女管家」，即前文的「伴侶」黛萊絲·勒瓦賽爾。——譯者

願意看書和寫作，就得有一件既能使我感到好玩、又不讓我這個懶人花太大力氣的事情來填補這個空缺。我打算寫一本《聖皮埃爾島植物志》，描述島上的一草一木，一個也不遺漏，而且要寫得儘量詳細，好以此來打發時光。聽說有一個德國人爲了一塊檸檬皮就寫了一本書，而我則要對草地上的每一種禾本植物和樹林中的每一種苔蘚以及岩石上的每一種地衣，都要一個一個地寫一本書；總之，無論是一株小草也好，一粒種子也好，我都要詳細研究，一個也不放過。按照這個美好的計畫，我每天早晨吃完早飯後，便一手拿著一個放大鏡，一隻胳臂下夾著一本《自然分類法》⑦，信步走到島上的一個地方去調查。爲了做好這個工作，我還特意把這個小島劃分成好幾個社區，以便在每個季節裡，一個一個地去研究一番。那時，我對植物的組織和結構，對它們的性器官在開花結實過程中所起的作用，一無所知，因此，每當我在觀察中有什麼發現時，歡喜若狂的心情，簡直是無法形容。從前，我對各種植物的生殖特性的差異，毫無概念，因此，我特別喜歡在常見的幾種植物身上檢驗這種差異，以期從中發現更鮮爲人知的現象。當我第一次看到夏枯草的兩根長長的雄蕊上的分叉，看到蕁麻和牆草的雄蕊的彈動，看到鳳仙花的果實和黃揚殼的爆裂，看到開花結實過程

---

⑦《自然分類法》，瑞典博物學家林內（一七〇七—一七七八）的一部主要著作。——譯者

中數不清的微小現象時，我眞是高興到極點了。拉封登問人家是否讀過《哈巴谷書》⑧，而我倒要問人們是否見過夏枯草的角。兩、三個小時以後，我滿載而歸地回家；下午若老天下雨，我就不愁在家沒事做了。上午如有空閒，我就和稅務官與他的太太及黛萊絲一起去看他的雇工們幹活；我們也經常動手和他們一起勞動。常常有伯爾尼人來看我，他們曾多次發現我爬在一株大樹上，腰間挎一個口袋，等裝滿了我採摘的果子，我就用一根繩子把口袋吊放到地上。上午的這些活動以及與活動分不開的愉快心情，使我的午飯吃得很香，吃的時間也長。但是，如果遇到天氣好的話，我不等午飯吃完就離席，趁別人還在桌上用餐之時，獨自一人溜出屋去，跳上一條小船，把船划到湖中心；湖上波平浪靜，我躺在船上仰望天空，聽任小船隨風漂盪，愛漂到哪裡，就漂到哪裡。有時候，我在船上一躺就躺好幾個小時；我沉思默想，千奇百怪的景象想得很多，亂是亂一點，但都挺有趣。儘管沒有固定的目標，而且對任何一件事情都不是一想就想到底，然而，正是由於隨我的興之所至，所以我覺得它們比人們所謂的生活樂趣還美妙一百倍。我經常是看到夕陽西下，才發現該回家，然而這時，我

---

⑧拉封登（一六二一—一六九五）：法國詩人、寓言故事作家；《哈巴谷書》爲《聖經・舊約全書》中的一書。這裡盧梭有誤，據路易・拉辛（《尚・拉辛評傳》）說，拉封登最欣賞的是先知巴錄的《巴錄書》。——譯者

已經離島很遠了，只好使出全身的力氣拼命划船，趕到天黑以前回到島上。有幾次，我不是把船划到湖中心，而是沿著綠茵茵的島岸，一槳一槳地向前划去。這兒的湖水清澈見底，岸邊的樹蔭又濃密得使人禁不住想要跳入水中游泳。不過，我划船常去的地方之一，是從大島到小島。午飯後，把船划到小島，棄舟登陸，在那裡度過一個下午，在稚柳、瀉鼠李、春蓼和各種各樣的灌木叢中散步，有時候就躺在長滿細草、歐百里香、野花甚至還有岩黃芪和苜蓿的沙丘上休息。看來，苜蓿是人們從前種的。有苜蓿之地最適合於野兔居住，牠們可以在那裡平平安安地生活，既不擔心人家傷害牠們，牠們也不傷害別人。我把這個想法對稅務官講了，於是，他讓人從納沙泰爾買來幾隻公野兔和幾隻母野兔；在我離開聖皮埃爾島回陸地之前，牠們就已經開始生小兔了。如果牠們能熬過嚴酷的冬天，就一定能在島上昌盛繁衍的。這個小小的殖民地建立那一天，眞是熱鬧得很。我比「阿耳戈」號船上的司令官⑨還神氣，率領我們這支隊伍，把野兔從大島護送到小島。最使我感到得意的是，那個怕水怕得要命並老暈船的稅務官太太登上我的船，在我的率領下，信心十足地到了小島，一路上一點畏懼的樣子也沒有。

當湖上波濤洶湧不能行船時，我下午就在島上到處去採集植物。有時候又坐在一個風景

⑨ 指希臘神話故事中，率領「阿耳戈」號船上的勇士，去尋找金羊毛的伊阿宋。——譯者

宜人的僻靜處像做夢似的沉思，海闊天空地想像，有時候又站在高坡或高地上極目眺望美妙的湖景；湖岸一邊臨山，一邊是土地肥沃的大平原，地勢遼闊，一直延伸到遠處淡藍色的群山。

暮色降臨時，我從島上的高崗走到湖邊，坐在一個僻靜的湖灘上。在那裡，波濤聲和洶湧的水聲集中了我的思想，驅走了翻騰在心中的煩惱，使我的心能夠長時間地沉醉在美妙的夢境裡，直到天已大黑，我還沒有發現時間已是夜晚。波濤起伏，水聲不停，不時還夾雜著一聲轟鳴；這一切，不斷傳到耳裡，吸引著目光，時時喚醒我在沉思中停息了的內心的激動，使我無須思考，就能充分感到我的存在。我有時又短暫地和淡淡地思考時事的滄桑，變化無常，宛如這湖面的漣漪。不過，這短暫的想像不久就消逝在永恆和平穩的心中，使我得到慰藉。儘管我的心沒有主動讓我長久處於這種狀態，我也是如此之沉湎於茲，以至到了時間和約好的信號叫我，我才費了很大的勁擺脫這種狀態，回到家裡。

晚飯後，如果天氣好的話，我們便一起到高地上去散步，呼吸湖上送來的清新空氣。我們在一個亭子裡休息，笑呀，聊呀，唱幾首比現今怪聲怪調的歌好聽得多的老歌，然後懷著對一天的生活過得很愜意的心情，回家去睡覺，籌劃如何在明天也像今天這樣快快活活地過一天。

除有時候接待一些不速之客以外，我在這個島上居住期間，天天都是這樣度過的。現在請人們告訴我：究竟是什麼原因使我入了迷，使我對聖皮埃爾島如此戀戀不忘地親切懷念，以致時隔十五年[10]之後，每一想到在島上居住的那段甜蜜的時光，便好像我又再次登上該島，置身於我原來居住的地方。

在這坎坷不平的漫長的一生中發現，最使我得到甜蜜的享受和舒心的快樂時期，並不是最常引起我回憶和使我感觸最深的時期。那令人迷醉和牽動感情的短暫時刻，不論它是多麼的活躍，但正是由於它的活躍，所以在生命的長河中，只不過是幾個明亮的小點。這種明亮的小點爲數太少，而且移動得也太快，所以不能形成一種持久的狀態。我心目中的幸福，絕不是轉眼即逝的瞬間，而是一種平平常常的持久狀態，它本身沒有任何令人激動的地方，但它持續的時間愈長，便愈令人陶醉，因而最終使人達到完美的幸福境地。

世間的一切事物都處在持續不斷的變動之中，沒有任何東西能保持一種永久不變的形態。我們對外界事物的感受，也和事物本身一樣，經常在變動。它們不是走在我們的前頭，就是落在我們的後頭；或者使我們回想一去不復返的過去，或者使我們憧憬往往難成現實的未來。世上沒有任何一種能使我們的心永遠寄託的固定不變的東西，因此，我們在世上所能享受到的，只不過是一些轉瞬即逝的快樂。至於永恆的幸福，我懷疑世上是否眞正有過。即使在我們盡情享受的時候，也很難有一個瞬間，眞能使我們的心對我們說：「我願這

---

⑩ 盧梭一七六五年到聖皮埃爾島，至一七七七年夏，寫作本文，其間只相隔十二年。——譯者

一瞬間長此持續。」因此，我們怎麼能把那使我們忐忑不安、心中一片空虛、患得患失的轉瞬即逝的狀態稱爲幸福呢？

如果世間眞有這麼一種狀態：心靈十分充實和寧靜，既不懷戀過去，也不奢望將來，放任光陰的流逝而緊緊掌握現在，不論它持續的長短，都不留下前後接續的痕跡，無匱乏之感也無享受之感，不快樂也不憂愁，既無所求也無所懼，而只感受到自己的存在，單單這一感受就足以充實我們整個的心靈；只要這種狀態繼續存在，處於這種狀態的人，就可以說自己得到了幸福——不是殘缺的、貧乏的和相對的幸福，而是圓滿的、充實的、使心靈無空虛欠缺之感的幸福。我在聖皮埃爾島上就經常處於這種狀態。我或者躺在隨風漂盪的船中，或者坐在波濤洶湧的湖邊，或者站在一條美麗的小河旁或流水衝激礫石潺潺作響的溪邊，獨自一人，靜靜沉思。

在這種狀況下，得到的是什麼樂趣呢？在這種情況下得到的樂趣，不在任何身外之物，而在我們自身，在我們自己的存在，只要這種狀態繼續存在，一個人就可像上帝那樣自己滿足自己。排除一切其他欲念而只感到自身的存在，這本身就是一種非常珍貴的滿足感和寧靜感。單單這種感受，就足以使一個人對自己的存在感到可貴和可愛，並知道如何消除一切不斷來分散我們的心力和干擾我們在世上的樂趣的肉欲和塵世雜念。不過，大多數人都被一個接一個的情欲搞得心緒不寧，感受不到這種狀態的魅力。他們只是在很難得的短暫時刻隱隱約約進入這種佳境，因此，對這種境界只有一個模糊不清的概念，不足以使他們領略到它的美。然而，從目前的客觀環境來看，如果一味貪戀這種令人如醉如癡的境界，未必是一件好事，因爲它將使人對社會生活感到厭膩，而社會生活中不斷增長的種種需要，是要求人們承擔一定的義務。但是，一個被逐出人類社會、在這個世界上無論對人或對己都不能做出什麼有意義的事情的人，卻在這種狀態中，可找到無論是命運或任何人都無法剝奪的樂趣，以補償他失去的人間幸福。

是的，這種補償，並不是每個人，也不是在任何情況下，都能感受到的。必須心境寧靜，沒有任何欲念來打擾。進入這種境界的人，要有發自內心的感觸，另外還需要有周圍事物的和諧。內心不能絕對靜止，也不能過分激動；內心的活動必須緩慢而均匀，既不時而過快，也不時而間歇。沒有運動的生命必將麻木；如果運動不均匀，或者過於猛烈，就會一驚而醒。只要我們對周圍的事物一動心念，就會破壞沉思的佳境，失去內心的平衡，因而又再次戴上命運和人世間的枷鎖，回憶過去的苦難。絕對的寧靜將使人感到哀戚，使人有死之將至的感覺，因此，這時候就需要借助於歡樂的想像來驅散心中的淒涼。凡是具有上天賜予想像力的人，是一定會自然而然地頻頻想到許多歡樂的景象。這時，內心的活動將取代外界的刺激，輕鬆而愉快的想像，將微微拂動心靈的表面而不觸及它的深處。心中的寧靜感雖然微小，但卻非常的甜蜜，這就足以使人把握自我，忘記他所受的苦難。無論你身在何處，只要你能靜下心來，便可領略這種沉思的樂趣。我經常在想：即使我身陷巴士底獄，或者被關在一間伸手不見五指的牢房裡，我也能非常愉快地這樣靜思。

應當承認，這一切，必須在一個樹木繁茂的孤立島上做起來，效果才更加美好。這個島由於自然條件的限制，與陸地完全隔絕。島上的景色賞心悅目，非常宜人；沒有一樣東西會勾起你對過去的痛苦回憶。和少數居民的交往親密無間，但關係又不密切到沒完沒了地來打擾你。這樣，我每天可無拘無束地想做什麼，就做什麼，沒有什麼事情要我操心；我可以懶懶散散，安閒度日。對一個置身在許許多多令人不快的事物中也能想像出使人愉快的景象的沉思者來說，這樣的環境是非常好的。他可以隨他的心意盡情幻想，使各種各樣能眞正打動他的感官的東西，都聽從他的安排。當我從長時間的幻想回到現實中來時，看到周圍濃密的樹木和各種各樣的花和小鳥，極目遠眺，觀看那圍繞在遼闊和明淨的湖水四周的湖岸，我還以爲這些美好的景色是出自我的幻想。直到我一步一步地恢復自我，回到周圍的現實事物中，我也不知道應當把虛幻的景象與現實事物的分界線劃在何處。所有這一切，使我在這個美麗的小島居住期間所過的孤獨寧靜的生活十分愜意。這樣的生活，難道就不能再過一次嗎？但願我能再次到那個可愛的島上居住，在那裡度過餘年，永遠也不離開，從此不再見到任何一個陸地上的居民，以免使我回想起他們這些年來，千方百計地使我遭到的苦難！儘管我過後不久就把他們通通忘記了，但他們卻永遠也不會忘記我。不過，這有什麼要緊呢？因爲他們沒有辦法到島上來打擾我啊！擺脫了喧囂的社會生活中產生的種種塵世的欲念，我的心就可超出塵世，提前和天上的神靈交往，希望不久就成爲祂們當中的一員。我完全知道，有些人不願意把這樣一個安靜的避難處還給我，他們早已打定主意不讓我留居該島了。然而，他們無法禁止我每天給我的想像力插上翅膀，讓我飛到該島，像我身居該島那樣，在幾個小時中，再次領略我從前在島上沉思時的樂趣。有一件事情我還要做得更好，那就是：我要在該島幻想，我就要隨心所欲，愛怎麼想，就怎麼想。我既然要想像我現在就在島上，我豈能還像從前那樣幻想嗎？我要添枝加葉，給虛幻和單調的夢境增添一些可以使它富有生氣的美妙形象。從前，它們往往在我心醉神迷的時候逃避我的眼睛，而現在，我愈深入沉思，它們就愈在我面前活躍；與我當初身在島上的情況相比，我現在更覺得我是身在其中，比那時的心情更快樂。可惜的是，隨著想像力的衰退，想像起來就更加困難，而且也不能持久。唉！當一個人開始離開他的軀殼時，他的軀殼反而阻礙他的想像力。

第六次散步

任何一個不自覺的動作，只要我們善於去尋找，就不可能在我們心中找不到它的原因。昨天，我從新林蔭大道到比埃弗河，沿著尚蒂耶一側河岸去採集植物標本，在走近當弗爾豁口時，我向右繞了一個彎，穿過一片田野，經過楓丹白露街，登上這條小河上的一塊高地。這一繞彎，它本身沒有什麼奇特之處。但是，當我一想起我曾多次到了那裡，就不由自主地繞這個彎，我便在心中琢磨這究竟是爲什麼。在我最後找到其中的原因時，不禁啞然失笑。

在走出當弗爾豁口的一條大街的一個拐角處，在夏日裡，有一個女人每天都在那裡賣水果、飲料和小麵包。這個女人有一個小男孩，很可愛，但是個瘸子，拄著兩根拐杖一瘸一拐地向過往行人乞討。我和小孩子打過一次交道；此後，每當我經過那裡時，他都要來向我問好，而我也總要給他幾個銅錢。開頭幾次，我很高興，後來又有幾次，我還是滿心歡喜地給他一些東西，而且故意問他幾個問題，聽他回答一些天眞爛漫的話，覺得很有趣。此事逐漸成了習慣，不知不覺變成了一種像功課似的非做不可的事情。於是，我開始感到厭煩，尤其是每次都必須聽他一段開場白：他一張口就稱我爲「盧梭先生」，表示他和我是老相識；其實，恰恰相反，我發現，他跟那些教他的人一樣，對我根本就不了解。從此以後，我就不大願意從那裡經過，而且不知不覺地變成了習慣：一走到那裡，便繞一個彎。

我在思考這件事情時，所發現的情況就是如此；這些情況，此前從未在我的腦海裡清清楚楚地呈現過。這件事情，以及它後來使我回想起的其他許多事情，都證明了：我大部分行動的眞正的第一動機，只有經過長時間的思考，才能把它弄清楚，我深深地知道，行善事是人的心所能獲得的最大快樂；然而這一樂趣，我已經很長時間無緣問津了。處在我這樣悲慘的境地中，要想由自己選擇並有成果地做一件好事，那是不可能的。那些操縱我命運的人，他們最大的心願是：讓我看到的一切都是騙人的假象；而任何合乎道德的動機，都是他們向我展示的誘餌，誘我掉進他們爲我設下的陷阱。這一點，我現在已完全明白了；我發現，今後，我的能力所能做的唯一一件好事是：切莫輕舉妄動，以免在無意中或者在不知情的情況下做了壞事。

不過，從前我也曾經有過快樂的時候，因爲那時候只要按照自己的心意指導，有時候也能做出令他人滿意的事情。這一點，我可以大膽爲自己作證：那時，每當我感受到這種快樂時，我發現它比任何其他快樂都更沁人心脾。這種感受非常的強烈和純眞，在我的內心深處從來沒有覺得它有什麼不妥當的地方。然而，由於我做的好事隨之產生了一系列必須盡的義務，於是變成了一種沉重的負擔，這時，我心中的快樂便完全消失。這樣的事情開頭固然使人感到高興，但沒完沒了地繼續做，便索然無味，麻煩得令人難以忍受了。在我短暫走運的日子裡，有許多人來求我幫助，我都盡力而爲，從來沒有拒絕過他們當中的任何一個人。但是，我當初眞心眞意所做的好事，卻給我一個又一個地招來許多我沒有料到的必須包辦到底的事情，使我後來一直沒有辦法擺脫它們的束縛。我對他人做的好事，他們卻把它看作是我應當做的事情；有些不幸的人受了我的恩惠以後，就纏住我不放，一再要我爲他們效勞，以致使我自由自願做的好事變成了盡不完的義務，一有需要就來找我爲他們出力，即使我的力量不夠，也無法推辭。就這樣，原本非常甜蜜的快樂，變成了不堪承受的重負。

這副沉重的擔子，在我默默無聞時，我倒不覺得它怎麼重。然而，當我的著作一夜之間出了名，我成了一個人物（這顯然是個嚴重的錯誤，使我吃了不少的苦頭），我就變成了「總務處」：家中門庭若市，一切受苦受難的人和自稱是受苦受難的人都來找我；四處打秋風的騙子以及那些假裝尊敬我，實際是想方設法整我的人，都找上門來見我。因此，我有理由斷定，一切天然的傾向（包括行善事的傾向），如果不加小心和不加選擇地用到社會上，就會變質，而且，它們原本是多麼有益，後來也將變得多麼有害。一系列痛苦的經驗逐漸改變了我的性情，或者說得更確切一點，把它限制在適當的範圍以內。經驗告訴我：當我的善意有可能助長他人的惡意時，切莫盲目按自己的性情行事。

不過，對於那些痛苦的經驗，我並不感到後悔，因爲，經過思考之後，我發現，它們無論在我認識我自己方面，還是在認識我在千百種抱有幻想的情況下行事的眞正的動機方面，都給了我新的啓示。我認爲：要高高興興去做一件好事，我就需要有行動的自由，不受任何約束。要使一件好事失去它的樂趣，只需將它變成一種我必須履行的義務就夠了；因爲義務的壓力將把甜蜜的樂趣變成一個沉重的包袱。我記得我在《愛彌兒》中說過①，我在土耳其人中間不可能成爲一個好丈夫，因爲，當有人在大街上叫喊男人盡他們做男人的義務時，我是不會聽話的。

以上所說，大大改變了我保持很久的對自己剛毅性格的看法，因爲，按照自己的天性行事，這不能算作剛毅的性格；在天性的驅使下，從行善事中尋求快樂，這也不是剛毅的性格。剛毅的性格表現在：當義務要求我行某事時，我能戰勝天性的驅使，去做義務要求我做的事情；在這一點上，我做得比上流社會的人差得多。我生性善良，易動感情；我的憐憫心甚至發展成了我的弱點；凡是對人慷慨的事，我都滿心歡喜地去做；我爲人厚道，愛行好事，樂於助人；只要別人能打動我的心，我就回報他以眞情；如果我是人類當中最有勢力的人，我就會是最仁慈的好人；即使我有報仇的能力，我也能克制自己，不會產生報仇的念頭。對於我自己的利益，我能一秉大公，該犧牲時就毫不猶豫地犧牲；然而對於我所喜愛

---

① 在這裡，盧梭記錯了；不是在《愛彌兒》中，而是在《懺悔錄》第五卷中：「在任何事情上，我都是不能容忍他人的約束和強迫的；即使是令人快樂的事，若硬要強迫我去做，我也是不願意的。據說，在穆斯林那裡，天剛亮，就有一個人在大街上吆喝，叫男人盡自己對妻子的義務。我可不是那麼聽話的土耳其人：我不會聽他的命令在這個時候幹那種事。」（盧梭：《懺悔錄》，巴黎「袖珍叢書」一九七二年版，上冊，第二百九十三頁）——譯者

的人的利益，我就難下決心這麼做了。當我的義務與我的心發生矛盾時，只要我不採取行動，則前者往往不能戰勝後者：在這種情況下，我表現得最堅強；要違背我的天性行事，那是不可能的。只要我的心不許可，無論任何人、任何義務，甚至生活的需要，都不能命令我做任何事情；我的意志是不聽從任何人擺布的，也不會服從任何人的命令。當我發現災禍將要降臨到我頭上時，我寧可讓它降臨，也不去想辦法加以防止。我做事有時候開頭很起勁，但這股勁頭不久就逐漸鬆弛，甚至消失得一點也沒有了。在任何一種可以想到的事情上，只要我做起來沒有興趣，不久後就無心再做了。

還有，別人的約束即使與我的願望相符合，而且約束的程度也不大，那也會打消我的願望，使我感到厭煩，甚至噁心。即使是好事，只要是別人強迫我去做的，我做起來就感到難過：好事只能由我主動去做，而不能由他人強迫我做。純粹無償的好事，我當然是願意做的，但是，如果受惠的人因此就以爲他有權利要求我繼續不斷地做，永遠當施恩者，否則，他就會恨我，那麼，我就會感到厭煩，完全失去當初做那件好事時的樂趣；如果我遷就對方，勉強地做了，那就是出於軟弱或不好意思拒絕的害羞心理：不是眞心誠意地做，我不僅不高興，而且還要在心裡責備自己不該違心地做那件事情。

我當然知道，在施恩者與受惠者之間存在著某種契約，甚至是契約之中最神聖的契約。他們彼此之間形成了一種社會，其間的關係比把一般人都包括在內的社會更緊密得多，因此，只要受惠者有無言的感謝的表示，施恩者也應對他報以同樣的情誼；只要他沒有成爲一個不配受惠的人，施恩者就應當繼續以好心相待，對他的要求盡可能予以滿足。不過，這些都不是明文規定的條件，而是他們之間所建立的關係的自然結果。在第一次向他人要求無償的幫助時，若遭到拒絕，那是誰也無權抱怨那個拒絕的人的；但是，誰要是在他曾經施恩的人再次要求無償幫助時，表示拒絕的話，誰就會令那個人原本以爲可再次得到滿足的希望遭到破滅，使他的期待落空，而這種期待乃是由施恩者讓對方產生的，因此對方將感到受到了不公正的對待，比當初第一次若遭到拒絕更令人難堪；不過，這種拒絕畢竟是我們喜歡獨立行事的一種表現，是不能輕易放棄的。償還欠人家的債款，是我應盡的本分；而給人以贈品，乃是爲了使我自己高興的事情。不過，盡本分的樂趣，是只有那些養成了實踐美德的人才能領略的；那些全憑天性行事的人，還達不到這個高度。

有了這麼多痛苦的經驗以後，我學會了及早料到憑一時衝動而行事的後果，因此，我後來經常是袖手旁觀，不去做我本來想做而且有能力做的好事，生怕由於考慮不周，貿然行事，會被它糾纏得脫不開身。我並非一貫是如此擔驚受怕的；相反地，在我青年時期，我曾經常以我美好的行爲去幫助別人，而且發現我所幫助的人，後來之所以對我那麼親近，是出於感謝之情而不是由於利害關係。但是，從我的倒楣之日一開始，這方面的情況就立刻產生了變化。我從此生活在新的一代人中間，他們與前一代人大不相同；我對他們的感情，同他們對我的感情一樣，都發生了變化。我發現，儘管人還是那些人，然而，原本那麼不同的先後兩代人，如今可以說是互相同化了。例如：夏梅特伯爵就是這樣；我原本是很尊敬他的，而他也很喜歡我，可是他爲了讓他的親戚能當上主教，竟不惜自己去投靠舒瓦瑟爾②，充當他的打手。又如曾受過我的恩惠的巴勒神甫，他本來是一個好人，是我的朋友，在青年時期是一個很誠實的小夥子，可如今在法國一有了點名氣，就使勁出賣我。比尼斯神甫也是如此；此人在我任法國駐威尼斯使館祕書期間，曾當過我的副手，因此，我的所作所爲自然贏得了他的愛戴和尊敬，可是後來爲了大發橫財，一言一行都全不顧良心和眞理。穆爾杜本人也由白變成了黑③。當初，他們爲人都很坦率和眞誠，如今卻竟然變成了這個樣子，行事和別人完全一樣。世道變了，人也跟著世道一起變。唉！當初那些以他們的人品贏得我敬重的人，如今行事與當年判若兩人，我怎麼還能對他們抱有同樣的感情呢？我不恨他們，因爲我根本就不懂得什麼叫恨；然而我不能不輕視他們，因爲他們理應受到輕視：我對他們不能

---

② 舒瓦瑟爾（一七一九—一七八五）：法國政治家，曾擔任路易十五的外交大臣和陸軍大臣。——譯者

③ 盧梭晚年在寫作《一個孤獨的散步者的夢》這段期間，儘管生活和心理方面已相對穩定，下筆爲文，條理清晰，但他的思維，尤其是在對人（包括他的少數幾個摯友）的看法上，仍未完全擺脫過於偏執的狀態，他對穆爾杜的看法就是一例。穆爾杜始終是他一個值得信賴的忠實朋友。在盧梭離世前不久——一七七八年三月十五日，穆爾杜還帶著兒子皮埃爾去他家看他；他把他的《懺悔錄》和《對話錄》的稿子交給穆爾杜，並要年輕的皮埃爾允諾：如果他的父親沒有完成交辦的任務就去世，他要替他的父親繼續完成。（見特魯松：《盧梭傳》，李平漚、何三雅譯，商務印書館一九九八年版，第四百零五頁）——譯者

不明確表示我的這種態度。

也許我本人也有巨大的變化，只不過我自己沒有看出來罷了。什麼樣的天性能頂住類似我所處的這種情況而不發生變化呢？這二十年的經歷④使我深深明瞭，大自然賦予我心中的良好資質，都被命運和那些主宰我的命運的人敗壞了，既損害了我，也傷害了別人；我把別人讓我做的任何一件好事都看作是他們給我設置的陷阱，其中藏有害人的機關。我知道，不論事情的結果如何，我的好心都沒有好報。不錯，回報總是有的，但它內在的喜悅已完全失去了。一旦沒有了激勵這種心情的因素，我對一切便淡漠了，心中一片冰涼，只覺得，非但不是在做什麼好事，而是在受人愚弄；這既有悖於我的自尊心，也違背我的理智，因此只能使我感到厭惡與反對；然而同是這種事情，如果是在自然狀態中，我一定會滿腔熱情地去做。

有些逆境有助於昇華和增強我們的心靈，然而也有一些逆境使人的心靈陷於沮喪，甚至遭到扼殺：我所處的就是這後一種逆境。只要我的心中稍微有一點邪惡的種子，我所處的逆境就會使它急劇增長，使我行事瘋狂，成爲一個無用之人。既然不能爲我自己，也不能爲他人做好事，我就索性什麼事也不做；我是被迫處於這種狀態的，因而是無罪的；不僅如

---

④ 指一七五七年十二月，他離開退隱廬以來的二十年。——譯者

此，我發現這種狀態還給我一種溫暖的感覺，使我能充分寬慰自己，而不必責備我自然的天性。當然，我在這方面做得有點過頭，因爲我每每想方設法逃避有所作爲的機會，甚至在我發現它只有好處而無壞處的時候，我也逃避。我深深知道，人們是不會讓我了解事情的眞相的，所以我不會只憑他們讓我看到的表面現象就下結論，因此，不論人們用什麼樣的藉口來掩蓋他們行爲的動機，我都能看出他們的動機是在迷惑世人。

命運似乎在我童年的時候就設下了一個陷阱，使我後來輕易地就掉進了其他的陷阱。我生來就是眾人當中最信任他人的人；在整整四十年⑤中，我的這種信任他人之心一次也沒有用錯過。後來，由於突然進入了另外一種人和另外事物的行列，我便中了千百次圈套，而從來沒有事先覺察過一次，而二十年的經驗也僅僅使我對自己的命運開始有所明瞭。當我發現人們對我裝模作樣的種種表示全是假的和騙人的以後，我又走到了另外一個極端，因爲一個人一旦不按他的天性行事，就不會受任何界線的限制了。從此以後，我對所有的人都感到厭惡：我的意志與他們的意志發生撞擊，我要遠遠地離開他們，因爲我厭惡他們這些人，比厭惡他們對我玩弄的詭計更有甚之。

⑤ 嚴格說來是三十八年，因爲盧梭一七一二年出生到一七五〇年，他的第一篇論文（〈論科學與藝術〉）發表時，剛三十八歲出頭。——譯者

不論他們的花樣多麼翻新，我對他們的厭惡都不會發展成憎恨之心。一想到他們千方百計硬要我依賴他們，仰他們的鼻息，結果反倒讓我把他們搞得事事受我支配；他們眞是可憐得很啊！我固然不幸，他們自己也不幸。當我恢復清醒時，總覺得他們十分可悲。在我的這種看法中，也許摻雜有驕傲的成分，因爲我認爲我比他們高尙得多，所以不屑於去恨他們；他們頂多只能讓我對他們嗤之以鼻，而絕不可能引起我對他們怒目圓睜。我太愛我自己了，所以我不對任何人抱仇恨之心，因爲，一旦仇恨他人，就要壓縮自己的生活範圍，而我追求的是，把自己的生活範圍擴大到整個宇宙。

我寧可躲開他們，而不去恨他們。他們的面貌引起我的反感，他們冷酷無情的目光使我感到心寒。只要引起這些感覺的東西一消失，不愉快的心情也隨之不復存在。當他們出現在眼前時，我雖不得不與他們周旋，但他們一走，我就不再去想他們。在我看不見他們的時候，我覺得他們就等於零，好像世界上根本就沒有他們這些人。

只有在與我有關的事情上，我才對他們漠然視之；而在他們之間的相互關係中，我將把他們看作是我在舞台上所看到的人物，依然對他們感興趣，對他們表示關心。除非我的道德觀完全泯滅，我才不過問事情是公正，還是不公正。不公正和邪惡的事情，我一看見便怒從心起；而實踐美德，是既不張揚又不矜誇的事情，我每次看到都滿心歡喜，甚至感動得流下眼淚，不過，必須要我親眼見到和作出判斷以後才行，因爲，在我經歷了那麼多事情後，除非我是瘋子，否則是不會以別人的看法爲看法的，我是不會別人說什麼，我都信以爲眞。

如果我的面貌和特徵也像我的性格和天性那樣不爲世人所知的話，我在他們當中生活也許還沒有什麼困難。只要他們把我當作陌生人，說不定我還很喜歡他們的那種生活。只要讓我無拘無束地按照我自然的天性行事，只要他們不來干擾我，我還是很喜歡他們的。我對他們將竭誠相待，而不存半點私心，但是絕不能形成什麼特殊的關係，不受任何義務的約束，我將自由和主動地爲他們做他們礙於自尊心和他們的規矩而不好意思求我爲他們做的事情。

如果我一直是自由的、默默無聞的和離群索居的（就我的天性而言，我最好是處於這種狀態），我也許能做許多好事，因爲我心中毫無半點害人的念頭。如果能像上帝那樣無所不能和誰也看不見，我也許會成爲像祂那樣善良和廣行善事的人。要成爲傑出的人，必須要有能力和行動的自由；軟弱無能和唯唯諾諾，必然把人變成壞人。如果我有吉熱斯⑥的那枚戒指，它就會把我從依賴於人的狀態中解放出來，讓我反過來把別人置於我這種狀態。我經常在心中琢磨如何使用這枚戒指，而且想的全是如何濫用這枚戒指。如果我有滿足我的欲望的能力，想做什麼就做什麼，而又不被別人欺騙，那麼，我將有什麼要求呢？我只有一

⑥ 吉熱斯：西元前七世紀理迪國國王，據說，他有一枚神奇的金戒指，戴在手上就能隱身，不被他人看見。——譯者

個要求：看見所有的人都心滿意足，皆大歡喜。只有大眾的幸福才能永遠打動我的心；我永不改變的熱情是：要爲實現大眾的幸福貢獻自己的力量。只要我爲人始終正直而無偏心，善良但不軟弱，我對人就不會有盲目的懷疑心和冤冤不解的仇恨；因爲，只要實事求是地看待他人和了解他們的心，就會發現，好到值得我衷心愛戴的人不多，而壞到值得我恨之入骨的人也爲數極少，甚至他們的惡行也有使我對他們感到可憐的地方，因爲他們在傷害他人的同時，也傷害了他們自己。也許，在我高興的時候，我的童心復萌，有時候也能做出一番產生奇蹟的事情，但那絕不是爲我自己，而是遵循我的天性行事，一秉大公，按照寬厚和公平的原則辦理。作爲上帝的使者和祂的律法執行者，我將盡全力完成一系列比《聖徒傳》⑦上所記載的和聖梅達公墓出現的奇蹟⑧更有益於世人的偉大事業。

只有在這一點上，我的這種可以游走四方而不會被人發現的隱身之術，可能會使我產生難以抗拒的邪念；而一旦走上了歧途，我就不知道將被它引到什麼地方。如果我自以爲沒有

⑦《聖徒傳》，十三世紀熱那亞聖多明我會的修士雅克・沃拉吉納作，是一本在當時廣爲流傳的宣揚聖徒布道和行奇蹟的故事的書。——譯者

⑧聖梅達公墓出現的奇蹟，聖梅達公墓在巴黎。據說，一七二七—一七三二年間，狂熱的冉森派教徒一到該公墓中的帕里修士的墓室前，就「全身痙攣」，能看到許多奇蹟。——譯者

被它誤導，或者以爲理性阻止了我走上這條致命的下坡路，那就意味著我對人的天性和我自己的認識不足。在其他事情上我都很自信，唯獨在這件事情上我失敗了。凡是能力超群的人，就應當克服人的弱點，否則，能力的過度濫用，便只會使他落入他人的下風，甚至不如他從前的自己，因此還不如與他人勢均力敵爲好。

經過多方考慮之後，我覺得，最好是把那個有魔力的戒指扔掉算了，以免被它弄得去幹傻事。如果人們硬要說現在的我不是從前的我，一見我的面就感到討厭，我就躲開他們，不讓他們看見我，然而這不是說我在他們當中從此就湮沒無聞，失去了光彩。事實上，應當躲藏起來不讓我看見的是他們；他們應當把他們的陰謀詭計掩蓋起來，躲避光明，像鼴鼠那樣藏在地洞裡。對我來說，只要他們能看見我⑨，就讓他們看好了；那好得很；可惜的是，他們根本沒有辦法看見我；他們所看見的，純粹是他們在想像中，按他們的心願塑造出來加以仇恨的尙－雅克。因此，如果因爲他們那樣看我，我就感到難過，那我就錯了：他們如何看我，我毫不在乎，因爲他們所看到的，並不是眞實的我。

我從這些思考中得出的結論是：我的確不適合這個文明社會；在這個社會中，到處都是羈絆，都有應盡和必須履行的職責，加之我特立獨行的天性不允許我忍受爲了和他人在一起

⑨ 這裡的「我」，指眞實的我。——譯者

生活而必須忍受的束縛。只要我能自由行動，我就是好人，做的全是好事，而一旦感到身上有了枷鎖，無論它們是來自生活的需要，還是來自他人的干預，我都要反抗，或者說得更確切一點，我就會成爲脾氣倔強的人，一個一無用處的人。不過，要我違背我的意志行事，我無論如何是不幹的；甚至連我的意志想做的事，我也因爲感到力量薄弱而不去做。我無所作爲，什麼事也不做：我的軟弱表現在行動上，往往我的力量反而產生消極作用，我的一切罪過都是由於我的疏忽造成的⑩，而不是由於我做了什麼該做的事情而產生的。我從來不認爲人的自由是在於他想做什麼就做什麼；恰恰相反，我認爲人的自由是在於他可以不做他不想做的事：我所追求和想保有的自由，是後一種自由。然而正是因爲我想保有這種自由，我遭到了與我同時代的人的責難。他們這些人成天東奔西走，到處活動，四方鑽營；他們不願意看到別人有行動的自由，也不想爲別人爭取這種自由；只要他們能爲所欲爲，或者說得更確切一點，只要能把他們的意志強加於人，他們便一生都甘願做連他們自己也感到討厭的事情，不惜採用一切卑鄙的手段去愚弄他人。他們的錯誤不在於把我看作一個無用之人而排除

⑩ 這句自責的話，盧梭在《懺悔錄》第十卷中也說過：「我最嚴重的錯誤是由於我的疏忽造成的；我很少做不應該做的事，但不幸的是，我更少做我應該做的事。」（盧梭：《懺悔錄》，巴黎「袖珍叢書」一九七二年版，下冊，第二百六十九頁）——譯者

在社會之外；他們的錯誤在於把我看作一個危險分子對我倍加敵視：我承認，我做的好事不多，然而爲惡的念頭在我這一生中卻從來沒有在心中產生過；因此，我敢說，在這個世界上沒有任何一個人做的壞事比我少。

第七次散步

我剛剛才開始描寫我在這個集子中所做的長長的夢①，我就覺得好像是快要寫完了似的。因爲另外一件有趣的事情取代了它，吸引了我全部的注意力，甚至爲此忙得不可開交，沒有時間做夢。我當時是如此瘋狂地全身心投入到這件事情中，以致後來一想起它來，便開懷大笑。我做這件事情，從來不惜力氣，因爲在我這樣的處境中，除了無拘無束地完全按照天性行事以外，便無其他的法則可遵循。對於我的命運，我無能爲力，所以做事只能順從我天眞無邪的性情；對於他人的議論，我聽之任之，根本不過問。此時，最明智的辦法是，就我的能力所及，無論是在大眾面前，還是單身獨處，我想做什麼，就做什麼，全憑興之所至；除了受力量的限制以外，便不受其他的約束。我就是這樣以麵包充饑，把全部精力和時間都用來研究植物。在我已成爲老人的年紀，才開始在瑞士的伊維爾努瓦博士那裡學了一點點基本知識；值得高興的是，當初在我四處流浪期間，就已採集到了相當多的植物標本，對植物學這個領域有了基本的了解。現在，我已年過六旬，又蟄居巴黎，已無力去大量採集標本了；此外，我又忙於爲人抄寫樂譜，沒有時間做別的事情，所以只好放棄這項無暇再做的有趣工作。我把採集的標本都送給別人了，有關的圖書也全賣掉了，只有偶爾到巴黎

①參見本書正文第一頁注①：「我整個的一生，只不過是一個長長的夢；這個夢，由我每天散步時，分章分段地做。」——譯者

郊區散步時，觀賞一下一般的植物。在這段期間，我所知道的那一點點知識，全都從腦海中消失了：它們消失的速度，比我當初下死功夫記它們的時候快得多。

轉眼之間就年過六十五歲②；如今，本來就不好的記憶力已完全消失，到野外工作的力氣也沒有了；既沒有人指導，又缺乏參考的圖書，也沒有種植植物的園地和貼植物標本用的本子：在這種情況下，我之所以重新對植物學又產生了濃厚的興趣，靠的還是我當初的那股熱情。我又按照適當的計畫，認眞重溫穆赫③的〈植物界〉，細心研究地上生長的各種植物。由於我沒有錢去買書，我就把別人借給我的書抄寫下來，並決心要比第一次採集更多的標本；我要把水中和高山上長的花草以及印度的各種樹木的標本都蒐集齊全；首先採集的是不花錢就能採集到的海綠、細葉芹、琉璃苣和千里光草；我非常細心地採摘生長在我的鳥籠子上的小草；每當發現一種過去沒有見過的植物，心裡便樂不可支，禁不住大叫一聲：「又發現了一個新品種。」

我用不著爲自己隨興之所至而作出的這個決定辯解；我認爲它是合乎情理的。我深深

---

② 一七七七年六月二十八日，盧梭年滿六十五歲。——譯者

③ 穆赫：瑞典植物學家，是植物學家林內的《自然分類法》一書的出版人；他爲該書寫了一篇序言，題爲〈植物界〉。——譯者

地相信，處在當前的情況下，做我高興做的事，這是很明智的選擇，甚至是很有勇氣的選擇：這是避免仇恨的種子在心中發芽滋長的最好辦法。像我這樣命苦的人，要想得到某種樂趣，就需要具有一種了無半點仇恨之心的善良天性。我要按照自己的方式報復那些迫害我的人；我發現，爲了要懲罰他們，最殘酷的辦法莫過於讓我痛痛快快地活著，而不去理睬他們。

是的，我的理性允許我，甚至是規定我要按照這個吸引我、而且是無論什麼力量都無法阻止我順從的傾向行事。但是，我的理性並沒有告訴我這個傾向爲什麼會吸引我；現在，我年事已高，說話顚三倒四，身體衰敗，行動不便，記性又不好，這項無利可圖的研究工作爲什麼會使我又做我青年時候做的事情和一個小學生做的作業呢？它的魅力何在？這當中的奧妙，我一定要自個兒琢磨，把它弄個明白。我覺得，把這一點弄清楚之後，也許可以給我新的啓示，使我能更加地認識自己：我把晚年的餘暇用在這一點上，眞是用得十分恰當。

我有時候想得很深；但想的時候，很少是高高興興的；相反地，差不多總是不大情願的，總像是被迫的：做夢使我感到很輕鬆，很有趣；凝神沉思，使我感到很累，很愁苦。動腦筋思考，對我來說，始終是一件苦事，一點樂趣都沒有。有時候我的夢以陷入沉思結束，而更多的時候是，我的沉思以做夢告終。在這神遊在沉思和夢境的過程中，我的心靈張開想像的翅膀，在宇宙中四處翱翔，這時，我心曠神怡的感受，比任何其他的享受都美得多。

只要我能領略到這種純眞的樂趣，一切其他的樂事，在我看來都索然無味了。不幸的是，自從我由於一時的衝動走上這條文學道路之後，我便感到腦力運作的確是一件苦差事，所博得的那一點點名聲反倒成了一大累贅，同時，我還感到我甜蜜的夢開始淡化，了無生氣。不久以後，由於不得不忙於應付不幸的處境，結果，在我五十年的人生過程中，被我看作財富和光榮的心曠神怡的感受以及除了時間以外，我不花一分錢便能在閒散度日的生活裡成爲世人中最幸福者的美妙情懷，便很少出現在我心中了。

我在夢中甚至擔心自己失控的想像力會由於不幸而改變它活動的方向，擔心持續不斷的痛苦會逐步使我的心愈來愈緊張，使它承受著痛苦的沉重負擔。在這種情況下，多虧我有一種逃避那些使人傷感的思想的本能，迫使我的想像力停止活動，並把注意力轉向周圍的事物，使我第一次詳細觀賞我以前只走馬觀花似地看個大概的自然風光。

樹木和花草是大地的衣裳和裝飾品。再也沒有什麼比寸草不生的光禿禿的田野更難看的東西了：到處是亂石、爛泥和沙子的土地是十分難看的。但是，只要大自然使它重獲生機，在河水的灌溉和鳥兒的歌聲中披上新裝，它就會向人們展現一幅動物、植物和礦物三界和諧，充滿生氣和魅力無窮的景象：在這個世界上，只有這種景象才能使人的眼睛百看不厭，縈繫於心。

觀賞此景的人，其心愈敏感，他就愈會被這種和諧陷入沉醉。深深的甜蜜夢境將迷住他的感官，使他如醉如癡地漫遊在美麗的大自然的遼闊原野，使他感到他自身已與這美麗的景色融爲一體：他對個別的事物視而不見；他只看到而且只感覺到這一巨大的整體，這時候，就需要有一種特殊的情況來引導他的思想和限制他的想像力，他才能一部分又一部分地觀察這個他想包容在心的宇宙。

當我因憂鬱而痛苦的心爲了保存我逐步沉淪的景況下即將散失的那一點點餘熱，而不得不集中思考它周圍的事物時，這種情況便自然而然地產生。我沒精打采地在林中和山間徘徊，不敢動腦筋去想，怕的是加深痛苦。我不去想那些令人傷感的事情；把全部注意力都集中起來，觀察我周圍令人感到輕鬆和愉快的事物。我的眼睛看了這個，又看那個：在多種多樣的事物中，要它們長時間停留在某些事物上，那是不可能的。

我非常欣賞這種用眼睛觀察事物的樂趣，因爲，在我百無聊賴、閒著沒事做的時候，它可以使我感到快樂，分散我的心，清除我的痛苦。事物自然的美，大有助於這種樂趣，甚至使人著迷：濃郁的芳香、絢麗的顏色和優美的形狀，它們似乎在競相爭奪我的注意力。要想盡情享受這種美妙的感覺，只需有一顆喜歡快樂之心就行了。在那些面對此種情景而無動於衷的人中，有的是因爲缺乏天然的敏感，而大多數人則是因爲心有旁騖，對出現在他們眼前的景物一瞥而過，不加留意的緣故。

另外還有一件事情使有學問的人對植物的研究有偏差：他們完全是從藥物學的角度去研

究植物。只有提奧夫拉斯特④不是這樣；我們可以說這位哲學家是古代唯一的植物學家，然而他幾乎不為我們所知；後來，由於一個名叫狄奧科里德⑤的偏方蒐集家和他的著作的評注者的提倡，醫藥學界就如此癡迷地把一切植物都看作是有醫學用途的藥草，想從植物中提取他們過去沒有見到過的東西，硬說它們有這樣或那樣的藥性。他們沒有意識到植物本身的機理才是值得我們研究的。那些把畢生的精力都用來蒐集貝殼的人嘲笑植物學，說什麼如果研究植物而不研究它們的功用，則植物學便沒有用處，這就是說，如果不放棄對大自然的觀察，不全盤按照權威人士的意見去做，則植物學就會成為一門一無用處的學問，然而就我們所知，大自然從未欺騙過我們，它也沒有說那樣的話；相反地，欺騙我們的是那些權威人士，他們在許多事情上硬要我們相信他們的話，其實，他們的話也往往是照搬另外一個權威人士的話。當你在一個到處鮮花盛開的草地上，一個又一個地研究那些花朵時，有些人就會把你當作一個採藥人，向你討取草藥去治他們孩子身上的痱子、大人身上的癬疥和騾馬的鼻疽。這種有害的偏見，在其他國家，尤其是在英國，由於林內著作的廣泛傳播，已大大消除；林內把植物學從各派藥物學的狹小範圍中解放出來，使之成了博物學中的一個門類，讓

④ 提奧夫拉斯特（？—西元前二八七）：古希臘哲學家，著有《關於植物的研究》。——譯者

⑤ 狄奧科里德：西元一世紀人，著有《論藥物》一書。——譯者

人們從經濟的角度去研究植物的用途。可是在法國，人們對它們的研究並不深入，還停留在如此之低的水準，以致有一位巴黎上流社會中人，在倫敦看見一個專門種植稀有花草和樹木的花園，竟大聲讚曰：「這個藥劑師的花園眞美呀！」按照他這種說法，第一個藥劑師應該是亞當，因爲很難想像哪個花園比伊甸園⑥的花草樹木搭配得更完美。

從醫學的角度來研究植物學，當然會使它淡而無味了：它不會欣賞草兒的鮮嫩、花朵的絢麗、樹林的清新、田野的綠茵和濃密的枝葉。那些想把這一切都放進研缽中去研磨的人，對這一切美妙的景物是不感興趣的；他們是不會到調製灌腸劑的花草中去爲牧羊女尋找編織花冠用的花和草的。

儘管有這種專門從醫藥學的角度去研究植物的情形，但它絲毫不影響田野和山林在我心目中的形象；再也沒有什麼東西比湯藥和膏藥更令我討厭的了。每當我一仔細觀察田野、果園和樹林以及生活在它們當中的眾多生靈時，我便禁不住認爲它們的確是大自然賜予人類和動物的糧倉。我腦子裡從來沒有想過要到它們那裡去尋找作藥用的植物。在大自然的各種各樣產品中，我就沒有發現它標明哪種植物有這種用途；如果有這種用途的話，它就會引導

---

⑥ 伊甸園，據《聖經》上說：「耶和華上帝在東方的伊甸立了一個園子，把他所造的人（指亞當——引者注）安置在那裡。耶和華上帝使各樣的樹從地裡長出來，可以悅人的眼目。」（《聖經·舊約全書·創世記》，第二章，第八—九節）——譯者

我們像挑選可供食用的植物那樣去挑選供藥用的植物。我甚至感覺到：如果在林中漫遊之時，突然一下想起諸如頭疼腦熱、腹內長結石、關節痛風和發癲癇之類的人間疾病，我漫遊的樂趣就會遭到破壞。我不是否認植物有人們所說的那些奇特的功效，我只是說：只要你一向病人談起它們的功效，就必然會使病人的病痛感覺繼續滋長，因爲人的疾病是人自己造成的，在人的諸多疾病中，沒有任何一種是這樣或那樣的草藥能澈底治好的。

我從來就沒有產生過凡事都要與物質利益聯繫起來的想法；我也不到處去尋求什麼利益或治病的藥物，更不會在身體健康之時，便對大自然漠不關心。在這方面，我和其他人完全相反：一切與生活需要有關的事物，都會使我感到煩惱或不快；只有在我眼不見那些刺激我的肉體的東西時，我的心靈才能感受到眞正的快樂是其樂無窮。因此，即使我相信醫學，即使藥物確有好處，但是，如果讓我去研究它們的話，我也不會從中得到我在了無牽掛的靜思中所感受到的那種欣喜的心境；只要我的心靈還受到肉體的束縛，它就不可能展開翅膀，飛翔在大自然的上空。不過，儘管不甚相信醫學，但是，我對我所敬愛的醫生還是曾經非常相信的，並曾把我這把老骨頭交給他們全權處理。十五年的經驗⑦使我付出了很大的代價，教

⑦ 指一七四七年，盧梭從威尼斯回巴黎後，到一七六二年，一個名叫科姆的斐揚派修士成功地爲他做了導尿手術，並告訴他說：「痛苦是有的，但他的壽命將活得很長。」（參見特魯松：《盧梭傳》，李平漚、何三雅

育了我；現在，我完全按照自然的法則生活，於是又恢復了健康。即使醫生們沒有在其他事情上使我感到不快，單單憑這一點，誰能怪我對他們一肚子怨氣呢？他們的醫術之虛妄和醫療之無效，我本人就是活生生的例證。

只有沒有任何涉及人際關係的東西，也沒有任何與我的身體有利害關係的東西，才能真正占據我的心。只有在我不動腦筋思考的時候，只有在我完全處於忘我狀態的時候，我的夢才最甜蜜，我才心醉神迷，有一種難以描述的愉快感覺，可以說，它們簡直使我融入了天地萬物的統一體系，使我和整個大自然結合成一體了。只要人們以兄弟之情待我，我就會制定一個享受地上的幸福計畫。這個計畫始終是把所有的人都包括在內的：只有大家都幸福的時候，我才會感到幸福；只有在看見我的弟兄們一心要在我的痛苦中尋求他們的快樂，對我抱幸災樂禍的態度的時候，我才會產生尋求個人幸福的念頭。因此，爲了不去恨他們，最好的辦法是躲避他們，躲到我們共同的母親⑧那裡：只有在她的懷抱中，我才能免遭她的孩子們的傷害。於是，我變成了一個孤獨的人，或者像他們所說的，我變成了一個不與任何人來往

譯，商務印書館一九九八年版，第二百七十二頁；關於盧梭泌尿系統的病症，請參見本書第二百九十一頁《日內瓦公民尚—雅克．盧梭的遺囑》）——譯者

⑧指大自然。——譯者

的厭世者；的確如此，因爲我寧可生活在蠻荒之地，也不願意生活在壞人的社會裡：他們心裡想的，全是如何出賣朋友和仇恨他人。

儘管我不得不停止動腦筋思考，怕的是我會不由自主地回想起自己的種種不幸；儘管我不得不控制我雖尙活躍但已日漸枯竭的想像力，以免它被許多令人憂傷的事情刺激得陷入胡思亂想的境地；儘管我不得不忘掉那些曾經詆毀和羞辱過我的人，以免憤怒之心使我與他們作對，然而，我不能因此就一心只考慮我自己，因爲我感情外露的性格要把它的感情和思想推己及人，不過，我不會像從前那樣魯莽行事，一頭就栽進大自然遼闊的海洋，因爲我的能力已經衰敗，再也找不到力所能及的相當明確的事物，使我能把我的力量全都用在它身上：我已經沒有力量在我從前紛至沓來的美妙幻想中，像魚入大海似地到處漫遊了。我已經差不多沒有思想而只有感覺了；我的智力活動的範圍不超過緊緊圍繞在身邊的事物。

我躲避世人，尋求孤獨，不再漫無邊際地遐思，尤其不再深入考慮什麼問題；然而我生性活潑，因此，不會對一切都麻木不仁，抱視而不見和聽而不聞的態度。我開始把注意力放在周圍的事物上；而且，由於自然的本能驅使，我更偏重於觀察賞心悅目的東西。礦物本身沒有什麼好看和吸引人的特色，而它之所以把豐富的寶藏埋在地下，好像是爲了躲避人的貪欲，才遠遠地離開人們的視線。這埋藏在地下的巨大財富，是準備有朝一日在人心敗壞到對他們容易到手的東西失去興趣時，才讓他們去拿取。而要拿到這筆財富，就需要有精巧的技藝和付出艱辛的努力，吃許多苦頭。他們挖掘到大地的深處，冒著喪失生命和健康的危險去尋找他們想像中的寶物，認爲它比大地向他們提供的眞正財富更値得花力氣去尋求。他們躲避陽光和白晝，把自己等於是活生生地埋在地裡，而不痛痛快快地生活在燦爛的陽光中。田間耕作的美好圖像消失了，取而代之的是礦坑、礦井、熔爐、鍛爐、鐵砧、鐵錘、彌漫的煤煙和熊熊的爐火。可憐礦工們被有毒的氣體折磨得面如紙色，而鐵匠們則一臉黢黑；如今，再也見不到花草、樹木和藍天，再也見不到談情說愛的牧羊人和牧羊女，再也見不到身體強壯的農夫。

要裝出一副博物學家的樣子，那是很容易的：去蒐集一些沙子和石頭，放進布袋，擺在工作室裡就行了；熱衷於搞這類收藏的人，多半都是無知的富人；他們的目的是，擺出來顯示他們自己。若想從礦物學的研究中有所收穫，就必須要成爲化學家和物理學家；必須進行艱苦的和花費許多精力的實驗，要在實驗室仔細研究，花許多金錢和時間，成天與煤炭、坩堝、鍛爐和蒸餾罐打交道，在令人窒息的煤煙和蒸汽中工作，而且常常有犧牲生命和損害健康的危險。從這些單調和艱苦的工作中所獲得的眞正知識，往往比亂吹一氣的所謂成果少得多；偶然發現某些小小的化合物，便自吹識透了大自然活動的奧祕的平庸化學家，不是到處都有嗎？

動物是我們隨時隨地都可找到的，而且是更値得我們仔細研究的。然而對動物的研究，不是也有許多困難、麻煩而且令人厭煩和十分辛苦嗎？對一個離群索居的人來說，更是如此，因爲在他的冒險工作中得不到任何人的幫助。怎樣去觀察、解剖、研究和識別空中的飛鳥、水中的游魚和跑起來比風還輕快的走獸?走獸往往比人的力氣大，它們既不自己走上門來讓我研究，而我也沒有力氣去追趕它們，讓它們配合我的工作。所以，我只求其次，捉一些蝸牛、蟲子和蒼蠅來研究;我這一生只好氣喘吁吁地去追蝴蝶，去捉可憐的小昆蟲;捉住老鼠，我就解剖老鼠;或者，碰巧發現一個死去的動物屍體，我就解剖這個死去的動物屍體。研究動物，如果不進行解剖，那就什麼也研究不出來;只有透過解剖學的研究，才能對它們進行分類，區別它們屬於什麼綱、什麼目;如果從它們的習性和特點去研究它們，就需要設置鳥籠、獸欄和魚塘，就需要用某種方法強使它們待在我身邊，可是我沒有任何興趣，也沒有任何手段像對待俘虜那樣對待它們;如果讓它們自由的話，我的身子又沒有那麼靈活，跟著它們跑來跑去。因此，只有在它們死了以後，我才能對它們進行研究:把它們分割成幾段，剔出它們的骨頭，一點一點地掏出它們血淋淋的五臟六腑!解剖室的情景是多麼可怕啊!腐爛的屍體、滿是血汙的肌肉、一團一團的血、骯髒的腸子、肝和肚子、嚇人的骨骼架子，再加上惡臭的氣味!說句心裡話，我，尚—雅克是不願到這些東西中去尋找樂趣的。

鮮豔的花，碧綠的草，枝葉繁茂的森林，流水潺潺的小溪，幽靜的樹叢和牧場，你們快來淨化我這被紛紛擾擾的事物搞得麻木不仁、形同死灰的心靈吧!只有歡快的事物才能使它受到打動。如今，我只有感覺了，只有透過感覺才能感知人間的苦與樂。周圍美好的事物吸引我，我就細心觀察和研究它們，把它們加以比較，並終於學會了如何對它們進行分類。我就是這樣成爲植物學家的；純粹是一個爲了不斷尋找熱愛大自然的理由而去研究大自然的植物學家。

我並不想累積多少知識；現在談什麼累積知識，已爲時太晚，何況我發現，許許多多科學知識並沒有爲人們的幸福帶來多大好處。所以，我只處理一些既有趣而又容易做的研究工作，既不太累，又能分散心中的苦悶；既不花錢，又不費力氣，觀察了這株草，又去觀察那株草，研究了這種樹，又去研究另一種樹，把它們的特點加以比較，弄清楚它們之間的關係和差異，研究它們的結構，觀察這些鮮活的機器運作。我有時還成功地找出了它們生活的普遍規律和它們之所以有不同結構的原因和目的：這樣來研究，我不能不驚詫於天工造物的神奇，並感謝它給予我這麼美妙的享受。

和天上的星星一樣，植物之所以那樣大量地生長在地球上，好像是爲了以它們令人愉快的美和奇異去吸引人們研究大自然。星星離我們太遠，必須要先有一些基本的知識、儀器、機械和長長的梯子，才能到達它們那裡，對它們進行研究。可是植物就生長在地上，生長在我們腳邊，可以說一伸手就可以把它們拿在手裡。雖說它們的主要部分太小，有時候會被我們的眼睛所忽略，但儀器可以說明我們去觀察它們：觀察植物用的儀器操作起來，比觀察天象用的儀器容易得多。植物學是一門最適合於疏懶成性的孤獨的人研究的學問。他需要的器材，一根針和一個放大鏡就夠了。他悠哉悠哉地漫步在田野，看了這種植物又看那種植物；他懷著濃厚的興趣和好奇心反覆觀察每一種花。一旦發現了它們機制的規律，就會獲得不用花多少力氣就能嘗到的樂趣，與花許多力氣才能嘗到的樂趣是同樣的甘美。這種悠閒的研究工作的樂趣，只有在心境平靜的情況下，才領略得到；是的，單單有這種樂趣，就足以使人感到生活是多麼的幸福和甜蜜了。然而，只要這項研究工作摻雜了功利和虛榮的動機，是爲了謀求職位或是寫書、教書，採集植物標本的目的是爲了當作家或者當教授，這甜美的樂趣就會煙消雲散，就會把植物當作滿足欲望的工具；在這種情況下，這項研究工作就沒有眞正的樂趣可言，就不會想到如何增長知識，而只會想到如何炫耀自己；儘管他在樹林中轉來轉去，但其目的，就同登台演戲的目的一樣，是爲了展示自己，博得他人的讚許。有些人只在實驗室裡研究植物，或者，頂多也只是到花園中去研究，而不到大自然中去研究；而且總是按照某些學說或方法去研究，結果，爭論不休。他們從未發現過任何新的植物，也未對博物學和植物學提出過什麼有眞正見解的看法；他們互相敵視，彼此嫉妒；植物學著作的著述家之間爭名奪利的現象，跟其他科學家完全一樣，甚至還有過之。他們改變了這項很有意義的研究工作的性質，把它拿到什麼學院或城市裡去研究，結果，就像我們的植物園中從外國移來的品種一樣，其特性和形狀全都改變了。

由於我的情趣與他人大不相同，因此，對我來說，這項研究工作已經成了一種欲罷不能的熱情，塡補了我心中因其他熱情的消失而留下的眞空。爲了盡可能不與世人接觸和不受壞人的傷害，我寧可去爬高山，攀懸崖，深入幽谷和森林。我覺得，我一躲進了林中的樹蔭之下，別人就見不到我了；這時，我自由自在，心中一片寧靜，好像從來就沒有過什麼敵人，或者說，林中的枝葉可以抵擋他們對我的傷害；好像他們已經從我的記憶中消失，我甚至認爲：既然我不想他們，他們也不會想我。我在這種幻覺中得到了極大的寬慰，以致，只要我的處境、我柔弱的身體和生活條件許可，我就願意成天沉溺於這種狀態。我愈離群索居，便愈感到應當用某種東西來填補這個眞空。我不願意想像或回憶的事物已離我而去，取而代之的是尙未遭人踐踏過的土地陳列在我眼前的大自然的產品。到荒無人煙之地去尋找新的植物，其樂趣遠遠勝過因擺脫了那些迫害我的人而得到的寬慰：到了人跡罕至之地，我就可以自由自在地呼吸，宛如到了一個可以躲開仇恨的避難所。

我一生也不會忘記有一天到陪審官克列克在羅貝拉山上的林場去採集標本的情形。我是單獨一個人去的；在崎嶇不平的山坡上，從這座林子走到那座林子，從這塊亂石嶙峋之地走到那塊亂石嶙峋之地，最後走到一個那麼僻靜的去處，見到了一生中從未見過的壯觀景象：在一片黑松林中生長著許多高高的山毛櫸，其中有幾棵因枯死而倒在地上，橫七豎八地堆成一個難以跨越的路障；從這陰森可怕的地方透過幾個空缺之處望過去，只見到一些凌空壁立的岩石和我只有趴在地上才敢俯覽的懸崖。雕鴞、貓頭鷹和白尾鷲不時從山中傳來它們的叫聲，多虧有幾隻常見的小鳥的鳴囀，才緩和了這寂靜的恐怖氣氛。在這裡，我發現七葉石芹、小圓葉花、鳥窠花和幾種翅果屬植物及其他幾種花草：我欣喜若狂了好長一段時間。這些景物給我的印象是如此的強烈，以致我不知不覺中竟忘記了此行的目的是來採集標本和觀察植物的。我坐在石松和苔蘚上開始做起夢來，夢見我到了一個不爲人知的地方，再也不會遭到任何人的迫害了。在夢境中忽然產生了一種驕傲心理；我把我自己和那些發現一個荒島的大旅行家作了一番比較，懷著喜悅的心情對自己說：毫無疑問，我是第一個穿過崇山峻嶺來到此地的人：我幾乎把自己看作是第二個哥倫布了。正當我沉浸在美妙的幻想時，聽見離我不遠處有某種熟悉的咔嗒咔嗒聲。仔細一聽：咔嗒聲反覆不停，而且愈來愈多。由於感到吃驚和好奇，我站起身來，通過一處樹叢，往聲音傳來的方向一看，我發現：在離我剛才還以爲是第一個來客的地方，僅二、三十步之遠的峽谷裡，有一家製襪廠。

我很難描述我當時對這一發現所感到的既感動又矛盾的心情。我開頭的第一個感覺是高興，因爲剛才我還以爲此地只有我單獨一個人，而現在卻發現我身邊有許多人。然而這一快樂的感覺，轉瞬之間就像閃電似地從心中消失了，隨之而來的是揮之不去的難過心情，感覺到在這深山老林的山洞中也難以逃脫那些迫害我的人的魔掌。我敢斷定：在這家製襪廠裡，說不定就至少有兩、三個人參與了蒙莫蘭牧師迫害我的陰謀，被這位牧師事先派在這裡等我。不過，我很快就打消了這個想法，心中暗自好笑，感覺到我這種想法也未免太幼稚可笑了，何況事實上，我過去也的確曾吃過這種想法的苦頭。

不過，誰能料到在這山間的峽谷中會有一個製襪廠呢？在世界上，只有瑞士人能把這蠻荒的大自然和人的工藝結合在一起。整個瑞士可以說是一個大城市；它那比巴黎聖安托萬街還寬還長的街，往往被幾座山分成好幾段，街的兩旁都種有樹木，街上零零星星的房屋之間還夾雜有英國式的花園。談到這裡，我又想起不久前，迪佩魯、德舍尼、庇里上校、克列克陪審官和我一起到沙斯龍山去採集標本的情形。我們站在山頂上，可以一眼就看到七個湖；有人告訴我們說，在這山上只有一戶人家；要是那人不說那家人是開書店的，而且在這一帶很有名氣，生意不錯，我們怎麼也猜不出來他是做這種職業的。我覺得，在這類事情中，只要舉出一件爲例，就比旅行家對瑞士的描寫，更能幫助我們了解這個國家。

另外還有一件類似的事情，可以幫助我們了解這個與其他民族大不相同的瑞士人民。我在格勒諾布爾那段期間⑨，常常和聖波維埃律師到城外去採集植物標本；其實，他並不懂得也不怎麼喜歡植物學，他之所以跟我一起去，是因爲他自告奮勇當我的貼身保鏢。有一天，我們沿著伊塞爾河走著走著，便到了一塊有許多刺柳樹的地方；我發現樹上的果子有些已經成熟。我出於好奇之心，想嚐一嚐它們的味道。我發現它們有一點可口的酸甜味，於是就大吃起來，而聖波維埃先生站在我身邊，既不像我這樣大吃果子，也不說一句話。這時，他的一個朋友突然出現，看見我在吃果子便問我：「喂！先生，你在幹什麼？你難道不知道這種果子是有毒的嗎？」我一聽這話便驚叫道：「這種果子是有毒的？」「是呀！」他繼續說道：「大家都知道，所以誰也不吃它。」我兩隻眼睛盯著聖波維埃先生問道：「你爲

⑨ 一七六八年七月到八月，盧梭在格勒諾布爾住了幾個星期。——譯者

什麼不告訴我？」他用很恭敬的語氣回答道：「唉！先生，我可不敢這麼冒冒失失掃你的興。」對於他這種多菲內省人特有的謙遜，我只好付之一笑，不再繼續吃刺柳果了。我過去認爲，現在依然認爲，凡是吃起來可口的大自然的產品，都無害於身體，只要吃得不過多，就沒有多大妨礙。不過，我承認，那天我吃了那種果子之後，的確有點擔心健康，好在我沒有害怕中毒的心情：我照樣吃得很好，睡得很香，儘管頭一天吃了一、二十個那種可怕的果子，第二天我仍然健健康康地按時起床；後來我聽格勒諾布爾城裡的人說，這種果子只要吃一點點，就會把人毒倒。這件事情，我感到是如此之有趣，以致我後來每一想起，便不禁對聖波維埃律師那種奇怪的謹愼態度感到好笑。

我每次去採集植物標本的經過，所有那些引起我注意的花草所在的地方的不同特點以及它們使我產生的想法和其間穿插的許多趣事：這一切，每當我一看到在那些地方採集的標本時，便油然出現在心中。所有那些美麗的景色，那些森林和樹叢，那些湖泊、懸崖和山巒：所有這些曾經深深打動我的東西，我是再也見不到了。不過，雖然不能夠再到那些風光明媚的地方去，但是，只要一打開標本冊子，我便興高采烈，喜在心頭。我所採集的一花一葉，都足以使我回想起那些迷人的景緻。對我來說，這些標本冊就是我採集標本的逐日記錄：它以新的魅力使我回味當時採集的情形；像幻燈機一樣，以絢麗無比的色彩把它們重新呈現在我眼前。

正是這一切，使我迷戀於植物學。它使我的想像力又重新想起那些使它心馳神往的事物：草原、河川、山林、原野的寂靜，尤其是我從這些事物中得到的心境安寧，又不斷重新出現在我的腦際。它使我忘記了人們對我的迫害、仇恨、輕蔑和侮辱；我以眞誠的愛對他們，而他們對我卻以怨報德，無所不用其極。現在，由於我專心從事植物的研究，我才又平平安安地重新生活在那些樸實和善良的人們中間。對植物進行研究，可以使我回想起我的青年時期，回想起我當年無憂無慮的快樂時光，使我再次享受到它們的樂趣，使我能在他人從未有過的悲慘命運中，仍然生活得很幸福。

第八次散步

當我深入思考我的心靈在我一生經歷的不同處境中的活動情況時，我極其吃驚地發現：在我的命運的種種變化和我對它使我遭受到的苦與樂的平素的感受之間，存在著極不一致的情形。我那幾次名噪一時的短暫走運時期，幾乎沒有讓我留下什麼值得永久銘記的美好回憶；反之，在我運氣很背、倒楣的苦難時期，我總感覺到心中充滿了溫馨和動人的甜蜜感情，爲我心中的創傷抹上香膏，把痛苦變成了快樂的享受：只要一想到這一點，我就把遭受到的種種磨難全都忘記了。我覺得，只要由於命運的捉弄而聚集在心中的不愉快感覺不散發到人類珍視的事物上，我在此生所享受到的甜蜜樂趣，便遠遠超過了我這幾十年的希冀；如今的人們，就他們本身來說，他們已不配享受這種樂趣，儘管那些自以爲幸福的人在一心追求。

當我周圍的一切都處於正常狀態時，當我對我周圍的事物和我所生活的環境都感到滿意時，我就把我深厚的愛心傾注在這環境之中。我外向的性格將把我心中的感情用之於其他的事物；當我不斷被千百種我喜愛的事物和縈繞在我心中的依戀之情所吸引時，我可以說是忘記了我自身的存在，全神貫注於身外之物，在繼續不斷的心靈波動中，深深感到滄海桑田、人事變化的無常。這動盪不安的生活，既不能使我得到內心的寧靜，又不能與世人相安無事。儘管外表上看起來很幸福，但我沒有任何一種思想活動能經受得起我內心反思的考驗，可以使我從中得到快樂。無論是對別人還是對我自己，我都從來沒有完全滿意過。世事的紛擾使我感到茫然，孤獨使我感到憂傷；我需要不斷變換環境，然而換來換去，沒有任何一個地方能使我心裡踏實，感到安然。然而，值得慶幸的是，到處都有人歡迎我、接納我和安慰我。人們都競相爲我效勞，我也經常找機會爲他們效力；我既無恆產，又無地位和後台老闆，更沒有多大的才能和了不起的名聲，但恰恰是因爲如此，我反而享受到許多好處，所以我認爲，沒有哪一個階層的哪一個人的命運比我的命運更令人羨慕。既然這樣，我當初還需補充什麼，才能生活得很幸福呢？這，我不知道，而我知道的是，我那時並不是一個幸福的人。

今天，還需要做點什麼，才能使我成爲世間最不幸的人呢？爲了使我成爲最不幸的人，有些人花了許多心思和力氣，但都沒有產生什麼作用。嘿！不是我自誇，儘管我處於這樣可悲的境地，但我也不願意和他們當中最幸福的人交換我的地位和我的命運；我固然是很窮，但我寧可依然故我，也不願意爲了家財萬貫而成爲他們那樣的人。如今，我已敗落到孑然一身，全靠自己的勞動謀生：我的力氣是永遠也用不完的；儘管我可以說是一貧如洗，儘管我的想像力已經枯竭，我的思想再也不能向我的心提供什麼養分，但我完全能自給自足，不依靠任何人。不過，由於我各部分的器官已經衰敗，嚴重影響了我的思維，使它一天比一天更加遲鈍，再加上來自各方面的沉重壓力，因此它已經沒有精力像從前那樣衝出束縛它的藩籬了。

厄運迫使我們不能不這樣反思我們自己；也許正是要反躬自問，所以大多數人才感到不幸的命運是難以承受的。至於我這個只責怪自己過錯的人，我不怨別的，只怨我自己軟弱無能，因而得以自己安慰自己，因爲，蓄意爲惡之心，我是從來沒有產生過的。

除非是傻子，否則怎麼能面對我的處境而不覺察它已經按照他們①的心意變得十分可怕，怎麼能不傷心絕望而一蹶不振呢？然而我絕不會這樣；儘管我是一個易動感情的人，但不會因此便如此消沉；我靜靜地觀察它，而絲毫不受影響：我既不和他們相爭，也不折磨自己；對他人無不望而生畏的這種境遇，我漠然視之，毫不理會。

我是怎麼做到這一點的呢？當我第一次對他們早就策劃而我毫無覺察的陰謀感到懷疑時，我並不是心平氣和地看待的。對這一新的發現，我大吃一驚。他們卑鄙的手段和背叛友人的行徑，一下子把我弄得手足無措。哪一個心地單純的人會對這樣一種痛苦早有心理準備呢？只有那些罪有應得的人才能預料及此。我掉進他們在我腳下挖掘的一個又一個的陷阱，因此，我對他們憤怒之極，鄙視之極，然而也把我自己搞得心亂如麻。我頭腦昏沉，迷失了前進的方向；他們使我陷入了可怕的黑暗中，找不到一絲指引的微光，抓不住任何一種可以支撐的東西：我愈掙扎，便愈陷入絕境。

在這麼可怕的處境中，怎麼能生活得又快樂又心裡很踏實呢？儘管我現在還依然處於這種境地，而且比以往陷得更深，但我還是安然無事，心中十分寧靜。我感到好笑的是：那些

① 指百科全書派哲學家、教會和巴黎高等法院法官等人。——譯者

迫害我的人沒完沒了地自尋煩惱，自找苦吃，而我卻怡然自得，忙於種植花草，忙於精挑細選地整理我的標本和其他一些好玩的事情：我根本就沒有時間去想他們。

這一轉變是怎樣產生的呢？當然是不知不覺地產生的。第一次遇到的打擊是很可怕的。我自信自己是值得人們敬重和愛戴的人，我得到了應得的榮譽和讚揚，然而突然在轉眼之間就被人們看作是世上從未有過的可怕的魔鬼。我發現整整一代人都迷惑於這種奇怪的論調；他們不向我作任何解釋，還恬不知恥地亂說一氣。我左思右想，怎麼也搞不清楚這一突然變化的奇怪原因。我拼命辯解，但反而愈辯解就愈使自己陷入難堪的境地。我想用強迫的手段逼那些迫害我的人向我說個明白，但他們三緘其口，置之不理。經過一段毫無成效的努力之後，我不得不停下來歇一口氣，進行休整。我一直抱著這樣的希望：心想，如此荒唐的偏見，如此愚蠢的胡言亂語，是不會贏得全人類的贊同的。總有一些有頭腦的人不會輕信他們的謊言，總有一些公正的人對他們的這種伎倆和背叛行徑嗤之以鼻。只要我去尋找，我也許終究能找到這樣一個人：如果我終於找到了這樣一個人，我就會把他們搞得啞口無言，狼狽不堪。然而，我枉自尋找了一陣，無論怎麼找，也找不到這樣一個人。所有的人都是他們的同夥，無一例外，而且一旦聽信了他們的話，便死不回頭，因此，我認爲在未揭穿這個謎以前，我也許早就被他們孤立和排斥我的手段折磨死了。

正是處在這麼可怕的境地中，經過一段很長的憂傷和苦悶的時間後，我不僅沒有產生似乎是不可避免的絕望情緒，反而重新恢復了頭腦的清醒、心靈的安寧和幸福的感覺，因爲我生活中的每一天都使我愉快地回想起頭一天的樂趣：我不希望別的，我希望每一個明天都是如此。

這前後判若兩人的原因何在？只有一個原因，那就是：我學會了毫無怨言地忍受這必然的枷鎖。正是由於我過去力圖依靠的千百種事物都相繼化爲烏有，弄得我孤零零地孑然一身，我才重新恢復了我正常的狀態。儘管我受到來自四面八方的壓力，但我依然能保持平衡，因爲我不依靠任何其他的東西，我只依靠我自己。

當我拍案而起，奮力與人們的種種議論進行抗爭時，我依然是戴著他們給我的枷鎖而不自知的。一個人總是想贏得他所喜歡的人的敬重；我一向對人們抱有好感，或者，至少是對他們當中的有些人抱有好感，因此，他們對我的評論不能不引起我的注意。我經常發現，大眾的輿論是公正的，不過我沒有覺察到這種公正是偶然產生的結果，因爲他們的看法是來自他們的熱情或偏見，而他們的熱情或偏見的本身，又是他們的看法的產物。因此，即使他們的看法是正確的，他們的正確看法也往往是立足於一個錯誤的原則上，比如，他們在某件事情上表揚一個人的功績，但他們的表揚不是出自公正的評價，而是爲了裝出一副沒有片面性的樣子，以便在別的事情上，大肆攻擊這同一個人。

經過長時間毫無結果的探索之後，我才發現他們無一例外地，個個都參與了這個只有地獄的魔鬼才能策劃出來的極不公正的惡毒陰謀。自從我發現他們在對我的態度上既毫不講道理又極不公正之後，再加上我看到瘋狂的一代人全都盲目地跟著他們的領導人對一個從來沒有對誰做過壞事、也不想做壞事的不幸的人狂吠不已，而且經過十年的尋找，始終沒有找到一個正直的人：經過這一切之後，我認爲，現在是到了吹滅我手中的燈籠、大叫一聲「世上再也沒有公正的人」的時候了。現在，我發現我在這個世界上是孤單的；發現我同時代的人都是機器人，是需要外力的推動才能行動的；對於他們的行動，我只有按照機械運動的法則來計算。我一再推測他們心中的意圖和感情，但始終沒有找出任何一個我能理解的、促使他們如此對我的原因。就這樣，我乾脆把他們對我的看法束之高閣，不當一回事：因爲在他們對我的看法中，缺乏道德觀念。

在我們遭到的種種傷害中，我們偏重於它們的動機多於它們造成的後果。從屋頂掉下來的一片瓦固然會使我們受很重的傷，但它不如一個存心使壞的人故意向我們投擲的一塊石頭，更讓我們心裡難受。打人一拳有時候打不中，但存心使壞，卻少有不達到目的的。在命運的打擊中，肉體感到的痛苦是很少的；當不幸的人們不知道他們的痛苦是何人造成的時候，他們就抱怨命運，說它是有意折磨他們。一個因輸得精光而氣惱的賭徒，儘管心裡不痛快，卻不知道應該對誰發洩，於是便以爲是運氣在故意跟他搗亂，把一肚子怨氣全都發洩在這個他自己想像的敵人身上。而深明事理的人則認爲他遭受的痛苦全都是盲目的必然性造成的，因此不會沒頭沒腦地大發脾氣。儘管痛苦時也叫喊，但他不會火冒三丈，見人就生氣。他認爲所遭受的痛苦只不過是肉體上的：受到的打擊雖然傷害了他的身體，但傷害不了他的心。

能做到這一步，雖然已經是很不錯了，但這還不是問題的全部。如果到此就停了下來，那就是斬草而未除根。這個根，不在我們身外之物上：它在我們自身，因此，必須在我們自身下工夫，才能完全把它拔除。在我的頭腦恢復清醒以後，感受最深的，就是這一點。我的理智讓我看出了我對自己遭遇的一切事情所做的解釋，都是荒唐可笑的，因此，儘管他們做這些事情所採用的手段與經過的過程，我還沒有弄清楚，但對我來說，已無關緊要了。我應當把命運的坎坷，看作是純屬必然的遭遇，因此，我無須去琢磨它們來自何方、抱有什麼意圖和由於什麼心理上的原因。我只能屈服，用不著去推測其中的道理或進行什麼抗爭。我在這個世界上能做的事情只有一件，那就是，把我看作是一個純粹被動的人：我切不可把我應當用來承受命運的力量用去與它作徒勞的抗爭。我對自己說的這些話，儘管我的理智和我的心已經贊同，但仍然感到心中還有許多牢騷。這牢騷從何而來？我努力尋找，終於發現它來自我孤芳自賞的自負心理：有了這種心理，我對他們固然感到憤慨，就是對我自己的理智也有些憤憤不平。

這一發現的取得，並不像人們想像的那樣容易，因為一個無端遭受迫害的人，始終是把他小小的個人自尊自重的心理看作是對正義的愛。這一眞正的源泉一旦被我們找到，它就容易枯竭，或者，至少會改變它的流向。自尊自重之心，是有自豪感的人心理活動的最大動機，而富於幻想的自負心經過喬裝打扮以後，便往往被人們看作是這種自尊心，但是，當僞裝一被揭穿，自負之心無法躲藏的時候，它就沒有什麼可怕的了：我們雖然難以把它完全消除，但至少容易對它加以控制。

我向來就不自視甚高；然而，這種矯揉造作的表現在我混跡上流社會的時候，也曾在我身上出現過；尤其在我成爲作家以後，這種表現更是嚴重。我的自負之心也許不如別人強烈，但也是夠大的了。好在我受到的慘痛教訓很快就把它阻擋在第一道界線以內；它以對不公正之事表示反抗開始，而以對它們表示輕蔑而告終。我反躬自問，並切斷了使自負之心愈來愈嚴重的外界聯繫，不和他人攀比，而只無愧於我自己就行了：我的自負心又重新變成了自愛心，又回到了自然的秩序，使我擺脫了輿論的枷鎖。

從此以後，我又恢復了心靈的平靜，甚至感到幾乎達到了幸福的境界。我們之所以無論處在什麼地位都感到不平，正是由於我們的自負之心在作怪。只要我們的自負一收斂，理性就會開始活動：它將安慰我們，使我們不至於對難以避免的不幸事件老是耿耿於懷。只要我們遇到的不幸事件不當場使我們感到痛苦，我們的理性就會使我們把它們淡忘於無形；因爲，只要我們不把它們當一回事，就不會感到它們對我們的傷害有多麼了不起：只要我們不去理會它們，它們的作用就等於零。只要我們把遭受的傷害僅僅看作是傷害而不去追問他人的動機，只要我們自尊自重而不去理會他人對自己的毀譽，則他人對我們的冒犯、報復、虧待、侮辱和不公平，就不會對我們產生什麼影響了。不論他們怎麼看待我，都不會改變我的爲人；不論他們的權勢有多大，也不論他們的陰謀是多麼隱蔽，我都我行我素，不把他們放在心裡。是的，他們對我玩弄的陰謀影響了我的處境；他們在他們與我之間設置的障礙，使我在年老體衰之時，失去了生活來源和他人的援助。有了這種障礙，即使人們給與我金錢，那也無濟於事，因爲金錢不能代替我所需要的說明。他們與我之間已再無往來，更不互相幫助和互相溝通。我在他們中間是孤立的；我唯一的依靠是我自己，然而，就我的年齡與處境而言，這個依靠也是不大靠得住的。困難是很多的，好在自從我知道如何毫無怨言地忍受以後，它們對我就毫無影響了。眞正感到有所需求的時候是不多的。我們的需求之所以繁多，是由於我們過於遠慮而胡思亂想造成的。正是由於人們沒完沒了地想得太多，所以才感到自己不幸。至於我，我從來不爲明天如何而著急，只要我今天平平安安不受苦就行了。我從來不爲我想像中的苦難而憂慮；只有我當前遭受到的痛苦，才能影響我的心情，但是，眞正能影響我心情的事情是不多的。現在，我孑然一身，行將死於貧窮和饑寒而無人過問，但是，如果我自己不把這一切當一回事，如果我也像別人那樣對我的命運如何毫不在意，這一切，又有什麼了不起呢？尤其是到了我這樣早已把生老病死、富貴貧賤和榮辱興衰完全看透的年紀，這一切，還能對我產生什麼作用？其他的老年人無不憂心忡忡，愁眉不展，而我卻什麼也不擔心；不管發生了什麼事，我都漠然視之。這種漠然視之的態度，不來於我的聰慧，而是我的敵人造成的。我把這一好處看作是對他們給我造成的傷害的一種補償：只要我對他們給我造成的厄運等閒視之，毫不在乎，則他們給我帶來的好處，便反而多於他們給我造成的傷害。若不是和厄運有過一番較量，我總是怕它，而一旦我降服了它，我就對它不再畏懼了。

這種心態，使我走出了一生中所遇到的各種逆境，順著我天生的大大咧咧、一切聽其自然的秉性行事，使我生活得幾乎和我走運之時同樣充實。只有在看到曾經使我痛苦的事物時，我才有短暫的不安，除此以外，我的天性要做什麼，我就做什麼。我的心充滿了它生來就適合的感情，我要和我想像中的人一起分享，因爲，正是他們使我產生了這種感情，所以他們也將像眞實存在的人那樣，和我一起共同享受。儘管他們是我想像中的人，但我覺得他們的確是存在的；我既不怕他們背叛我，也不怕他們拋棄我。我的痛苦存在一天，他們也存在一天，只要他們能使我忘記我的痛苦就行了。

這一切，使我又回到了我生來就應當享受的幸福生活之中。在我一生中，有四分之三的時間都是這樣度過的：或者，做有教育意義的甚至是我非常喜歡做的有趣的事情；或者和我按照心意想像出來的孩子們在一起，分享他們的童趣；或者我單獨一個人自得其樂，享受我認爲應當享受的幸福。在這樣的生活中，一切都聽從自愛心的支配，而不聽從自負之心的指揮。這樣，我在他們當中，就再也不可憐巴巴的受他們虛情假意的愚弄和花言巧語的欺騙，更不會受他們險惡用心的毒害。當然，不論我怎麼注意，自負之心還是要產生它的影響。當我透過他們拙劣的僞裝，看出了他們的仇恨和敵意而感到心碎時，又加上被當作是這麼一個傻子，因而在心碎之外又增加一分幼稚的氣惱：這幼稚的氣惱便是愚蠢的自負之心的產物；儘管我知道它是愚蠢的，但無法加以克服。爲了和人們向我投來的侮辱和嘲笑的目光相抗衡，我所做的努力是巨大的：我曾經成百次故意漫步在公共場所和人潮擁擠的街區，唯一的目的就是在鍛鍊自己要經受得起那些冷嘲熱諷的考驗。但是，我不僅沒有達到目的，沒有獲得什麼效果，反而被我這一番白費勁的努力弄得與從前一樣容易激動、傷心和憤怒。

不論做什麼事情，我這個人都容易受到感官的支配，使我難以抵抗它們對我的影響。任何一件事物一旦對我的感官產生了作用，就會不斷影響我的心。不過，這種轉瞬即逝的短暫感受，是只有在引起這種感受的事物存在的時候才會產生。一個怒氣沖沖的人出現在我面前，當然會使我受到強烈的震動；但是，只要他一走開，這種感覺就消失了：我不看見他，就不再去想他；既不考慮他將對我怎麼樣，也不考慮我該怎樣對他。凡是我目前沒有感覺到的痛苦，都不可能以任何方式影響我；任何一個迫害我的人，只要我沒有看見他，他在我心中就等於零。我已覺察到我這種想法會使那些迫害我的人得到許多好處。讓他們想怎麼支配我的命運，就怎麼支配吧！我寧可不加抵抗地讓他們折磨我，也不願意爲了不受他們的打擊而讓他們在我心中占一席之地。

我的感官對我的心所產生的這種作用，是造成我一生苦難的唯一原因。在我不見任何人的日子裡，我就不會考慮我的命運結局，我就不去想它，也不會感覺到什麼痛苦；我不分心，不遇到什麼麻煩，因此我感到非常快樂，十分滿意。不過，我還是很難逃脫某些明顯的故意刺激：即使我儘量克制，但是，只要看見一道惡毒的目光，聽到一句風言風語的話，遇見一個心存惡意的人，還是會使我激動不已。在這種情況下，我唯一能採取的辦法是：趕快把它忘掉，趕快逃走。我心中不快的感覺將隨著引起這種感覺的事物消失而消失。只要是我單獨一個人，我便立刻恢復了心靈的寧靜。如果說還有什麼事情使我不安的話，那就是我害怕在經過的路上又遇見什麼令人難過的事情。我感到爲難的，就是這一點，然而，恰恰是這一點，嚴重影響了我快樂的心情。我住在巴黎市中心；只要一出家門就巴不得身處鄉村和僻靜之地，然而我要走那麼遠的路才能舒舒服服地呼吸新鮮空氣，因此可想而知，我在路上必然會遇見許許多多令人不痛快的事情：在找到我所尋求的掩蔽所之前，有半天時間就是在這種難過的心情中過去了。如果我能平平安安地走完到城外去的這段路，那就是萬幸了。在逃脫了那幫壞人的跟蹤之後，我心裡的感受眞是痛快極了：只要一到了綠樹成蔭的地方，就彷彿是進入了人間天堂，一下子就覺得我是人類當中最幸福的人。

我記得很清楚，在我短暫的得意時期，今天使我感到如此美妙的孤身一人的散步，在當時卻使我覺得索然無味，十分無聊。那時，我住在一位友人的鄉村別墅裡，在我需要到戶外活動和呼吸新鮮空氣時，我往往是像小偷似地、一個人悄悄出去，到公園和田間散步，從未領略過今天這樣沁人心脾的寧靜。我那時候滿腦子都是在沙龍裡產生的幻想，搞得我心裡不得安寧；虛妄的自負之心和上流社會的喧囂，緊緊地跟隨著我，使得出現在我眼前的小樹林的清新變成一片蕭索的景象，擾亂了我隱遁生活中的安寧。儘管逃進了樹林深處，也是枉然；到處都有一群不速之客來糾纏，使我無法接近大自然。只是後來在完全擺脫了試圖在上流社會中廝混的欲望和他們令我生厭的頻頻糾纏之後，我才又享受到大自然的美。

由於我認識到：要想控制這不由自主的天性的衝動是不可能的，我便不再花力氣去阻遏它們。每受到一次他們對我的傷害，我便讓我的血液沸騰，怒形於色：我聽其自然，讓這種非我的力量所能阻止和延緩的衝動完全爆發出來；我只是盡可能不讓它們繼續發展，以免產生什麼不良的後果。憤怒的目光、惱恨的臉色、四肢的顫抖和心跳氣喘，這一切都只不過是生理衝動的現象，而不是理性推理的結果。聽其自然，讓天性衝動之後，我們是可以恢復頭腦的清醒，自己控制自己的情緒。我曾經花許多時間，試圖朝這個方面努力，但都沒有成功，只是到了現在，才稍見成效。我再也不白費力氣去抵抗，我等待著克服它們的時機到來；那時候，讓我的理性發揮作用，因爲，它是只有在能爲人聽從的時候才說話的。唉，我怎麼能這樣說呢！等我的理性發話？如果我把這一勝利算作是它的功勞，那就大錯特錯了，因爲它不曾發揮過什麼作用。實際上，這一切都來自於我變化不定的性情：稍有什麼風吹草動，它就心緒不寧，激動不已；等風一吹過，它又恢復了平靜。使我火冒三丈，心亂如麻的，是我易衝動的性情；而使我不聞不問，心靜如水的，是我一貫疏懶的性情。我行事完全聽從一時的衝動驅使；任何一種衝動，都會引起我強烈而短暫的反應：衝動一停止，我的反應也隨之停止；無論何種感受，都不會在我心中永久停留。無論命運怎麼變化，也不論人們玩弄什麼陰謀，對於這樣一種性情的人，都產生不了多大作用。如果想使我痛苦的心情持續長久，就必須時時改變它使我產生的感受：只要這當中一有間斷，無論間斷的時間是多麼短暫，它都足以使我恢復頭腦的清醒。只要他們能影響我的感官，我就會成爲他們所希望的那種人；反之，只要他們對我的感官稍有瞬間的鬆弛，我就又重新恢復大自然所希望的那個樣子：這才是我永恆不變的常態；無論人們對我做些什麼，也不論命運如何變化，我都能享受到我生來就應當享受的幸福。這種狀態，我已經在另一篇記述我散步情形的文字②中描寫過了；對我來說，這種狀態是如此之適合我的心意，以致使我別無所求，只希望它能永久持續，不要受任何事物的干擾。人們過去對我造成的傷害，對我是不會產生什麼重大影響的，然而，對於他們今後可能對我造成的傷害，我還是很擔憂。不過，可以肯定的是，他們今後再也沒有什麼新的手段可以長期影響我的心情了。對於他們布置的圈套，我心中暗自好笑；我自得其樂，根本就不理睬他們。③

② 指〈第五次散步〉。——譯者
③ 這段結束語，和〈第一次散步〉的結束語是遙相呼應、互相闡發的。——譯者

第九次散步

幸福是一種永恆的狀態；世上之呈現這種狀態，看來，似乎不是爲人類而安排的。在這個世界上，一切都在持續不斷地變動，是不允許任何事物保持一個固定的形態的。我們周圍的一切都在變化。我們自己也在變化。誰也不敢保證他明天還依然喜歡他今天喜歡的東西。所以，我們爲今生制定幸福計畫，那是白制定的。我們要盡情享受心靈的滿足；我們要當心，切莫由於我們的過錯，放走了這種滿足而不享受。我們不可做什麼計畫想把它拴住，因爲這種計畫純粹是一廂情願的。幸福的人，我見得不多，也可能一個也沒有見到過。不過，我倒是常常見到一些心滿意足的人。在所有一切打動我心的事情中，這是最使我滿意的事情。

我認爲，這是感知力對我內心的情感自然產生的結果。幸福沒有掛在外部的標誌，要認識它，就需要仔細觀察幸福的人的心。一個人的心滿意足的心情，是可以從他的眼神、舉止、聲調和步態上看出來的，似乎是能夠傳遞給看到這些表情的人。還有什麼享受比觀看一個國家的人民歡度節日的情景更令人陶醉的呢？人們喜氣洋洋地沉浸在快樂的氣氛裡，儘管這快樂的心情轉瞬就消逝在生活的迷霧中。

三天前，P先生①來看我。他特別熱心，硬要把達朗貝爾先生爲熱奧芙蘭夫人寫的悼詞

---

① P先生，據信是指日內瓦人皮埃爾·普雷福。他在盧梭在世的最後一年多時間裡，常去看望盧梭。——譯者

念給我聽。還未開念，P先生就放聲大笑，對悼詞中可笑的新詞和風趣的句子，笑了好長一段時間。接著，他開始朗讀，邊讀邊笑。我一本正經地聽，想用這種表情使他恢復鎮靜。他見我始終不跟他一起笑，只好收住了笑聲。悼詞中，文字最長和用詞最雕琢的段落，是講熱奧芙蘭夫人如何喜歡看孩子們玩和如何與孩子們談話。悼詞的作者說得不錯，他說這種心情是天性善良的明證。但他並沒有到此為止。他硬說所有一切不這樣喜歡孩子的人，其天性都是壞的，說這種人的心眼是壞的，甚至公然說：如果人們去問那些被處以絞刑或車裂刑的人，問他們愛不愛孩子，他們個個都將回答說，他們從來沒有愛過孩子。這麼武斷的說法出現在悼詞裡，其用意就很奇怪了。就假定他的話全對，那也不應當在這種場合說，這豈不是在用犯人和壞人的形象來糟踐他們對一個可敬的婦女的悼詞嗎？我當然一聽就明白作者採用這種卑鄙的指桑罵槐手法的動機。因此，等P先生一念完，把悼詞中我覺得寫得好的地方打上記號以後，我說：作者在寫這篇東西的時候，他心中的友誼是不如仇恨多的。

第二天，儘管天氣冷，但相當晴朗。我出門去散步，一直走到軍官學校，打算在那裡採集長得正茂盛的苔蘚。我一邊走，一邊回憶P先生昨天的來訪和達朗貝爾寫的悼詞。我認為，文中東拉西扯地硬插進這麼一段文字，不是沒有目的的。過去，他們是什麼都不告訴我，而現在假惺惺地特意把那篇東西送給我，單單從這一點就可看出他們是什麼目的了。我把孩子都送進了育嬰堂，這就足以讓他們把我看作是一個天性敗壞的父親。他們抓住此事大做文章，一步一步地引申，最後的結論，顯而易見是說我憎恨孩子。按照這個線索去分析，我總算逐漸明白了他們的目的。我眞佩服人類竟有這麼大的顚倒黑白的本領。我從不相信有任何人比我更愛看孩子們在一起嬉戲玩耍了，我常常在街上或散步途中，停下來看他們淘氣樣和玩小遊戲，我的興趣之濃，是無人可及的。就在P先生來訪那一天，在他到我家之前一小時，就有兩個小男孩來看我。他們是我的房東蘇士瓦的孩子，大的大約有七歲。他們非常熱情地擁抱我，我也很高興地親他們。儘管我們之間的年齡相差很多，但從他們的表情就可看出，他們是眞的喜歡和我一起玩的；我看到他們不討厭我這張老臉，我心裡也是樂開了。小的那個似乎還想到我這裡來玩，這一下，簡直把我樂得比他們更像小孩子了。我特別喜歡這個孩子，我看見他們離去，心中是那麼地捨不得，就好像他們是我的親兒子似的。

我非常清楚，對我把孩子送進育嬰堂一事的譴責：只要稍微筆鋒一轉，就能輕而易舉地把我斥責爲一個沒有親情的父親，說我是一個恨孩子的人。然而，事實是，我之所以決定把他們送進育嬰堂，完全是由於我擔心比送養育嬰堂還糟糕一千倍，而且用任何其他辦法都不能阻止的不可避免的命運會降臨到他們頭上。對於他們將來會變成什麼樣的人，如果我採取漠不關心的態度和不親自撫養的話，那麼，從我當時的處境來看，我就得把他們交給他們的母親去撫養，她就會把他們寵壞的，由她娘家的人帶，會把他們變成大壞蛋的。一想到這裡，我現在還不寒而慄。如果把穆罕默德讓賽義德②去做的事和人們可能讓我的孩子們去做

② 賽義德是伏爾泰的戲劇《穆罕默德》中的人物，是穆罕默德的忠實奴僕，一個宗教狂熱者。——譯者

的事相比，那眞算不得什麼，對我就更不該那麼苛求了。從人們後來在這件事情上爲我設下的陷阱就可看出，他們的計畫是早就想好的。老實說，我當時一點也沒有料到他們會對我施那麼惡毒的陰謀。當時我只知道，對我的孩子們來說，育嬰堂的教育反倒是害處最少的，所以我就把他們送到育嬰堂去了。如果再出現這種事情的話，我也會毫不猶豫，照樣這樣辦。沒有任何一個當父親的人是比我更心疼孩子，這一點，我自己心裡有數，因此，只要這樣處置能稍補我未盡天職之咎，我就一定這樣做。

如果說我對人的心靈了解有某種程度的進步的話，這進一步的了解，應當歸功於我在觀看和研究孩子們玩耍時的快樂心情。然而，同是這種心情，在我的青年時期卻有礙於我的研究，因爲我和孩子們玩得那麼痛快，那麼開心，以致使我忘記去研究他們了。到我年老的時候才發現，我滿是皺紋的臉，讓他們看見會感到不愉快，所以我就不再去非要他們和我一起玩不可了。我寧可不享受此種樂趣，也不去打擾他們的歡樂，我只在一旁觀看他們玩遊戲和做點淘氣的事情就滿足了。我發現，我在觀察他們玩耍時，我的心靈在研究天性的原始和眞正的變動方面所獲得的知識，就足以彌補我的損失。恰恰是對於人的天性，我們所有的學者都是一無所知的。我在我的幾部著作中，對我在這方面的研究是講得那麼詳細，哪能說我在觀察孩子時，我的心情不快樂呢？如果有人說《愛洛伊絲》③和《愛彌兒》是一個不喜歡孩子的人寫的，那肯定無人相信。

我既缺乏機智，也缺乏口才。自從我倒楣以後，我的舌頭就更是愈來愈笨，頭腦也愈來愈遲鈍了。在情況需要的時候，我總想不起什麼好招，說不出什麼恰當的話。然而，再也沒有什麼事情比對孩子們說話更需要斟酌詞句和挑選說法了。更使我誠惶誠恐的是，聽我講話的人是那麼的專心；他們對出自一個專門爲兒童寫過書的人所說的話，是那麼的相信和那麼的重視，以致在他們心目中，把這個人對他們講的話全都看作是上帝的神諭。我這種極其尷尬和無能的心情，眞是傷透了腦筋。我覺得，說不定面對亞洲的一位國君，也比面對一個非要我與之唧唧喳喳閒聊不可的娃娃還自在得多。

我還有另外一個難處，使我目前更需要遠離孩子們。自從我遭遇不幸以後，儘管我看見他們時，我心中還依然是那麼高興，但我和他們再也不那麼親暱了。孩子們是不喜歡老年人的，他們認爲身體衰敗的樣子很難看。我看見他們討厭我的樣子，我心裡就難過；我寧可不去觸碰他們，也不願意讓他們感到爲難或厭煩。這種想法，只有眞正有愛心的人才有，而我們的那些男博士和女博士是一個也沒有的。熱奧芙蘭夫人就不在乎孩子們是否願意和她在一

③《愛洛伊絲》，即盧梭的《新愛洛伊絲》。——譯者

起，只要她願意和他們在一起就行了。對我來說，這種樂趣比沒有還糟糕，因爲，只要孩子們不和我一起分享，這種樂趣就會產生相反的作用。就我的境況和年齡來說，我再也沒有機會看到一個兒童小小的心和我的心一起歡樂了。如果這種機會還有的話，這愈來愈少有的樂趣，將使我感到比以往更加歡樂。那天上午，我高高興興地撫摸蘇士瓦的兩個小男孩時，就有這種感受，推究其原因，不是由於那個領他們來的保姆沒有讓我十分爲難，也不是由於我沒有感到必須當著她的面和孩子們聊天，而是由於那兩個孩子在我這裡一直是那麼的歡歡喜喜，對我沒有露出半點不高興和討厭我的樣子。

唉！如果我還有機會享受來自一顆心的愛，哪怕是一個穿開襠褲兒童的愛；如果我還能像以前那樣常常看到一個人的眼睛流露出與我同在一起的（或至少是由我引起的）快樂與滿意，那麼，這短暫而甜蜜的快樂和滿意，將減輕我心中多少憂傷和痛苦？唉！我也就用不著到動物中去尋找我今後在人類當中再也見不到的親善目光了。這一點，我根據爲數雖少但在我記憶中很珍貴的事例就可看出來。我現在就舉一個例子；這個例子，要是談別的事情，我也許會想不起來。它在我心中留下的印象，正好可用來襯托我的苦難。兩年前，我有一次到「新法西咖啡館」附近去散步。我走了很遠很遠，然後往左拐，想繞著蒙馬特山轉一圈。於是我穿過克里尼揚古村。我心不在焉地一邊走一邊沉思，沒有注意到周圍的情形。突然，我覺得有人抱住我的兩個膝蓋。定睛一看，原來是一個年僅五、六歲的小孩。他使勁地抱住我的膝蓋，兩隻眼睛望著我；他的目光之親切，簡直是深深打動了我的心，我不禁自言自語地說：要是我親生的孩子這樣看我就好了。我把那個孩子抱在懷裡，我心裡快活極了，接連把他親吻了好幾下，然後，我把他放下，繼續往前走。我一邊走一邊覺得我似乎有什麼事情還沒有做。一想到這一點，我便往回走。我後悔不該那麼匆匆忙忙就離開了那個孩子，我覺得在他那原因不明的動作中，似乎有一種不可忽視的願望。於是，我按原路往回跑，跑到那個孩子跟前，再次抱起他。此時，正好有一個小販從那裡經過，我便給小孩幾個銅錢，讓他去買幾塊夾肉麵包，接著，我想方設法逗他說話。我問他的父親在哪裡，他用手指著一個正在箍桶的人。當我正要放下孩子去和那個桶匠談話時，我發現一個面貌難看的人搶步走到我的前面，看來他是人們派來跟蹤我的密探之一。當那個人對著孩子的耳朵說話時，我發現那個桶匠的目光死死地盯著我，眼睛裡沒有一點友好的表示。這一下，我的心立刻緊張起來，趕快離開那個桶匠和他的兒子。我走得比我回來時的速度快得多。我的心情全變了，慌慌張張，心裡很不好受。

此後，這種感覺又常常在我心中重複出現。我又到克里尼揚古去過幾次，想再見到那個小孩，但始終沒有見到，沒有見到他，也沒有見到他的父親，因此，那次見面和其他偶爾打動我心的事情一樣，只給我留下一個既高興又難過的回憶。

凡事皆有所失必有所得。雖說我的歡樂是很少和短暫的，但只要歡樂到來了，我就盡情享受，而且享受得非常親切和非常甜蜜。我經常把它們加以回味，也就是說，把我心中的記憶加以反芻，細細咀嚼。不論它們是多麼稀少，只要它們是純潔的，沒有摻雜其他的東西，我就覺得比我在諸事順遂、命運亨通時所享受的歡樂更甘美。一個人在極度窮困時，只要稍微有一點錢就滿足了：一個乞丐只要得到一個大銅錢，他高興的勁，遠遠勝過一個富翁得到一袋子黃金。人們也許認爲，我把那次在慌慌張張生怕人家跟蹤的情況下得到的一點點歡樂還記在心裡，是很可笑的。類似的事情在四、五年前又遇到過一次，每一回憶，無不十分高興，感覺自己得到了極大的裨益。

有一個星期天，我和妻子到馬約門去吃飯，吃完飯後，我們穿過布洛涅森林，一直走到穆耶特，我們坐在一塊有樹蔭的草地上，打算等太陽下去後，從帕西街慢慢走回家。這時，有二十多個小女孩，由一個修女模樣的人領著走過來，有的坐下，有的就在離我們相當近的地方玩耍。正在她們玩的時候，一個沿街叫賣蛋糕的人手裡拿著小鼓和一個轉盤④經過這裡。我看見女孩們眼睛都直盯盯地瞧著蛋糕；其中兩、三個女孩好像身上帶有幾文錢，她們要求領隊允許她們去玩轉盤。在那個領隊猶豫不決並和女孩們嚷嚷的時候，我把賣蛋糕的人叫過來，我對他說：「你讓這些女孩每人玩一次，錢由我付。」我這句話馬上在女孩中傳開了。單單看她們高興的樣子，就是把我錢包裡的錢都花光了也值得。

---

④ 轉盤，一種遊戲用的轉盤，盤上刻有數字，有一根指針，花一個銅錢玩一次。轉動轉盤，指針指著什麼數字，就得幾個蛋糕。——譯者

我看見她們爭先恐後，秩序有點亂，便徵得帶隊人的同意，讓女孩們排好隊站在一邊，然後從另一邊，一個接一個地去玩，一直玩到最後一個人。我不想讓誰轉到最大的數字，但要保證每個人至少要得一個蛋糕，不讓任何一個女孩空著手回來，不讓任何一個人不高興。爲了使大家都玩得很高興，我悄悄讓那個賣蛋糕的人改變平常的做法，把轉盤上的機關竅門往相反的方向挪一下，儘量讓女孩們轉到大數字，多得蛋糕，全部由我付錢。用這個辦法，儘管每個女孩都只玩一次，但總共得了一百來個蛋糕，分給大家。這條規則，我執行得很嚴格，一點也不通融，既不讓誰多玩，也不偏袒任何人，以免引起大家的不滿。妻子還暗示那些手氣好的女孩，告訴她們的夥伴如何轉動轉盤，用這個辦法使大家得的蛋糕都差不多，最後是大家都皆大歡喜。

我也請那位修女玩。我擔心她不願意接受，但她高高興興地接受了，並毫不客氣地把她得到的蛋糕拿走。我對她說了許多感謝的話，我認爲用這種辦法表示禮貌是很好的，比裝腔作勢的虛假禮貌好得多。在玩的過程中，也發生了一些爭執，要我來做裁判。女孩們一個接一個地來訴說她們的委屈，這就使我有機會仔細地端詳她們：儘管她們沒有一個說得上美，但有幾個女孩子的舉止之文雅，倒眞使人忘記了她們的醜。

我們最後分手的時候，大家都很高興。那天下午的事，是我一生中回憶起來最爲滿意的事情之一。大家興高采烈地玩了一下午，所花的錢不多，不會把我變窮，頂多只花了三十個蘇。像這樣令人高興的事，你就是花一百個埃居也是買不到的。眞正的快樂，是不能以錢花的多少來衡量的。這話眞是說得一點也不錯。用小銅幣換來的歡樂，的確是比用金路易買來的歡樂夠味得多。後來，我又按照那天下午的鐘點到那個地方去了好幾次，希望能再次見到那一群小女孩，可惜沒有再見到。

此事使我想起另外一件性質相同的有趣事。不過，這件事情使我感到的快樂不如前幾件事情多。在我和富人與文人廝混的倒楣日子裡，我有時候也不得不和他們玩一些毫無意義的消遣事。在舍弗雷特，我在城堡主人家裡過節⑤，許多人歡聚，共慶節日。有各種各樣好玩的東西和好玩的事情：遊戲、表演節目、放煙火，吃的喝的應有盡有，玩得大家連歇口氣的工夫都沒有；其實大家暈頭轉向，是在瞎鬧一氣，而不是在娛樂。宴會結束後，大家都到大道上去呼吸新鮮空氣。路邊上有一個集市，人們在跳舞，先生們放下架子，和女農民跳，可是夫人、小姐們卻硬要保持她們的身分，不和男農民跳。集市邊上有一個賣香草麵包的小販；我們的同伴中，有一個年輕人想出了一個餿主意，他買了好些麵包，一個接一個地向人群中間拋去，看見那些鄉下人爭先恐後去搶麵包，你爭我奪，鬧得人仰馬翻，眞是好玩極了。於是，大家都學那個年輕人的樣子，買麵包來向人群中亂拋亂扔。麵包扔到東，男孩子和女孩子就一窩蜂地跑到東；麵包扔到西，他們就跑到西，吵吵鬧鬧，亂成一鍋粥。這樣

⑤ 這裡的「城堡主人」，指丹尼・約瑟夫・拉里弗；「過節」指一七五七年十月九日聖丹尼節。——譯者

玩法，好像使大家都挺開心。儘管我心裡沒有別人那樣開心，但我愛面子，怕人家說我不會玩，因此，也跟大家一樣，買麵包來亂扔一氣。但轉眼之間，我就覺得不應當這樣花錢去買樂趣，把人家搞得精疲力盡。於是，我離開同伴，獨自一人到集市去逛逛。集市上的東西，種類繁多，我看了好久也沒有看完，看得很高興。我看見有五、六個薩瓦人圍著一個小女孩；小女孩的貨攤上還剩下十幾個乾癟癟的蘋果，想趕快賣完就算了。那幾個薩瓦人也想一起都買下，可是他們幾個人身上一共只有兩、三個里亞爾，不夠買蘋果用。此時此刻，這個貨攤，對他們來說，就是赫斯珀里得斯的果園⑥，那個小女孩就是看守果園的龍。這個像喜劇似的場面，我看了很久，最後，我決定由我來收場：我把錢付給小女孩，並讓她把蘋果分給那幾個年輕人。這時，我眞正看到了一幕能打動人心的最好看的戲，它把快樂和青年人的天眞結合在一起了。集市上的人看了也很高興；而我，只花了那麼一點錢就買到了這份快樂的我，比他們更高興，因爲這幕戲是由我導演的。

把這次玩的情況和我前面講的幾次情況一加比較，我很滿意地感覺到：健康的娛樂和天然的樂趣，與用大把大把金錢換來的樂趣，大有差別。後者是在拿別人開心，看不起別人，是排斥他人而自己獨自享受的快樂。因爲，看到一群生活窮困的人爲了爭奪幾塊已經被

---

⑥據希臘神話故事說，赫斯珀里得斯的果園由夜神的三個女兒看守，園中產金蘋果，吃了可以長生。——譯者

人踩碎、沾滿了塵土的香草麵包，竟你推我擠，亂成一團，這算哪一門樂趣呢？

當我對我在各種情況下領略到的快樂進行思考時，我發現，這種快樂的產生來自於自己所做的善行少，而更多的是因爲我看到了許多高高興興的面孔。對我來說，這種狀態有一股魅力。不過，儘管這種魅力深入了我的心，但在我看來，它似乎獨一無二地是來自於感官的感受；如果我感覺不到令人滿足的歡樂感，我認爲，我對歡樂的享受就不完全。在我看來，娛樂之事是無私的，我本人是否參與其事，沒多大關係。在過節時，哪裡有歡樂的笑臉可看，我就到哪裡去。然而，這種情況在法國往往看不到。自以爲很快樂的法國人，在玩的時候很少有這種快樂的表情。從前，我常到城郊的小酒館去看那些普通老百姓跳舞。他們的舞跳得死氣沉沉，十分單調；姿勢也很呆板，顯得很笨。我走出酒館的時候，不但不快樂，反而感到很不舒服。然而在日內瓦、在瑞士，跳舞的人，笑聲始終不斷，甚至笑得前俯後仰，好像發了瘋，一切都像過節那樣滿意、那樣快樂，既看不到憂鬱的面孔，也看不到奢侈豪華的排場，大家的心裡都充滿了幸福、團結與祥和的感情。在天眞無邪的歡樂中，素不相識的人也互相攀談、互相擁抱、互相邀請一起去參加節日音樂會。至於我本人，爲了領略節日的快樂，我倒不必去和他們一起跳舞或聽音樂，我只需看他們玩就行了；我在旁邊看，也分享到了他們的快樂。在那麼多笑容滿面的人中，我敢肯定：沒有一個人的心比我的心更高興。

上面講的，儘管只是感官感覺的快樂，但它當然也包含有道德的因素在內。以我爲例，就可以說明這一點：如果我發現滿臉笑容的人是壞人時，我就明白，他們的笑容是表示他們的壞心得到了滿足，因此，我看了非但不快樂，反而不高興，感到難過和厭惡。只有天眞無邪的快樂，才是唯一能打動我心的快樂，而折磨他人或拿他人開心的快樂，我對之是十分厭惡和痛心的，即使事情與我毫無關係，我也恨之入骨，因爲這種快樂的出發點，與前一種快樂的出發點截然不同；儘管兩者同樣是快樂，但它們對別人和對我的內心產生的影響是完全兩樣的。

我對他人的痛苦和憂愁的感受是如此之敏銳，以至一見到這種情形，就不能不感同身受，心情之激動，非言語所能形容。我的想像力使我把自己想像成爲那個受痛苦的人，而且，我難過的程度往往還超過他本人。一看到他人不滿意的表情，我就受不了，尤其是當感覺到他人不滿之事與我有關時，我就更難受了。從前，我曾糊裡糊塗地到有錢人家去串門。這些富人家中的僕人總要讓我爲他們主人對我的款待付出高昂的代價，因爲，他們雖在侍候我，但又做出不願意的樣子。看見他們滿腹牢騷、愁眉苦臉的樣子，我只好賞他們幾個埃居；前前後後我一共賞了他們多少錢，連我自己也說不清。對於敏感的事情，我極易衝動；尤其是對於歡樂或痛苦，對於善意或惡意，更易衝動。我被這些形之於外的現象左右得無法可施的時候，就只好逃之夭夭。一個陌生人只要做一個表情、一個姿勢或使一個眼色，就足以擾亂我快樂的情緒或安慰我的痛苦。只有在我單獨一人的時候，我才屬於我。除此以外，我就會被周圍的人隨便愚弄，被他們玩弄於股掌之中。

從前，我在這個世界上活得很快活，我在人們眼中看到的全是善意，最壞也只不過是不認識我的人不理睬我而已。可是如今，人們既不惜力氣硬要把我的臉指給大家看，又不怕花工夫硬要在我的天性上披上僞裝。我一走到街上，看到的盡是些令人心酸的事情，因此，我只好趕快跑到鄉下。我一看到碧綠的田野，我就大口大口地呼吸新鮮空氣。所以，如果說我愛孤獨的話，這有什麼奇怪的呢？我在人們的臉上看到的全是敵意，而大自然對我卻始終是笑臉相迎。

不過，我還是得承認，和人們一起生活是有樂趣的，只要我的臉不被他們認出來。然而，這一點點樂趣，人們也是很少讓我享受的。幾年以前，我喜歡到鄉村去，看農夫們一早起來修理農具，看農婦們和她們的孩子一起在家門口玩。這種情景，有一種難以描述的打動我的心的力量。我有時候佇立觀看那些忠厚的人們做這種活，不由得感動的嘆息，但我自己也不知道爲什麼要嘆息。我不知道他們是不是看出我對這種事情感興趣，也不知道他們是不是願意讓我看。不過，在我經過他們面前時，我一看到他們的臉色有變，看到他們注視我的神情，心中就明白他們是在想辦法要把我這個來意不明的人趕走。這種事情，我在巴黎殘廢軍人院還遇見過一次，而且對方表現的不悅之色更爲明顯。這座宏偉的建築物，我一直非常喜歡；每次看見那些善良的老軍人，心情都非常激動，對他們表示敬意，認爲他們個個都可以像斯巴達的老軍人那樣說：

想當年我們是何等的
　年輕、英勇和無所畏懼⑦。

我喜歡在陸軍士官學校⑧周圍散步；當我在那裡碰到那些還依然遵守軍人禮節的老軍人時，心裡非常高興。他們路過我身旁時，都向我行禮。他們對我行一次禮，我心裡就向他們回一百次禮。我心裡非常希望能常常見到他們。由於我從不隱瞞我心中的感受，所以我經常和人家談到這些年老的軍人，談到他們使我深受感動的行禮的樣子。可是，好景不長；不久以後，我發現他們不再把我當生人看待了，或者說得更確切一點，我成了他們不認識的人了，因爲他們看到我的時候，他們的眼神和其他人的眼神完全一樣，再也不行禮，再也不打招呼了，完全是一副拒人於千里之外的樣子，目露凶光，再也不像原先那樣彬彬有禮了。軍人的坦率不允許他們像別人那樣表面上笑，骨子裡卻恨，表面上尊敬，暗中卻整你，因

⑦引自普魯塔克：《里居爾格傳》，據說，斯巴達人有一種節日表演，先是老年人唱這兩句歌詞，接著是中年人唱：「現今我們同樣豪邁有膽量。」最後是少年人唱：「將來我們也一樣，而且一代要比一代強。」——譯者。

⑧陸軍士官學校是法王路易十五時代建立的一所培養陸軍下級軍官的學校。該校有一個由一百二十名年老退休軍人組成的連隊擔任警衛。文中所說的「老軍人」，指的就是這個連隊的年老退休軍人。——譯者

此，他們就公開對我表示粗暴的憎恨。我感到最難分辨的是：我要如何才能判斷出哪些人對我的成見最少，對我不那麼掩飾他們的憤怒。

自此以後，我在殘廢軍人院附近散步的興趣就不如從前濃了。不過，由於我的感情不取決於他們對我的感情，因此，我見到那些曾經爲保衛祖國立過戰功的老軍人，仍依然對他們表示敬意，心中照樣很快樂。當然，看見他們竟那麼惡劣地回報我對他們的尊敬，心裡還是十分難過的。我有一次偶然碰見一個老軍人，他也許還未受過他人的教唆，或者是不認識我是誰，因此，不但對我沒有厭惡的表情，並且還誠誠懇懇地對我打招呼。單單這一個人的這一點表示，就足以抵銷別人對我的可憎態度了。當時，我把別的人都忘記了，一心專注於這個老軍人，我覺得，他的心靈和我的心靈一樣，是不讓仇恨的種子進入其中的。去年，我有一次乘渡船到天鵝島去散步，又碰上這類令人興奮的事。有一個可憐的老軍人在船上等人一起乘船過渡。我上船後就讓船夫開船。那時正是漲水季節，過河的時間要長一些，可我不敢找那個老軍人談話，怕像以往那樣遭到粗暴的對待和拒絕。不過，他誠懇的態度使我放下了心，開始和他攀談。我覺得他是一個有感情和道德的人。他談話的聲調之和藹和直率，使我吃驚，感到很好聽。我很少見到過有人這樣喜歡我。當我得知他是剛從外省來到這裡的時候，才恍然明白他爲什麼對我那麼好。我知道人們尚未告訴他「我是誰」，還沒有教唆他。我便利用他還不知道我姓什麼、名叫什麼的機會，和他談了一會兒話。我們相談甚歡。這原本是極其普通的快樂事，但在我是因爲難得一遇，所以覺得很有價值。下船的時候，我見他手裡只拿著兩個可憐巴巴的小銅錢，我便替他付了船錢，並請他把那兩個小銅錢放回他的衣兜裡。不過，我還是怕他生氣。幸好，他沒有生氣，並對我給他的照顧很感激。我見他年紀比我大，便攙扶他下船，這一舉動尤其使他感謝不已；而我，誰相信我當時是那麼的孩子氣，竟激動得流下了眼淚呢！我眞想把一枚二十四個蘇的小銀幣塞進他的手裡，送他去買菸抽，但是我不敢。這害羞的心理，使我連一些可讓我得到極大快樂的好事也不敢做；而在做笨事的時候，我這害羞的心理卻全沒有了。這一次，在我和那個老軍人分手以後，儘管我感到寬慰，但我還是意識到，我這樣做，可以說是違背了自己的原則，因爲我在好事當中摻雜了金錢的作用，損害了好事的高尚意義，玷汙了它的無私精神。我們固然應當積極說明那些需要金錢的人，但在日常的生活交往中，必須讓自然的善意和禮貌各自發揮它們的作用，切莫讓貪財好利之徒接近這如此純潔的泉源，以免使它受到腐蝕和敗壞。據說，在尼德蘭，你要給人家的錢，人家才會告訴你現在是幾點鐘，才會給你指路。一個拿人類最簡便易行的義務做交易的人，必定是一個被人看不起的人。

我發現，只有在歐洲，留宿客人是要收錢的，而在亞洲各國，留客人住是分文不取的。在亞洲，當然是找不到那麼多舒適的設備，但是，只要一想到：我是一個人，我受到人家的接待，人家留我住，是出於純潔的感情，這不就心情舒暢，無話可說了嗎？只要心靈受到的對待比身體受到的對待好，小小的不舒適的感覺是可以毫無困難地忍受的。

第十次散步

今天是聖枝主日①；正好是五十年前的今天，我第一次見到華倫夫人②。她和本世紀③同齡，那年正好是二十八歲，而我還不到十七歲④。哪知我正在成長而尚未定型的性格，竟在此刻給我天生就充滿活力的心增添了一種新的熱情。如果說她對一個舉止溫文爾雅、態度謙遜、面貌又長得不錯的生氣勃勃的年輕人抱有好感並不奇怪的話，那麼，一個頭腦聰明、一舉一動很有風度的漂亮女人使我因感激而產生連我自己也無法說清楚的溫情，就更不奇怪了。然而，不尋常的是，這第一次相見的剎那之間，竟決定了我的一生，使我在今後的一生中要遭遇一系列不可避免的事情。那時，我的各部分器官尚未使我心靈中最寶貴的才能得到充實，我的心靈尚未定型，它焦急地等待著使它定型的時刻早日到來。這一時刻儘管因和華倫夫人的邂逅而加速了，但也並非說到就到的。我受的教育使我在很長一段時期都心

---

① 聖枝主日，宗教節日，在每年復活節前的一個禮拜天。文中的「今天」，指一七七八年四月十二日，是日爲一七七八年的聖枝主日。——譯者

② 盧梭第一次見到華倫夫人，是一七二八年的聖枝主日。關於盧梭第一次在安訥西見到華倫夫人的記述，參見他的《懺悔錄》卷二。——譯者

③ 此處的「本世紀」，指十八世紀。——譯者

④ 這裡，盧梭把自己的年齡記錯了。一七二八年三月，盧梭第一次見到華倫夫人時，還差三個月才滿十六歲。——譯者

地十分單純，因此遲遲不能進入那愛情和天眞同在一個心中的甜蜜而又轉瞬即逝的狀態。我們見面不久，她就把我打發到別的地方去了⑤，然而我時時都在想念她，我又回到了她的身邊⑥。這次回來，我的命運就決定了。在我占有她以前的一段很長的時期，我都把我的生活看作是她的生活，我就是爲她而生的。我有了她便感到心滿意足，唉！要是我能使她有了我也感到心滿意足就好了！我們在一起生活的時光將多麼寧靜和甜蜜啊！這樣的時光，我們曾經有過，但是很短暫，很快就過去了，接踵而來的命運是多麼辛酸啊！我無時無刻不懷著快樂和溫暖的心情回憶我這一生中只有在這短短的日子裡，才不僅活得充實而無雜念，無牽無掛，能夠眞正說得上是在享受人生。我的情況，有點像那位失寵於韋斯帕西安⑦的大法官到鄉下寧寧靜靜地安度晚年時說的：「我在世上活了七十年，但眞正說得上生活的，只有七年。」⑧如果沒有這短短的一段珍貴的時間，我也許連我自己也不知道我將伊於胡底，因爲

---

⑤ 盧梭和華倫夫人於一七二八年三月見面後不久，華倫夫人就把他送到都靈的一個天主教辦的教養院。——譯者

⑥ 盧梭在都靈只住了一年多，於一七二九年六月又回到華倫夫人的身邊。——譯者

⑦ 韋斯帕西安（九—七九）：古羅馬國王（六九—七九）。——譯者

⑧ 這句話，盧梭在一七二六年一月二十六日致馬爾澤爾布的信中引用過，但在那封信中的引文是：「我在世上活了七十六年，但眞正說得上生活的，只有七年。」（參見本書第二百四十二頁）另外，在那封信中說是「特納尙的寵臣」，而此處說是「失寵於韋斯帕西安」，實則兩處都有誤，說這句話的西米里斯是亞德里安

在我以後的歲月裡，我一直是那樣懦弱，對一切都逆來順受，被別人的欲望搞得如此之心緒不寧，左右爲難，進退維谷，以致在我這麼坎坷的一生中，完全處於被動狀態。在嚴酷的生活需要不斷落在我肩上時，竟使我無法分清在我的行爲中，哪些是我心甘情願做的。在這短短的幾年裡，我得到了一個溫柔多情的女人眷顧，我願意做什麼就做什麼，想怎樣就怎樣。我充分利用我的餘暇，在她的教誨和榜樣指引下，我知道如何使我單純幼稚的心靈處於一個最適合於它的狀態；這個狀態，我的心靈一直保持到如今。我心中產生了愛孤獨和沉思的習性。我的心需要奔放和溫柔的情感滋養，而喧囂和紛爭之聲，將壓抑和消滅這種情感，只有安寧和平靜能使它們復甦和活躍起來。我要集中心思，一心一意地愛。我讓媽媽⑨到鄉下去住；山坡上有一座孤獨的房子，那就是我們躲避喧囂和紛爭的地方。在那裡，我在五、六年的時間中，享受到了一個世紀的生活和純潔美滿的幸福。這種幸福的美，可掩蓋我現今生活中的一切醜惡。我的心需要一個女友，我占有了這個女友；我嚮往鄉村，我到了鄉村；我不能忍受奴役，我享受到了完全的自由，甚至比自由還自由，因爲我只受制於我自己的愛心；我心中想做什麼，我才做什麼。我的生活成天都充滿了愛的眷顧，成天都有做不完

治下的一位行政長官。——譯者

⑨ 媽媽，盧梭對華倫夫人的暱稱。——譯者

的鄉間農活。我希望這麼美好的狀況永遠繼續下去，除此以外，我便別無他求。我唯一的擔心，是怕這種狀況不能長久。從我們當時的景況看，我的擔心不是沒有根據的。後來，我儘量以娛樂之事來分散我的不安之心，想方設法防止它產生不良的後果。我認爲，掌握一門技藝是防止窮困最可靠的辦法。我決心用我的餘暇學一門手藝，以便如果可能的話，有朝一日能報答這位最好的女人對我的幫助。⑩

⑩ 這個心願，盧梭早就有了。他在一七三五年底，寫給他父親的一封信中說：「我打算求華倫夫人允許我伴她一生，讓我盡我的全部力量爲她效勞，直到我的生命結束。」參見《盧梭通信全集》，第一卷，第三十三頁。——譯者

附錄

《夢》的草稿①

①這份草稿，原來是零零星星寫在二十七張撲克牌上的提綱式的片段；是盧梭逝世後，由他的居停主人吉拉爾丹侯爵，在他的一大堆稿紙中發現的，原件現藏納沙泰爾圖書館。這二十七個片段，在十九世紀曾由幾家出版社出版，但手民誤植和脫漏之處甚多，直到一九四八年，始由J.-S.斯平克和馬．雷蒙二人詳細校勘，整理出一個完善的稿樣，並冠以《一個孤獨的散步者的夢》這個標題，先後在巴黎和日內瓦出版。最後三個片段，就內容看，與《懺悔錄》有關，由貝爾納．加涅班和馬塞爾．雷蒙校勘後，與前二十七段合在一起出版。——譯者

一

要眞正按照這個集子的標題寫，我應當在六十多年前就開始寫了，因爲我整個一生只不過是一個長長的夢①；這個夢，由我每天散步時，分章分段地做。

儘管爲時已晚，但我依然決定從今天就開始撰寫，因爲我在這個世界上已經沒有其他更好的事情可做了。

我感覺到我的想像力已經僵化，我各部分器官的官能已經衰退；我擔心我的夢將一天天變得枯燥無味，以致最後感到厭倦，使我失去繼續寫下去的勇氣，所以，即使我繼續寫，我這個集子也將因我臨近生命的終點而自然而然地結束。

---

① 參見〈第七次散步〉的第一句話：「我剛剛才開始描寫我在這個集子中所做的長長的夢，我就覺得好像是快要寫完了似的。」——譯者

二

的確，最沉著鎮定的人也會透過他們的身體和感官，對苦與樂有所感受，受到它們的影響；不過，這種純粹是身體上的影響，其本身只不過是一種感覺，它只能使人產生某些心情；雖說它有時候也會使人產生道德行爲，但推究它使人產生道德行爲的原因，有的是由於影響太深和持續的時間太長，以致深入心靈，在感覺消失以後，影響還依然存在；有的是由於人的意志在其他動機的推動下，能抵制歡樂的引誘或對他人的痛苦懷抱同情，而且這種意志在人的行爲中，始終處於主導地位，因爲，如果感覺變得更強烈，最終使人願意享受安樂，則抵抗的勇氣便會完全消失，人的行爲本身和它產生的後果，就會變得與完全耽於安樂的人的行爲一個樣子。這一法則是十分嚴酷的，然而，正是由於它的嚴酷性，道德才獲得如此崇高的美名。如果勝利的得來不花費任何代價，它值得人們歌頌嗎？

三

幸福是一種極其穩定的狀態；而人則是一種極易變化的生物，因此，兩者都難以互相適合。

梭倫認爲克里蘇斯②是少數幾個幸福的人當中的典範；他這樣看法的理由，不是根據他們生活的幸福程度；而是根據他們死亡的時候，誰的臉色最爲安然，不過，在克里蘇斯還活著的時候，梭倫從來沒有說過他是幸福的人。事實證明梭倫的看法是正確的。對這件事情，我再補充一點：如果在地球上眞有什麼人是眞正幸福的話，人們是絕對不會以他做例子的，因爲誰也不比他更清楚他到底是不是幸福。

我所看到的那種持續不斷的變動，使我感受到了我的存在，因爲，千眞萬確的是，我此刻僅有的一種快樂，是對一陣陣單調而均勻的輕輕的聲音的微弱感覺。我現在享受什麼呢？我現在只能自我陶醉，享受我自己③。

② 克里蘇斯（約西元前五六一—前五四六在位）：古小亞細亞呂底亞國最後一位國王，因國中的帕克多爾河盛產金沙，所以克里蘇斯富甲天下。——譯者

③ 這段話所描述的內心感受，在《一個孤獨的散步者的夢．第五次散步》中又加以發揮：「在那裡（在碧茵納湖邊——引者注），波濤聲和洶湧的水聲集中了我的思想……波濤起伏，水聲不停，不時還夾雜著一聲轟鳴；這一切，不斷傳到我的耳裡，吸引著我的眼睛，時時喚醒我在沉思中停息了的內心激動，使我無須思考，就能充分感到我的存在。」——譯者。

四

是的，我在這個世界上一事無成，而且，即使我今後不受我這個軀殼之累，我也不會有什麼建樹的；然而，我能成爲一個很優秀的人，我內心的感情和生活情趣，比那些成天東奔西走、忙個不停的人充實得多。

五

有一個現代的學者以自己的區區成就而藐視古人；而我，則要因自己的學識之不足而向古人學習。

六

舉例來說，還有什麼事情比不掌握識別假朋友這門藝術更糟糕的？儘管這門藝術要經過一番努力才能掌握，那也要學，因爲只有這樣，才能讓我們看出我們本以爲是眞朋友的人，原來是假朋友。

七

這幾位先生像一群小偷似地緊緊纏住一個可憐的西班牙人，裝出一副善意的樣子，用斯多噶學派哲學家的言論向他證明：遭受痛苦，並不是一件壞事。

八

不過，我既不把我的地址告訴她，也不向她要她的地址，因爲我深信：只要我一轉身走開，那幾位先生馬上就會去盤問她，並採用他們熟練的手法，從人人皆知的我的想法中挑毛病，把它誇大到掩蓋我想做的好事。

九

即使我的清白最終被人們承認，並使那些迫害我的人都心悅誠服；即使事實的眞相在大家看來已昭然若揭，比太陽的光還明顯，大眾也不會因此就平息他們的憤怒；不僅不平息，反而恨我恨得更厲害。他們之所以恨我，大部分原因是由於他們自己做了不公正的事，只有一小部分原因是他們今天硬說我做了惡事，因而對我懷恨在心。他們絕對不會原諒他們強加在我頭上的那些不光彩的事。他們將把那些不光彩的事說成是我不可饒恕的大罪過。

十

應該我做的事，我一定要做，因爲這是我應盡的本分，不過，我並不抱任何成功的希望，因爲我知道今後已不可能成功了。

十一

我在心中想像：這一代如此高傲、如此之自以爲有了不起的大學問、並公然認爲對我的看法是有充分道理的人，在事實眞相大白的時候，將多麼吃驚。

十二

在他們和我之間，既不再有親情，也不再有友情了。他們否認我是他們的兄弟，而我，我則要以他們做我的兄弟爲榮。如果今後我還能爲他們做點合乎情誼之事的話，我是一定會做的；不過，在做的時候，不是把他們當作我的同類，而是把他們當作需要我說明的受苦受難的人和懂得感情的人。我甚至對一條遭受苦難的狗也是會傾情幫助的，因爲一條狗也比這一代人當中的任何一個人對我都更親近：它既不背叛我，也不欺騙我，更不會虛情假意地安慰我。

十三

即使是國君本人，他也只是在罪犯經過各種程序的審判和定罪之後，才有權赦免罪犯。否則的話，就等於是在尚未使罪犯服罪以前，就先給他打上有罪的烙印；在一切不公正的事情當中，要數這種做法最令人害怕。④

他們之所以給我麵包吃，是爲了讓我蒙羞。他們對我的施捨，不是嘉惠於我，而是在侮辱我，糟蹋我；這純粹是他們試圖降低我的人格的一種手段。毫無疑問，他們都希望我死，不過，他們認爲最好還是讓我丟盡臉面，活受罪。

---

④ 盧梭這段話的意思是：他要求於人的，不是饒恕，而是公平對待。——譯者

十四

在接受他們的施捨後，我也對他們表示感謝，不過，我表示感謝時的心情，與一個被強盜搶了錢包的旅客，在強盜從錢包中拿出一小部分錢還給他，讓他能繼續旅行，他對強盜此舉表示感謝時的心情是一樣的。不過，這當中有這樣一點區別：強盜把一小部分錢還給旅客，其目的，不是侮辱旅客，而純粹是爲了寬慰旅客。

在這個世界上，只有我一個人在每天起床時敢百分之百地肯定：在這一天的白天不會遭遇什麼新的痛苦，晚上睡覺時也不會感到心情憂鬱。

十五

對來生的期待，可緩解今生的一切煩惱，而且，幾乎可以使人人都不害怕死亡；不過，在這個世界上，希望總是與憂慮相伴，因此，只有順其自然，聽天由命，才是尋求心情眞正平靜的上策。

十六

正如樞機主教馬扎蘭所說的，人們很可能遇到這樣一種事物：它既沒有少增加，也沒有變得更需要；沒有它，固然可笑，而有了它，反而更加可笑。

誰行事把利益看得比正義更重要，誰就會親近替他的利益說話的人，而不親近替正義講話的人。

十七

夢

我由此得出結論：這種狀態是生活中的痛苦暫時停止，而不是眞正的快樂，因此，對我來說，是很愜意的。

由於我不能透過我的身體和我的感官去領會純精神的事物，因此我沒有辦法去判斷它們眞正的存在方式。

我要如何才能盡可能殘酷地對他們進行報復呢？要達到這個目的，我必須成天生活得快快樂樂，十分滿意：這是一個使他們陷於尷尬境地的可靠辦法。

由於他們想使我陷於可憐的境地，因此，他們的命運如何，要以我爲轉移。

十八

我反覆思考之後發現：有智慧和自由的生物存在，是上帝存在的必然延續，因此我認爲，上帝的快樂，除了他的全能以外，或者說得更確切一點，能使他的快樂更完美的，是他能引導心地正直的人。

十九

他們在他們與我之間挖了一條誰也無法填平或逾越的大鴻溝；今後，我將像死人和活人陰陽兩界那樣，永遠與他們分離。

因此我認爲，在那些大談良知的安寧的人當中，憑自己的眞知和自己的感受談論這個問題的人不多。

今後，如果有某種機會能改變事物的現狀的話（我不相信有這種機會），可以肯定的是，這種機會必有利於我，因為，比現今更糟糕的狀況已經不可能出現了⑤。

二十

有些人巴不得見到我，一見到我就高興得流出了眼淚，使勁親我，使勁擁抱我，甚至熱淚盈眶，哭了起來；而另一些人卻一見到我就怒目圓睜，憤懣之情溢於言表；還有一些人不是往我身上就是往我身邊直吐唾沫，那副裝模作樣的表情，我一瞧就知道他們想幹什麼。他們對我的表現儘管是如此之不同，但都是出自同一種看法，這一點，我是不會看不出來的。他們迥然不同的表現是出自什麼看法呢？我認為是出自我的同時代人對我的看法，然而，究竟是什麼看法，我也不清楚。

⑤ 這段話的意思，盧梭在〈第一次散步〉中是這樣表述的：「事已至此，我還有什麼好怕他們的？他們既然沒有什麼辦法使我的處境更加惡化，也就沒有辦法使我感到更加恐慌。」——譯者。

二十一

知道羞恥，就知道如何保持自己的純眞，而存心作惡，那是早就拋棄了害羞之心的。

我非常天眞地表現我的感情，並說出自己對事物的看法，不論它們是多麼的奇怪和荒誕，我都要說；我不和人爭論，也不想證明什麼原理，因爲我不想說服什麼人，我的文章是寫給我自己看的。

二十二

所有一切人的力量，今後都無法傷害我。如果我心中產生了什麼強烈的欲望，我也能輕而易舉地加以滿足，既不怕衆人知道，也不怕受人的批評。因爲，事情很明顯：他們害怕說明事情的眞相，比害怕死亡還怕得厲害，所以他們要不惜一切代價避而不作任何說明。他們能把我怎麼樣呢？把我抓起來？這我還求之不得呢！他們很可能另想辦法折磨我，變換方式讓我受其他類型的痛苦。不過，他們的花招已經用盡，再也沒有什麼招數可使了；難道他們想把我整死？啊！但願他們當心：他們這樣做，反倒讓我把自己的一切痛苦都結束了。現在，包括地上的君王在內，我周圍的人都要聽從我的擺布，我想怎樣對待他們就怎樣對待他們，而他們卻拿我一點辦法也沒有。

二十三

不過，當這些先生們使我落到這種境地的時候，他們是知道我不會對他們懷恨在心的，也不會對他們進行報復；如果不知道這一點，他們就不會冒此風險整我了。

二十四

我無求於人，所以我精神抖擻，強而有力。我對那些壞人瘋狂的愚蠢行為感到好笑，因爲他們花了三十年時間挖空心思整我，結果卻反而使我完全超過了他們。

二十五

只要他們說出他們是怎樣知道這些事情的，說出他們爲了知道這些事情，他們做了些什麼，如果他們忠實地執行這一條，我就答應不再對他們提出的指摘進行反駁。

二十六

我從種種跡象看出，而且深深相信，上帝是不會以任何方式介入人們說長道短的談論和涉及個人名聲的事情；他把一個人死後留在世上的一切，都交給命運去安排，交給世人去評說。

二十七

1. 你對你自己要有所認識。
2. 枯燥無味和令人憂傷的夢。
3. 有感情的人的道德。

我應如何與我同時代的人交往。

論謊言。

健康狀況不佳。

痛苦的記憶永難忘懷。

有感情的人的道德。⑥

二十八

千萬不要有那麼一個有學問的人到這裡來惡言惡語地亂說一氣，以致引起人們談論我，直接或間接在現今的各種書中，用尖酸刻薄的話，或指桑罵槐，或生拉硬扯地把我和他人加以比較，或胡亂引用他人的話，含含糊糊、模稜兩可地說三道四而不直接把話說明：所有這一切，其目的都是心懷叵測地有意誤導讀者。

---

⑥ 這一段所列的題目，在《一個孤獨的散步者的夢》中都有所闡述。例如「1.你對你自己要有所認識」見〈第四次散步〉；又如「2.枯燥無味和令人憂傷的夢」在〈第二次散步〉中是這樣說的：「……夢境中的狂熱，已不再令我感到陶醉。今後，在夢境中產生的，屬於回憶的東西多，屬於創造性的東西少。淡泊一切的倦意使我所有的官能幾乎陷於麻痹，我生命的火花已逐漸在身上熄滅，我的心靈已很難沖出它的舊窠臼。」最後一行「有感情的人的道德」是「3.有感情的人的道德」的重複；其所以再次重提，意在表示這是作者時時刻刻追求的精神目標。這個目標，從他與狄德羅和孔迪亞克籌辦《嘲笑者》這個刊物之時起就已經確定了，是和他的人生經歷與尋求心靈平衡的願望密切聯繫在一起的。——譯者

二十九

他們爲了讓我寫作而給了我這一點安寧；他們不可能趕走我而又不失去他們搞陰謀所取得的果實。他們想方設法毒化這一點安寧的氣氛，使它變得讓一個愛榮譽的人難以忍受。由於他們找不到什麼光明正大的辦法，便事先猜測我的辦法，以便想好對策，掩蓋他們因見到我的狀況良好而感受到的羞澀。

三十

當死神慢慢走來，並告訴我歲月在一天天流逝的時候，我看到，並隱隱感到他的陰影已經降臨……

嘲笑者①

①這是盧梭為他與狄德羅和孔迪亞克擬創辦的刊物《嘲笑者》寫的發刊詞；原件現存納沙泰爾圖書館，寫作時間大約是在一七四九年。關於這篇文章的由來，盧梭在《懺悔錄》裡是這樣說的：「由於我們三個人（狄德羅、孔迪亞克和盧梭——譯者）住的地方彼此都相距甚遠，所以我們約定每星期在王宮花園聚會一次，並一起到『花籃餐館』去吃午飯。狄德羅挺喜歡這種每週一次的餐會：他這個每約必爽的人，對這種約會卻從來沒有一次不到。經過幾次磋商之後，我擬定了一個創辦期刊的計畫；期刊取名為《嘲笑者》，由狄德羅和我輪流主編；創刊號的發刊詞由我執筆。……然而，由於種種事先沒有料到的原因，這份刊物最後胎死腹中，沒有出版。」（盧梭：《懺悔錄》，第七卷，巴黎「袖珍叢書」一九七二年版，下冊，第四十—四十一頁）——譯者

有人告訴我，有很多負責審查新作品的作家，都由於種種意想不到的原因而先後辭去了這個工作。自從聽了這話以後，我的腦子裡便產生了這樣的念頭：我很可以接替他們擔任這項工作；由於我沒有在大眾面前故作謙虛的糟糕的虛榮心，所以我的確認爲我非常勝任；我眞的認爲，一個人只要確信自己沒有上人家的當，就不應該對自己有另外的說法。如果我是個著名作家，我可能會裝模作樣地說一番聽起來好像是於我不利的壞話，以便很巧妙地把我非承認不可的缺點也塞進這一類假話裡。不過，這套做法如今太危險，因爲早有準備的讀者，會一字一句地按我所說的話的表面意思來理解。所以，我要請教我親愛的同行：這種做法，對一個說自己壞話的作家有何好處？

我很清楚，只要我本人認爲自己擁有巨大能力，這是完全不夠的，另外還需要大眾也確信我有這份能力：對我來說，不難指出，我採取這種看法，可以說是完全對我有利的。因爲，我請您注意，即使人們沒有任何證據說明我具備寫作的必要才能，但也不能說出與此相反的話。這一點，對我而言，與大部分競爭者相比，已經是很大的優勢了；對他們來說，我確實比他們在後面所走的路，領先了一段距離。

現在我將從一個有利的角度出發，陳述下列理由來永遠打消人們對我不利的各種疑慮：

(1)這些年來，人們已經在世界各國用各種文字出版了無數的報章雜誌和各種期刊，但我極其謹慎，一份也不看。我由此得出的結論是，頭腦裡沒有那些報章雜誌上的胡言亂語，我反而可以寫出許多更好的文章，雖然數量也許不多。這個理由對人們來說是好的，但是我不得不爲我的書商作一番解釋，告訴他：只要頭腦裡少裝點那些東西，憑我的思考是可以寫出更多的作品，是不怕找不到題材的。

(2)幾乎是出於相同的原因，我也沒有理由浪費很多時間去研究科學和古代作者。系統物理學早就被拋棄到羅曼人那裡了；而實驗物理學在我看來，只不過是擺弄漂亮小玩藝*的藝術，數學不過是……

*請去參觀羅勒神父
的工作室
我請你①填上這裡的

---

① 這裡的「你」，很可能是指狄德羅。——譯者

至於如何看待古人，我似乎覺得在我的評論裡，立論要公正，不能欺騙讀者，不能像往昔我們的學者們那樣，偷偷用亞里斯多德或者西塞羅的話來代替他們以爲我要發表的看法，多虧現代人很聰明，早就不做這種醜事了，而我，也要小心謹慎不做這種費力不討好的事情。我把功夫都花在查辭書上，收穫非常大，在不到三個月內，我就像學習了兩年似的，可以滿有把握和準確地解決一切問題。我還有個收穫，在一本拉丁詩集裡，我找到許多可以用來修飾文章的詞；我要合理使用這些詞，使它們發揮的作用能保持長久。我已經在本文的開頭使用了其中的一個詞；我當然知道拉丁文詩句只要用得恰當，必然會使哲學家的文章顯得很生動；出於同樣的原因，在我撰寫有關詩歌的論文時，我也要用哲學術語和哲學詞句來修飾我的詩學論文。我很清楚，誰想得到一個名作家的美譽，誰就必須對任何學科的事情都能滔滔不絕地談論一番，只有他自己從事的那門科學除外。

空白，而且要認真地填，不許推三推四。

我絲毫不認為一定要很博學才能評判現在交給我們的書。切不可說什麼非要讀過佩托神父、蒙福孔等人的書，而且要在

(3)最後一個理由，而且是我內心深處唯一需要擔任這個工作的理由，是從我的目的中歸納出來的。我給自己確定的工作目標，是對即將出版的所有新作品進行分析，並在分析中融入我的看法，將我的分析和我的看法都告訴讀者；然而，做這些工作，我沒有發現任何必須成爲學者的必要；公正無私地正確判斷，善於寫作，掌握自己的語言；在我看來，這三樣才是必要的知識：就這些知識來說，誰敢自誇比我更高明、比我更精通？實際上，儘管我無法證明事實與我說的完全一致，但正因爲如此，我反而更加確信：我對於我想說服別人的事情是太了解了，因此，我要成爲第一個由於自己認爲自己是很能幹的人，所以也要使人們認爲他們是很能幹的人。

數學等方面有很高的造詣，才能閱讀《坦扎伊》、《格里格里》、《安哥巴》、《米薩普夫》和本世紀其他深奧的著作。

如果我終於做到能使人們在與我有關的事情上都相信這樣的說法，不論這種說法是不是有充分的根據，只要與這裡所說的情況差不多，他們都會相信我的。

因此人們不能否認我有充分理由充當新作品嚴厲的批評家和威嚴的法官，我想誇讚就誇讚，想批評就批評，沒有任何人有權指責我魯莽行事，不過，所有的人個個都有權對我進行報復，這個權利是我眞心誠意給他們的，只是希望他們在說我壞話的時候，也採取我說他們好話的那種方式。

我宣布：我要秉公辦事，我根本不認識任何一個可能成爲對手的人，本刊將永不刊登一切人身攻擊和發洩私憤的文章：我要評論的是書，在我看來，作者的文字就是書籍本身的精髓，它絕不會超出這個界限，我嚴正聲明，我永遠不會把它用於其他地方；即使哪天我情緒欠佳，有時候說：這是個傻瓜，一個語言荒誕的作家，我的意思也只是說作品本身荒誕和愚蠢，而不是說作者就不是一個一流的天才，就不是一個稱職的法蘭西學院院士。如果人們領略不到我剛才所說的文章裡的文字樂趣，我有什麼辦法？但是人們將首先看到我不會因此就不是一個頗有才能的人。

即使直至目前爲止，我所說的話顯得有些模糊，再加上我又沒有進行一些補充，以便更清晰地陳述我的計畫以及我想採取的做法，我也會預先告知讀者，我性格中的某些特點，使他們大致了解他們將在我的文章中讀到些什麼內容。

布瓦洛②曾經說過：人往往是一時一個樣子。他這短短一句話便把我這個人勾畫得唯妙唯肖；如果他給它再加點其他顏色，襯托其間的細微差別，那就描繪得更爲準確了。再沒有誰比我自己更不像我的了，這就是爲什麼除了用「奇異多變」這四個字來形容我以外，用其他的詞來形容我都不行的原因。這四個字在我的精神世界裡，時常會影響我的情感。有時候，我是一個性情孤僻的厭世者；有時候，我又對社會的魅力和愛情的甜蜜，喜歡得入了迷。我時而嚴肅而虔誠，而且爲了增益我的靈魂，我曾盡最大努力使這種高尚的心情保持穩定；但爲時不久，我又變成了一個十足不信教的人。由於我運用感官的時候多於運用我的理智，所以我總是避免在這種

② 布瓦洛（一六三六—一七一一）：法國詩人，其主要作品有《諷刺詩集》和《詩藝》等。——譯者

時候寫作：這一點，最好是讓我的讀者預先充分地了解，以免他們指望著在我的文章裡尋找他們永遠也讀不到的東西。一句話，任何一個反覆無常的人、一個隨風轉舵的人、一個女人，都沒有我這麼變化無常。應該一開始就讓好奇者丟掉在某一天識破我的性格的想法：他們認爲我老是某個特殊的樣子，其實那個樣子只不過是在那個特殊時候的樣子罷了；他們是看不出我身上的這些變化，因爲我身上的變化沒有固定的時間，有時候說變就變，頃刻之間就會發生；有時候我又接連幾個月不變，一直是那個樣子。正是這種不規則變化的本身，構成了我性格的主要特徵。還有，同樣的事物再出現，往往會重新喚起我當初第一次看見它們時的那種心情。這就是爲什麼我總是以同樣的心境對待同樣的人的原因。因此，如果讓那些認識我的人，各人發表各人的看法的話，他們都會說再沒有誰的性格是比我的性格更少變化的了；但是，如果進一步要求他們把話說具體一點，這時候，有人會說我愛開玩笑，另一個人又會說我很嚴肅；這個人把我看得無知，那個人又認爲我非常博學。一句話，有多少人就有多少種看法。在這件事情上，我的心情也很奇怪：我設想，如果某天同時遇見兩個人，與其中一人經常是一見面就高興到發瘋的程度，而對另一人又往往是一臉愁容，比赫拉克里特③的樣子還憂愁；同時面對這兩個人，我的心情必將如此地波動，以致不得不馬上離開他們，以免我這兩種迥然不同的心情反差會使我暈倒在地。

所有這一切，經過自我反省，我總算看出了我自己身上某些占主導地位的情緒和一些幾乎是週期性的心情變化的再次出現；這種狀況，只有極爲細心的觀察者才能注意到。實話實說吧！這個觀察者不是別人，他就是我自己：正如天空的風雲多麼變化無常，也難不倒海上的水手和鄉下的農夫預測某些常年的天氣狀況和現象，並總結出規律，大致預報某個季節的天氣。可以說我是具有兩種性情的人，這兩種性情，每星期輪換一次，我稱它們爲「我這個星期的性情」和「我那個星期的性情」；當我是「這個星期的性情」時，我表現得瘋狂中帶理智；而在我是「那個星期的性情」時，我又表現得理智中帶瘋狂。不過，不論是在這種或那種情況下，只要瘋

③ 赫拉克里特（西元前五四〇—前四八〇）：古希臘哲學家。——譯者

狂占了理智的上風，它就會在我自稱爲「智者」的那個星期中占明顯的優勢，因爲在這時候，所有我評論的文章的內容，不論它們本身是多麼有道理，它們都會被我用毫無疑義和極其荒誕的詞句巧妙地加以掩飾，進而把它們一筆抹煞。至於我的瘋狂性情，它比這明智得多，因爲，儘管它總是從它自身尋找論述的題材，但它在理論的陳述和論據的羅列方面是花了那麼多心思、那麼多工夫和那麼多力氣，以致經過如此這般僞裝之後的瘋狂，幾乎和理智沒有什麼差別。關於這些，我保證無誤或大致無誤的想法，我有一個小問題要問我的讀者，請他們判斷：在這兩種性情中，我是按照哪種性情寫這篇文章的？

人們不要以爲在這裡刊登的，全是正經八百的論說文；這種文章當然有，但本刊也將登載一些雜七雜八的小品文。不過，在對深奧的玄學談得正起勁的時候，我絕對不敢保證我不忽發奇想，開個玩笑，把我的讀者裝進一個飛行器，一下子把他送上月球去。我要

貝爾熱拉的著作中描寫的④

---

④指貝爾熱拉的《太陽系諸王國趣史》中描寫的一種形如箱子的飛行器。——譯者

向他推薦柏拉圖⑤、洛克⑥和馬勒布朗什⑦的著作，讓他像讀阿里奧斯特⑧的詩歌和飛行怪獸⑨的故事那樣讀這三個人的書。

所有的書刊都歸我審查，我要把我的審查權延伸到一切從印刷廠印出的東西；如果必要的話，我甚至對我的同事們寫的評論也有權加以修改，我不僅要把法國所有的印刷廠都置於我的管轄範圍之內，我還打算不時地走出這個王國，到國外暢遊一番，讓義大利、荷蘭甚至英國，一個一個地都依靠我旅遊歸來所寫的報導，向他們提供最眞實的情況。

最後，我要向我可能錯誤地嚴厲批評過的作者表示歉意，並請大眾因爲我可能不正確地讚揚過別人給大眾看的作品而原諒我。如

儘管讀者對我在這裡向他們講述的有關我和我的性格的詳細情況不甚重視，但我還是決定對他們一句話也不少說。我這樣做，既是為他們好，也是為了我要說就說個痛快。我以自我嘲

---

⑤柏拉圖（約西元前四二八—前三二七）：古希臘哲學家。——譯者

⑥洛克（一六三二—一七〇四）：英國哲學家。——譯者

⑦馬勒布朗什（一六三八—一七一五）：法國哲學家和神學家。——譯者

⑧阿里奧斯特（一四七四—一五三三）：義大利詩人。——譯者

⑨飛行怪獸，阿里奧斯特的《瘋狂的羅蘭》第四章中描寫的一種長有翅膀的怪獸，頭和兩隻前腳似其父，其他肢體似其母。——譯者

果我犯了這樣的錯誤，那絕對不是故意的；我知道一個辦刊物的人持論公正，是只會爲他招來敵人的：每一個作者都覺得你說他的好話不夠多，說他同行的壞話不夠多。因此我願意始終默默無聞，我最大的倔強脾氣是只聽從理智的聲音、只說眞話：因此，人們根據我發表的言論和精神傾向，有時候說我是一個愛開玩笑和戲謔的批評家，有時候又說我是一個嚴肅和粗暴的審查官，不過，既不是一個語出尖酸刻薄、愛冷嘲熱諷的人，也不是一個說話傻頭傻腦的馬屁精。評判可能有錯，但評判者永遠不會不公正。

笑開始之後，接著就要一個勁地嘲笑別人：我要睜開眼睛，看見什麼就寫什麼；人們將發現我對我的任務是完成得很好的。

我請求您，我親愛的，仔細看一下這篇文章，而且在給那幾位先生看之前，修改一下。

張文英　譯

隨感①

①這篇文章原來是幾個尚未鋪敘成文的片段，由斯特林森—穆爾杜整理編次於一八六一年首次發表。原件現存納沙泰爾圖書館；從內容上看，大約寫作於一七五五—一七五六年春，是對他的《論科學與藝術》（一七五〇年）和《論法國音樂的信》（一七五三年）引起的論戰以及拉摩的小冊子《〈百科全書〉中對音樂的錯誤敘述》（一七五五年八月）對他的攻擊的一些感想。——譯者

在我所寫的令人讚賞的文章中，我發現我的偏見、謬誤與缺點何其多啊！這個發現既讓我痛苦，也讓我鼓起了勇氣，我覺得此事使我受到的激勵，比自尊心給我的激勵大得多，因此，我現在拿起筆，決心忘記自己，我要把我筆下的作品都用來宣揚眞理和美德。

這個決心似乎啓迪了我的才能並給了我一個嶄新的靈魂。這種讓我提筆寫作的強烈信念賦予我的才能和靈魂的熱情，有時足以彌補我的推理能力之不足；由於我論述的事情是很高雅的，因而使我的心靈提升到了超越本人的修養，宛如那些其名聲比口才還好的律師，人們把這樣的律師稱爲演說家，因爲他們所辯護的是崇高的事業；或者說得更確切一點，我就像那些宣講福音書的傳教士：他們的宣講雖缺乏技巧，但卻能打動人心，因爲他們自己就被福音書中的眞理所打動了。當代大部分書籍之所以雖然花了那麼多心思書寫，但讀起來都淡而無味，其原因就是由於連作者自己都不相信自己所說的話，更不在乎別人相信或不相信。他們追求的是大出風頭，而不是說服別人；他們只有一個目標，就是出名，如果他們發現有一種與他們的看法相反的論點更能保證他們出名，他們便各個都會毫不猶豫地改變自己的看法。然而，在說話方面，心中是怎麼想的就怎麼說，這乃是一大優點。只要語言眞誠，就用不著怎麼修飾詞句；只要爲人誠實，那就可以彌補個人才能之不足，再也沒有什麼比一個懷有堅定信念的人的話更雄辯的了。

我受到來自各方面的攻擊，我怎麼可能不受到攻擊呢？因爲我在社會上獲得了些許成功，並嚴厲批評過一些學者。另外，人們總習慣於把智慧和知識混爲一談，看見他們欣賞已久的事物受到譴責，便大吃一驚。出於對美德的熱愛，人們讓可怕的某個執掌裁判權的人撰文攻擊我，而我也同樣是出於對美德的熱愛撰文回應。有一位偉大的國王①公然以哲學家的口吻批評我，而我則要斗膽地以自由人士的口氣對他進行反批評；這樣做，風險不大，何樂而不為？雖說國王們不用花多大代價就能聽到眞話，但對國王們說眞話，那就要付出代價了。

現在，在人群中的爭論愈來愈激烈；而我的對手也愈來愈多。我雖遭到許多人的駁斥，卻沒有一個人把我駁倒過。因為眞理是駁不倒的。人們沒有想到的是，有那麼一幫作者竟輕率到拿兩、三句學院式的陳詞濫調反覆炒作，然而，在他們的文章裡既看不到什麼理論，也看不到什麼新的觀點，他們自以為是地團結起來反對我，實際上是在彼此拆台，我可以用其中一個人的論點來反駁另一個人，我只需要把他們的論點加以對比，就足以打倒他們。只有一個人②值得另眼看待。他懂得如何思考和寫作，他加入了論戰。他發表的文章，不像別人

① 指波蘭國王斯坦尼斯拉斯—奧古斯特。斯坦尼斯拉斯—奧古斯特曾撰文對盧梭的《論科學與藝術》提出批評。——譯者

② 指夏爾·波爾德。此人是盧梭在里昂結識的朋友。關於這個人，盧梭在《懺悔錄》中說：「在我的《論科學與藝術》發表後，波爾德曾攻擊我，不過，攻擊的方式還是就事論事的，而我也就事論事地回答他，……但他後來成了我的一個死敵，往往趁我倒楣的時候，便寫文章誹謗我，而且為了找到傷害我的材料，還特意去

那樣攻擊我這個人，而是反駁我的觀點，他那兩篇文章充滿智慧和見地，讀起來很愉快，但有一點是肯定的，他寫這些文章只不過是爲了炫耀自己建立在偏見上的學識，爲一般人的謬見塗脂抹粉而已。

面對心存惡意的人，我要懷著對眞理的熱愛和對我們自己的言論的負責精神，向他們指出：是他們的私利促使他們說了一些違心之論。我眞佩服：他們怎麼能如此不掌握分寸和不動腦筋思考，就發表文章談論我幾乎研究了一生也未能十分清楚地闡明的問題；令我吃驚的是，在我論敵的文章中，我就沒有發現任何一個反對的意見是我以前沒有見過的，沒有一個是我不曾把它當作不值一駁的論點批評過的。我在我的答辯中，有意讓人們看出我對他們的輕蔑；我在捍衛眞理時，有意表現了一種與如此崇高的事業不相配稱的憤慨心情；不過，我絕不像他們那樣爲人，絕不會他們怎樣破口罵我，我就怎樣破口罵他們；我只限於指出他們的理論是錯誤的。然而，我枉自使我的論點緊扣主題，我始終沒有把他們引導到我的主題上來。他們總以爲攻擊我的人身或者說一通與主題無關的空話，比批駁我的理論更容易，因此，爭論了半天，我還是沒有使他們當中的任何一個人明白問題的關鍵在哪裡。

那幫才子和藝術家毫無根據地對這場爭論的結果感到不安，以爲有錢的人和閒散的人，

了一趟倫敦。」（盧梭：《懺悔錄》，卷八，巴黎「袖珍叢書」一九七二年版，下冊，第六十八頁）——譯者

今後就不再僱用他們了，似乎在一個如此世風日下的時代，只需整飭風俗就行了；而那些從來不認爲眞正的天才會停止發光的哲學家們，卻在悄悄琢磨這些新問題；當這兩種人各懷心事的時候，我卻加緊努力，深入研究這些問題，並追溯到那個可以用來解決這些問題的唯一基本原理。我從人的本身來研究人，我在他身上發現了，或者說我認爲發現了眞正的自然體系；人們難免不認爲這是我設想的體系，其實，爲了說明這個體系，我只不過是從人的身上消除了我認爲是人自己造成的東西。③不過我並不急於發表這些新的看法；我要以我的論敵的事例爲戒，那就是：必須首先對問題進行深思熟慮的思考，然後才發表自己的見解；我始終認爲：一個作家必須對自己要向大眾講述的話進行一番思考之後才說，是作者對大眾應有的一種尊重。正是由於這個原因，在過去的兩、三年裡④，看見他們爲我早已悄悄砍斷其樹根的那棵樹的葉子不停地澆水，我在一旁眞是覺得好笑。

---

③ 指人自己造成的痛苦。盧梭認爲，人的痛苦是人自己造成的，不能責怪大自然。這一點，他後來在《懺悔錄》裡又大聲疾呼地提醒人們：「你們這些冥頑不靈的糊塗人啊，你們一再抱怨大自然，其實，你們要知道：你們的種種痛苦都是你們自己造成的。」（盧梭：《懺悔錄》，第八卷，巴黎「袖珍叢書」一九七二年版，下冊，第九十九頁）——譯者

④ 指他的《論人與人之間不平等的起因和基礎》一七五五年發表之前的兩、三年。在這兩、三年裡，許多人發表文章誇讚人類社會，而盧梭卻在深深思索，準備撰文揭露當今社會是建立在違反自然的原則之上的。——譯者

……再有，能與這位高尚的哲學家[5]對話，是我一生的榮耀和幸福，在這位哲學家的著作中，他將友誼列爲永恆不朽的美德[6]。對於這位令人驚羨的、淵博的也可能是唯一的天才，他的時代還未認識到他的價值，但是後世的人們卻很難將他只視爲一個普通人……

〔我們應該忘記這個謬誤層出不窮的時代，切不可把某幾個瘋子的胡言亂語看作是一個對人殷勤和正直的民族意見。至於我本人，怎麼能懊悔沒有懷著比談論科學、哲學、偉人甚至君主更深的敬意來談論法國音樂呢？怎麼能懊悔沒有拋棄大自然賦予我的坦誠和眞實的聲調，改而採用巴黎歌劇院的常客的聲調來談論？還有，以我對法國人民懷抱的敬意，我怎麼能想像他們願意和一群注定要被所有的外國人和他們四分之三的法國同胞視爲注定要貽笑萬年的丑角站在一條線上呢？一個如此聰慧的民族，一個有如此之多的可敬之士並爲歐洲寫了那麼多不朽著作的民族，一個在我看來其社會遠比其他國家的社會良好的民族，我怎麼能相信他們會認爲他們的榮譽與一種連那些尊重法國語言的人都難容忍的音樂想獨霸樂壇的企圖有關係呢？怎麼能相信他們的榮譽與一個才子的狂妄野心有關係呢？因爲他的作品不僅與他

⑤ 指狄德羅。——譯者

⑥ 狄德羅在一七四六年發表的一篇文章中，曾稱讚友誼是社會美德中的第一美德。——譯者

本國人民的語言、理智、天性和耳朵格格不入，甚至世界各國人民都一致認爲不能接受。

我當然知道法國人的榮譽與丑角及歌劇演員卑劣的利益是有區別的，與那些自以爲善於演唱滑稽歌曲的女人和青年人的虛榮心是有區別的。儘管法國人的高雅風度一再被人遺忘，但是我從來不認爲他們會一直對我態度生硬……〕⑦

〔差不多也是在這個時候，我不幸被捲入了一場爭論，其結果，對我身心的安寧產生了相當嚴重的影響，而且，正是由於這是一件不値一提的小事，其後果反而爲我帶來更大的危害。爭吵的是一件關於音樂的事情；這件事情在那些誇誇其談而不深研理論的人看來，比全部哲學問題還重要。至於我，肯定是要被捲入的，因爲，我很羞愧地承認，我這一生都在研究這適合於一個賢者從事的音樂；這門以聲音傳達感情的藝術，經常使我產生一種應當用一點多愁善感的心情加以減低和克制的激情。我從童年時候起就熱愛法國的音樂；它是我唯一能聽到的音樂。後來，我到義大利聽到了義大利音樂，我非常喜歡，不過，我並不因爲喜歡它就討厭法國的音樂；我之所以喜歡義大利音樂，是因爲我新近才聽到它。只是有一天在同一個劇院同時聽過這兩種音樂之後，我的看法才有了改變，而且感到人的習慣能把人的天性

⑦ 方括號中的這兩段話，在手稿中被劃去。——譯者

迷惑到如此程度，以致使我們把壞的東西當作好的東西，把可怕的事物看作美好的事物。我這個話的意思是說：每一種語言都有它和諧悅耳之音、鏗鏘高昂之音和它特有的音樂。音樂是最賢明的人的語言；可是在別人看來，只有法國的音樂才是可以接受的。然而，令人非常吃驚的是，在義大利的音樂中，就聽不到法國式的曲調。莫里哀筆下的那個富人⑧認爲：凡是他聽不懂的語言，其全部奧祕就在於說的全是毫無意義的廢話；大多數人的看法，和這位富人的看法是相同的。」⑨

我知道，要保證自己不受心中的幻想所迷惑，不受那些促使我們行動的動機所欺騙，是很困難的。因此，我只是簡單地陳述心中眞實的感想，而不敢肯定其中沒有由於虛榮心作怪而說了些不當的話；不過，我始終認爲：一切促使我們做誠實之事的動機，促使我們樂於做純潔的意圖，也將促使我們採取行動的動機，是不會爲我們帶來多大危害的。

---

⑧ 指法國戲劇家莫里哀（一六二二—一六七三）的喜劇《欲躋身雅士之列的富人》中的那個富商之子。——譯者

⑨ 方括號中的這段話，在盧梭的手稿中被劃去，另外重寫。——譯者

在巴黎隨處可見的那幫懶人，他們成天無所事事，反而自封爲美好事物的評判人，其實，他們對美好的事物是一竅不通的。他們天天都在搞音樂，但又不眞正喜愛音樂；他們天天畫畫，但又不眞正懂得繪畫的要領，他們把愛聽人吹捧、愛在傻子面前炫耀看作是對藝術的愛好。

差不多也是在這個時候⑩，我不幸被捲入了一場爭論，其結果，不僅對我身心的安寧產生了嚴重的影響，而且，正是由於這是一件不值一提的小事，反而爲我帶來更大的危害。有一門藝術，我非常喜歡，而且下工夫研究過它，並自信對它已有幾分造詣；出於對這門藝術的喜愛，我曾撰文像談論科學、學者、各國政府和國王那樣無所顧忌地談論音樂和歌劇院的各類小丑。然而，不久之後，我就發現，不僅是我的安寧、我的性命和我的自由受到危害，而且有時候在某些地方談到這些微不足道的小事時，人們竟表現得比談正經八百的大事還小心謹慎，而且往往對壞言論所表現的不寬容態度比對僞宗教的不寬容態度有過之而無

⑩ 這段話，是前面方括號中的那段話和其他幾個段落的重寫。在重寫的文字中，有幾句話照錄前面說過的話的原樣，未加改動或只改動一、兩個詞，例如：這頭一句話就是其中之一。——譯者

不及。我們應當忘記這個謬誤層出不窮的時代，切不可把幾個瘋子的胡言亂語看作是一個對人殷勤和正直的民族意見。我當然知道法國人的榮譽與丑角及歌劇演員卑劣的利益是有區別的，與那些自以爲善於演唱滑稽歌曲的女人和青年人的虛榮心是有區別的，儘管有時候法國人對我不再是那樣文雅，但我從來不認爲一個性情如此溫和的民族，一個如此聰慧，擁有那麼多可敬之士並給歐洲寫了那麼多不朽著作，而且在我看來，其社會遠比其他國家的社會良好的民族，會認爲他們的榮譽與一種令任何一個沒有成見的人的耳朵都難以卒聽的音樂想獨霸樂壇的企圖有關係，與一個才子的野心有關係，因爲他的作品不僅與他本國人民的語言、理智、天性、耳朵格格不入，甚至世界各國人民都一致認爲不能接受。

《論法國音樂的信》發表之後，在大眾中就立即出現了許許多多新的論戰類文章。我很快就發現，這一類論戰文章與前一次的論戰⑪文章之間存在著差異，文學界人士的筆調與音樂界人士的筆調的確不同。我很小心，不參加這麼一種什麼都涉及就唯獨不涉及音樂的爭論，何況在我看來，爭吵的雙方採用詭辯的時候多，採用說理的時候少。的確，他們怎麼能證明我不是一個傻子，不是一個自命不凡的人，不是一個粗人和無知的人呢？所有這些，就連我自己想給自己證明也很困難。

⑪ 指盧梭的《論科學與藝術》一七五〇年發表之後引起的論戰。——譯者

在這些誹謗性的小冊子中，據一位著名的音樂家⑫的敵人大膽推測：有幾本是這位音樂家寫的，那本有一些眞實內容標題爲《關於音樂的錯誤敘述》⑬的小冊子就是其中之一。這位作者（無疑是一個愛搞惡作劇的人）用相當刻薄的筆調批評那位大音樂家的作品非常晦澀。他把我使人聽懂的音樂說成是犯罪，以此證明我是一個對音樂無知的人，證明拉摩先生的學問十分淵博；據作者說，他那些艱深的理論，能看懂的人愈少愈好。由此可見，這位公然宣傳如此巧妙地隱藏在拉摩著作中的那一套說法的哲學家⑭，在他關於音樂要素方面表現出的無知，並不比我爲《百科全書》撰寫的詞條表現的無知少。按照這一點，我們可以說，這本小冊子的作者，在學識方面超過了拉摩先生；在寫作技巧方面超過了拉伯雷⑮，因爲他文章中那些艱深難懂的話，是任何一個頭腦荒誕的人也說不出來的。他在小冊子中不時地提出一些很有趣的問題，例如：「美妙的曲調是否產生了和聲？」又如：「伴奏是否應當

---

⑫ 指拉摩。——譯者

⑬ 全題是《〈百科全書〉中關於音樂的錯誤敘述》，是拉摩爲攻擊盧梭而匿名寫的小冊子。從這裡的文字看，還很難肯定盧梭在撰寫這段話的時候，已懷疑這本小冊子是拉摩所作。——譯者

⑭ 指達朗貝爾；達朗貝爾發表了一篇文章，標題爲〈按照拉摩先生的理論歸納出來的音樂要素〉，對拉摩說了許多讚美的話。——譯者

⑮ 拉伯雷（一四九四—一五五三）：法國小說家。——譯者

表現發聲體？」這些經過精心思考之後提出的問題，似乎表示作者有許多話要說，而我也準備在我的《音樂詞典》中加以探討。

千眞萬確的是，拉摩先生在這本小冊子中那些諷刺人的話裡是扮演了角色的；小冊子的作者爲了嘲笑他，便先不斷讓他自己吹捧自己。關於我，這本小冊子提到的是我的《風流的繆斯》；這已經是一件過去的往事了⑯；看來，他也不願多談這件事情。我不知道他是不是因爲相當謙遜，才覺得他本人不便多談，而我知道的是：這部作品和證人至今還在。至於我，把一切全都忘記了。

關於歌曲的話說得太多了，現在讓我們回過頭來談更重要的事情。無休止的爭論使我產生了許多感想，那就是：我們最好是多做實事，儘管做得晚了，但終歸是有效果的。在那些像冰雹似地向我襲來的小冊子中，究竟是些什麼東西呢？全是些罵人的話和站不住腳的狡辯之詞。文學家們說國家需要文學的支援，法國音樂家需要文學的支援。他們還說：再也沒有

---

⑯ 這件事發生在一七四五年。那時，盧梭還是一個無名小卒，在一位友人家把他寫的歌劇《風流的繆斯》給拉摩看，請他指點。但心胸狹窄的拉摩大擺架子，拒絕看盧梭的譜子；經過主人的一番說服，拉摩同意讓人演奏其中的幾段給他聽，但演奏剛開始不久，他便大聲指責盧梭作的曲子只能算小學生的習作，而且有幾段曲調是剽竊他人的。這種指責顯然是不公正的。關於這件往事的詳細敘述，請見盧梭：《懺悔錄》，第七卷。——譯者

什麼事物是像法國音樂這麼美好的，再也沒有什麼人是像法國的歌劇作者那麼棒的，法國的歌劇是人類心靈的傑作。在他們的文章中，還恬不知恥地從他們的利益和仇恨心出發，竟公然地把假話當眞話，硬要大眾接受。我發現，在文學界的爭吵中，關鍵不在於誰有道理，而在於誰有權威；不在於誰說的是事實，而在於誰最後勝利；連他們的對手都不屑一顧的那個蹩腳作家居然也加入爭吵的行列，看來，其目的不是爲了戰鬥，而是爲了登場亮相，出一陣風頭。

張文英　譯

我的畫像①

①〈我的畫像〉是盧梭一七七八年去世後發現的。原件現存納沙泰爾圖書館，是用大小不等、顏色各異的紙寫的。關於此文，有兩種說法，一種是：盧梭生前曾打算應書商雷伊之約，寫一本自己的傳記，把〈我的畫像〉放在傳記的正文前面作爲序言，但這個計畫後來未曾實現。另一種是：盧梭計畫在將來出版全集時，以〈我的畫像〉爲全集的序言。——譯者

一

各位讀者，我常常在思考自己究竟是怎樣的一個人。因此，我心裡是怎麼想的，我就怎麼說；如果你們不喜歡我談我自己，就請別看這篇序言

二

我已經接近生命的終點，然而，我在世上尚未做過任何一件有意義的事情。我有許多美好的願望，但一個人想順順當當地實現他的願望，並不是那麼容易的。現在，我打算爲世人做一件前人未曾做過的事：把他們當中的一個人的眞實面貌展現給他們看，以便使他們自己也學會如何認識自己。

三

我是一個觀察家，而不是一個道學家。我是一個植物學家，能描述花草生長的樣子；至於斷定它們有什麼用處，那是醫生的事情。

四

我很窮，當我快要沒錢買麵包的時候，除了靠我自己的勞動①掙錢以外，我就沒有其他更誠實的謀生辦法。

單憑我剛才講的這一點，就足以使許多讀者不願意繼續往下看我的書。他們認爲，一個連麵包都沒得吃的人，是不値得他們去了解的。因此我申明：我的書不是爲這樣的讀者寫的。

五

認識我的人相當多，所以，人們可以很容易檢驗我說的話是不是眞的；如果我撒了謊，我的書就會反過來拆我的台。

---

① 指替人抄寫樂譜。盧梭窮困的時候，以爲人抄寫樂譜謀生。——譯者

六

我發現，與我生活最密切的人並不眞正了解我。他們或者是出於善意，或者是出於惡意，把我的大部分活動都歸之於另外的動機，而沒有弄清楚我從事那些活動的眞正意圖。這就使我認爲，人們在歷史學家的著作中所看到的對人物性格和外貌的描寫，大部分都是虛構的，是史學家憑自己的文思把它們說得好像眞是那個樣子。他們把一個人的主要活動，像畫家任意挪動一個假想的人物肖像的五官那樣，愛怎麼描寫，就怎麼描寫。

七

一個人如果一刻不停地老是在社會上到處活動，一再對別人僞裝自己，那麼，他對他本人也不會不來點虛僞，而且，當他有時間觀察自己的時候，很可能連他自己也不認識自己。

八

歷史學家對君主們的描繪，差不多都是千篇一律的，其原因，正如人們所說的，不是因爲君主們的地位很突出，容易被人們看出來，而是因爲第一個歷史學家對他們怎樣描繪的，其他的歷史學家就照著抄。利維的兒子與塔西佗②筆下的提比略③，連外貌也不太像；正是因爲這樣，我們大家才愛看塔西佗筆下的提比略。大家都喜歡看漂亮的畫像；但如果畫得眞像本人了，大家反倒不喜歡看了。

九

同一個原件的各個抄本，彼此都差不多是一樣的，然而，同一個人的臉孔讓不同的畫家去畫，他們畫出來的樣子，彼此就很難有什麼完全相同的地方了。它們是不是都畫得很好？哪一幅畫得逼眞？我們看畫像，要看它是不是畫出了心靈。

---

② 塔西佗（五五—一二〇）：羅馬歷史學家。——譯者

③ 提比略（西元前四二—西元三七）原是利維的兒子，後爲羅馬皇帝奧古斯都收爲義子，並繼承奧古斯都爲羅馬皇帝（西元一四—三七）。——譯者

十

他們說，我之所以談我自己，是由於我有自命不凡之意。唉，如果我有此意的話，我爲什麼要隱瞞它呢？難道說我是由於自命不凡而向眾人表白我有自負之心嗎？也許，我在謙遜的人面前能夠得到他們的寬恕；其實，自以爲了不起的人，倒是那些挑剔我有自命不凡之心的讀者。

十一

只要我有一分鐘不按規矩行事，我往後就會把規矩拋到九霄雲外。只要我一開始動用我費了那麼多心血才積攢起來的錢，我轉眼之間就會把它全部花光。

十二

說這些話的目的何在呢？目的在於使我其他的話能引起人們的注意，使我所講的話前言能合後語。一個人的臉孔上的特徵，只有它們在臉孔上一個不漏地全都表現出來，才有價值；如果少了其中的任何一個，則臉孔就會變樣。當我寫書的時候，我一點也不考慮全書的整體如何，我注意的只是：我知道什麼才說什麼，說完以後，它們自然會形成一個整體。這樣的整體，才符合它的原型。

十三

我認為，對世人來說，重要的是：人們要認眞讀我這本書。事實上，我知道人們對本書的作者是很難做到十分公正的。不過，對於那些開誠布公地談自己看法的人，請不必去糾正他們。我所要求的公正，做起來並不難。只要人們不到我面前來談論我這本書，我就滿足了。這並不妨礙每一個人對大眾發表自己的意見，因為他們發表的文章，我是一個字也不看的。我深信，我能自己克制自己做到這一點；這是不需要人家教我就會的。

十四

我不在乎有人在注意我；人們注意我，即使是用某種有點特殊的方式注意我，我也不生氣。我寧肯讓全人類都忘記我，也不願意被人家看作是一個平常的人。

十五

我以上這番話，並不是有意拿話回敬什麼人，大家都熟知我在世上爲人處世的方式；拿這種方式使我得到的好處，與我以本來的面目對人使我受到的損失相比，好處就太少了。然而，我還是寧肯自尊自重，照老樣子行事。我被人家視爲一個如此奇怪的人，以致每一個人都喜歡誇大其詞地說我。在這種情況下，我只好聽憑公論。大眾的意見，比我自吹自擂的話管用得多。因此，從我的利益出發，人家愛怎麼議論我，就讓人家怎麼議論我，這反而比我自己表白自己更策略得多。不過，也許是出於某種自愛之心的驅使，我覺得：人家多議論我幾句，這倒不妨，而誇我的話，最好是少說爲佳。大眾談論我的話已經很多了；我讓他們愛說多少就說多少。不過，話又得說回來，我很擔心，用不了多久，他們就再也不會提起我了[4]。

十六

我不打算對別人比對我自己有更多的寬恕，因爲，在我如實地描繪我自己的時候，也

④ 這種情況很可能出現，不過，在目前我還沒有明顯地覺察出。——作者。

不能不描繪別人。所以，無論是爲了別人，還是爲了我，我都要像虔誠的天主教徒那樣坦白，對我的言行做一番懺悔。

十七

此外，我還要不遺餘力地表明我的心是眞誠的：如果在我的著作中看不出我的眞誠，在書中沒有什麼話可以證明它，那就表示我書中的話不是出自眞心⑤。

十八

我生來就是爲了做他人絕無僅有的知心朋友，然而，知我心者還沒有到來。現在我已經到了我的心扉已開始關閉、不再向新的友誼打開的年齡了。我夢寐以求的甜蜜的感情，永別了；現在已爲時太晚，不可能過幸福快樂的生活了⑥。

---

⑤ 參看本書〈我的畫像〉第五節。——譯者。

⑥ 一七五七年十月一日，盧梭在致烏德托夫人的信中說：「像我這樣懂得愛、並眞心愛我的人，到現在還沒有出生，而我，我已經快要死了。」第十八節這段話，顯然是在與狄德羅鬧翻之後和一七五九年春天結識盧森

十九

我對社交場合的風氣，對人們在社交場合談論的話題和談論的方式，已略有所知。在社交場合，最能消磨時間，可以無所事事地閒聊，議論風生地說什麼贊成這個和反對那個，而且還要在思想上弄什麼懷疑論，結果使人們管它什麼善與惡，一概束之高閣，漠不關心；這麼愜意的場合，你能在別處找到嗎[7]？

二十

惡人最感到痛苦的事情，莫過於落到他自己一個人單獨生活；然而，這種生活正好是善人的極大幸福。對善人來說，再也沒有什麼更好的境地勝過他自己的良心了。

堡元帥夫婦之前寫的。——譯者

⑦關於巴黎社交場合的情形，請參見盧梭：《新愛洛伊絲》，第二卷，書信十四，李平漚、何三雅譯，譯林出版社一九九四年版，第二百二十三頁。——譯者

二十一

有人見我單獨一個人生活還生活得那麼自在，便硬說其中的原因：不是我的自愛心沒有別人多，就是我另有一套自愛的方式。不管他們怎麼說，我認爲：他們之所以想方設法去見別人，其目的只不過是爲了讓人家賞識他們。一個人之所以那麼拼命去尋求別人的賞識，其動機是一目了然的。他們常常挖空心思用美好的言辭掩飾他們那麼起勁活動的目的，例如說：是爲了社會呀，是爲他人盡義務呀，是實行人道主義呀。其實，一個離群索居的人⑧，才是對別人最無妨害的人；如果與他交往的人太多，他反而感到彆扭。我覺得，要證明這兩點，那是很容易的。

二十二

愛社交的人希望別人對他感到滿意，而落落寡合的人只求自己對自己感到滿意，否則，他的生活就無法忍受。後一種人不得不性格剛毅，而前一種人必然是一個僞君子；也許他是被迫成爲一個僞君子的，因爲，假裝道德比實踐道德更能使他取悅別人，在別人當中找到一

⑧ 指作者本人。——譯者

條門路。那些想對這個說法提出異議的人，可以看一下柏拉圖的《理想國》卷二……⑨所說的話。蘇格拉底是怎樣駁斥他那段話的呢？他勾畫了一個理想的共和國，他詳細論證了在這個共和國裡，每個人都可受到他應當受到的尊重，而且，最公正的人必將是最幸福的人。愛社交的人最好是到柏拉圖描寫的共和國去生活；所有那些喜歡和壞人生活在一起的人，請不要自以為是好人。

二十三

我深信：凡是在品德上有可稱道之處的人，是不會想方設法硬要去尋求他人的賞識的。「他人是否賞識我，我不在乎。」我承認，這句話說起來很容易，不過，話一說出口，就不僅是要聽其言，而更重要的是，要觀其行。

二十四

我這番話，不是針對我說的，因為，我之所以離群索居，只是因為我病了，而且生性疏

⑨ 此處，盧梭空了幾個字。空去的字是：阿德曼托斯。——譯者

懶。不過，幾乎可以肯定的是，如果我身體健康，又愛活動，我也會像別人那樣做的。

二十五

這座房子裡，也許有一個生來就是爲了做我朋友的人。一個值得我尊敬的人，也許每天都會在這個花園裡散步。

二十六

在金錢和生活方面，他們一直是很樂意幫助我的，我拒絕也拒絕不了；儘管我有時候在接受他們的幫助時，說話不甚得體，他們也從不因此就減少對我的幫助，仍繼續不斷地問我還需要什麼。這種熱情，簡直使我受不了。我不需用的東西太多，而我最喜歡的東西，他們卻拒絕給我。他們還沒有和我交心，還沒有對我吐露過眞情。我看：他們之所以對我不惜花費大量的金錢和時間，就是爲了省得拿出他們的心。

二十七

由於他們對我絕口不談他們自己，我只好對他們談我，儘管我已經談了許多。

二十八

有那麼多其他的關係把他們拴在一起，有那麼多人安慰他們說不要擔心我，所以我走了，他們也沒有發現。他們之所以對此感到不滿，其原因，不是由於他們因爲沒有我便感到難過，而是由於⑩他們知道我本人並未因爲沒有他們而感到痛苦；他們沒有料到⑪我在鄉下因爲沒有他們而感到的苦惱，比我在城裡⑫因爲有了他們而感到的苦惱少得多。

---

⑩ (a)他們沒有想到我能單獨一個人生活，而且生活得很好。
(b)他們不知道我有辦法補償。
(c)他們總以他們之心度我之腹，所以沒有料到我並未因爲沒有他們而感到痛苦。——作者

⑪ 或沒有想到。——作者

⑫ 在城裡因爲不能享受他們對我的友誼而感到的苦惱少得多。——作者

二十九

我認爲，眞正的善行只能是那些對我的幸福有所增進的事情；只有這種善行，我才對之深表感謝。饋贈金錢和禮物，是無助於我的幸福的。我之所以對人家百般糾纏，硬要送我的某種饋贈終於接收，是因爲我急於想得到休息，而不是因爲我想得到某種好處。不管別人送的禮物值多少錢，也不論送禮物的人費了多少心，由於我接受禮物之後付出的代價比他還多，所以，我只能感謝那些值得感謝的人，而他們也不應當忘記我對他們的情誼，這就是說，我的貧窮無礙於我的爲人。我絕不到處去尋找施恩的人和施捨的恩惠。我常常向人鄭重申明這些觀點，我的做法是對的。至於眞正的友誼，那是另外一回事。兩個朋友，一個給點財物，另一個收下對方給的財物，這沒有什麼關係；共同的財物從這個人的手裡轉到另一個人的手裡，這不要緊，只要雙方都牢記彼此的友情就行了，其他一切，可以通通忘記。我認爲，如果一個人很窮，而他的朋友卻很富有，他們之間也可以按這樣的原則行事。不過，在對待有錢的朋友和沒有錢的朋友方面，我的做法是不同的：我讓有錢的朋友登門來拜訪我；而沒有錢的朋友，則由我去登門拜訪他。有錢的朋友應當使我忘記他的富有。一個朋友只要能想方設法使我不把他的富有當一回事，我又何必因爲他富有而躲避他呢？

三十

我甚至不喜歡向人打聽我去辦事的街道在哪裡，因爲去向人家問路，就得靠人家的指點。我寧肯胡亂閒逛，走兩個小時的冤枉路，也不去問人。我隨身帶一張巴黎的地圖，依靠這張地圖和一個小望遠鏡，終歸可以找到的。儘管被弄得滿身塵土，精疲力盡，而且，走到那條街的時候，又遲到了，我還是很高興的，因爲，我沒有欠任何人的情。

三十一

過去的痛苦，一過去我就把它忘記，而過去的歡樂，至今想起來仍覺得回味無窮。我把我現在的苦難全都歸之於我自己的過錯，而把我過去的著作看得如此之與我無關，以致當我領取著作的報酬時，我覺得是在享受另一個人的成果。在這方面，奇怪的是：當某一個人竊取我的心血結晶時，我的自愛之心就會覺醒。我覺得，儘管由於他人的竊取，我變窮了，但我手中擁有的東西還是很多的，如果他還給我留下點東西的話。他這樣做，除了我個人的過錯以外，又使我增添了一分對一切不公正的做法的憤怒；趁我正在生氣的時候，對我採取這種做法，這簡直比不公正還不公正。

三十二

我毫無貪婪之心，但我對我占有的東西卻抓得很緊；我不汲汲於獲得，但我絕不願意失去。我對友誼和錢財都是這麼做的。

三十三

有一些心理狀態，不僅與我一生經歷的重大事件有關，而且與我在那些事件中最熟悉的人物有關。因此，在我回想那些心理狀態中的某一個狀態時，我不能不同時按我的感官在那個狀態下的活動方式改正我的幻想。

三十四

我病中閱讀的書，在我病好以後讀起來就覺得沒有趣味了。回憶這一階段讀書的情況，是不愉快的，因爲，我在回憶書中的論點的同時，也回想起我在讀書時候受到的痛苦。在我患尿結石期間，我曾閱讀過蒙台涅⑬的書，但在我病勢稍輕以後，就沒有興趣再讀它了；它對我的想像力的衝擊，遠遠勝過它對我的心靈的寬慰。我讀他這本書，使我變得如此之謹小愼微，以致爲了怕失去一個安慰我的人，我就乾脆連一個知心的人也不要，而且，在我以後生病的時候，再也不敢看我喜歡看的書了。

三十五

我只有在散步的時候才能寫作，在其他時間，我是一個字也寫不出來的。田野就是我的工作間；一看到桌子、文件和書，我就厭煩；有了書案，我反而沒有寫作的勇氣。如果讓我坐下來寫，我是不知道寫什麼好的。爲了開動文思，我就不敢坐下來寫。我把我零零星星、雜亂無章的思想，匆匆寫在一些破破爛爛的紙上，然後把它們馬馬虎虎地組合起來，就成了一本書。你們瞧，這是多好的書呀！我喜歡沉思、研究和創新；我不喜歡什麼事情都按部就班，講什麼次序。說明我推理的能力不如我信筆而寫的文思好的證據是：要我循序漸進，由淺而深地寫，那是很難的。我的思想在我的頭腦中醞釀好了，就用不著那樣寫。此

---

⑬ 蒙台涅（一五三三—一五九二）：法國作家和道德學家。——譯者

外，我天生的固執性情也使我偏要和這種困難抗爭。我也曾經想把我所有的著作都寫得層次分明，一氣呵成；我分章寫的第一部著作[14]，就是如此。

三十六

我記得，我這一生當中曾目睹過宰殺一隻雄鹿的情景。我記得在看到這一壯觀的情景時，狗（它天生是鹿的敵人）歡喜得發瘋的狂吠使我受到的驚嚇，遠不如那幾個拼命學狗狂吠的人使我受到的刺激深。至於我，聽到那隻可憐的鹿最後的幾聲哀鳴，看到牠使人傷感的眼淚，我就感到人的天性是何等的平庸；我暗中下定決心：我今後再也不看這種狂歡的場面。

三十七

一個作家成爲一個偉大的人物，這不是不可能的，他要成爲這樣的人物，不能靠著書，也不能靠寫詩或寫散文。

---

⑭ 指作者的《社會契約論》。——譯注

三十八

儘管荷馬和維吉爾都是大詩人，但從來沒有人說他們是偉大的人物。不管哪個作家，若硬要在我活著的時候把詩人盧梭稱爲偉大的盧梭，那他是在自找苦吃。我死以後，詩人盧梭也許會成爲一個大詩人，但他不會成爲偉大的盧梭，因爲，一個作家要成爲偉大的人物，雖然不是不可能，但他不是靠著書、寫詩或寫散文就能成爲那樣的人。

致馬爾澤爾布總監先生①的四封信②

① 馬爾澤爾布（一七二一—一七九四）：法國政治家，在法王路易十五時代，曾任宮內大臣和圖書總監。——譯者

② 關於寫這四封信的起因，盧梭在他的《懺悔錄》第十一卷中說：「我已經說過，自我住進退隱廬以後，他們（指盧梭所說的「那幫哲學家」——引者注）就放出風聲，說我在那裡住不長久。及至看見我要堅持住下去，他們又說這是由於我生性固執、驕傲，不好意思反悔，還說我實際上在退隱廬悶得要死，生活得很糟糕。馬爾澤爾布先生信了他們的話，並寫信把他們的話告訴我。看到我那麼尊敬的人也有這種錯誤的看法，我十分痛心，便接連給他寫了四封信，向他闡明我此舉的眞正動機，並向他如實地講述了我的愛好、我的習性、我的性格和我心中的一切想法。」（盧梭：《懺悔錄》，巴黎「袖珍叢書」一九七二年版，下冊，第三百五十三頁）。——譯者

信中如實敘述我的性格和我的一切行動的真正動機

一

致馬爾澤爾布先生

一七六二年一月四日於蒙莫朗西

先生，如果我稍微勤奮一點，能及時對你上封信中帶給我的慰藉表示感謝，我就不會遲到現在才回你的信了。你對我的慰勉，使我想到我有許多話該寫信告訴你，不過，考慮到你的公務太多，我不能再拿自己的事情來打擾你，所以才決定晚幾天寫這封信。儘管我對最近發生的事情不無感傷，但我高興的是：你已盡悉其中的原委，而且沒有因此而稍減對我的看重；即使你不相信我實際上比我的表現還好，你對我的嘉許，也已經超過我應得的獎賞了。

我此次行動的動機，你認爲：人們早在看出我在社會上有點名氣以後，就打好了這個主意。的確，這個主意眞給我帶來了榮譽，而且，榮譽之大，雖遠遠超過了我應得的程度，但比文人雅士們給我的榮譽實在得多。文人雅士們個個都看重名氣，他們也以他們之心度我之腹了。我心中喜歡做的事情太多，哪有工夫去理會他們的議論。我對我的愛好和獨立的地位十分珍惜，所以我不會像他們所想像的成爲虛榮奴隸。一個從來不會爲了爭錢財和飛黃騰達的機會，就不赴朋友之約或歡樂晚餐的人，當然是不會爲了得到人家的稱道就犧牲自己的幸福。說一個自信有一定的才能、而且直到行年四十才爲人所知的人①，僅僅爲了獲得一個「厭世者」這個虛名，竟愚蠢得跑到一個窮鄉僻壤之地，去百無聊賴地度過他的餘生，這是絕對令人難以相信的。

不過，先生，儘管我恨透了不公正的事和惡劣的行爲，但單單這一點，還不足以使我下定決心：即使離開社會就要遭受重大的損失，我也要離群索居，不與人交往。不，我的動機沒有這麼高尚，但它切合我的性格。我生來就對孤獨和寂寞有一種天然的愛。隨著我對世人的了解愈來愈多，我對孤獨和寂寞的愛也愈來愈深。我覺得，和我聚合在周圍的想像中的人在一起，比和我在社交場合看到的人在一起更自在。我退隱到鄉下後，再回想原先在社交場合看到的情形，就使我對那些令我離開的人厭惡透了。你以爲我的生活憂憂鬱鬱，很不愉快。啊！先生，你大錯特錯了！我在巴黎的時候，倒眞是很不愉快，苦悶極了；使我傷心的

① 盧梭生於一七一二年，到一七五〇年，他三十八歲那年，才以一篇獲獎論文（〈論科學與藝術的復興是否有助於敦風化俗〉）（簡稱〈論科學與藝術〉）躋身文壇，「爲人所知」。——譯者

事情都發生在巴黎；它們爲我帶來的苦惱，我在巴黎發表的文章中隨處都可看到。先生，把我在巴黎寫的文章與我離群索居後寫的文章一加比較，你就會發現，我在鄉下寫的文章，除非筆下有誤，否則，它們會處處流露出一種心靈的寧靜。這種寧靜，不是裝出來的；人們是可以根據這種寧靜的狀態，準確無誤地看出作者的內心世界。我最近的心情極度激動，竟使你也對之產生了與我相反的看法。顯而易見，我心情的激動，與我現在的境況無關；它是我方寸大亂的結果，它使我對一切都感到憤慨，凡事都走極端。接連幾次獲得成功，使我對榮譽非常珍惜。凡是心靈高尚而又有個性的人，一想到他死後，別人將在一本有損他的名聲並禍害世人的壞書上寫上他的名字，偷天換日地取代他的好書，是不能不感到灰心喪氣的。我病情的加速惡化，很可能就是這種煩心之事造成的。即使說我在巴黎就有了這種狂躁的現象，那也不能肯定說是我自己的意志沒有隨著事情的發展，保護好我的天性。

很久以來，在與他人的交往中，我總感到一種難以克服的厭煩；其中的原因，連我本人也搞錯了，我把它歸咎於我擔心與他人談話的時候沒有足夠的應變機智，因此，其影響所及，竟使我覺得我在社會上沒有占有我應當占有的地位。在發表了幾部著作以後，發現到：我雖說了些蠢話，但人家沒有把我當傻子。人們對我表示的關注和尊敬，遠遠超過了可笑的虛榮心所希冀的程度，但我厭煩的心情反而有增無減。這時候，我才認識到，我這種心情的產生是另有原因的；我得到的這些東西，都不是我所需要的。

究竟是什麼原因呢？這原因不是別的，而是不可改變的對自由的熱愛；這是任何外界的因素都不能戰勝的。與自由相比，什麼榮譽、財產和名聲，在我看來都不値一提。當然，我對自由的熱愛，產生於驕傲的成分少，產生於懶惰的成分多。我懶惰的程度是令人難以置信的；誰要我做什麼事情，我就生氣。在社交生活中，任何一丁點應盡的義務，我都受不了。說一句話，寫一封信，做一次登門拜訪，只要是人家讓我去說，去寫，去做，我就認爲是在讓我去受苦刑。這就是我爲什麼不喜歡一般的交往原因；但親密的友誼，我還是很珍視的，因爲它不要求人非做什麼事情不可，只要按我的良心去做，一切都會做得很好。這也是我爲什麼害怕人家恩賜的又一個原因。任何一種恩賜，受者必須對之表示感謝；一想到這一點，我的心就不願意了。我所需要愜意的幸福生活，指的不是能儘量做我願意做的事，而是可以儘量不做我不願意做的事。積極活動的社交生活，對我來說，沒有任何吸引力。我已經說過一百次：我寧可什麼事情也不做，也不願違背心意去做任何一件事情。我曾反覆想過一百次：即使被關在巴士底獄，只要是光把我關在那裡而不要我做什麼事情，我也不會覺得獄中的生活太苦。

不過，我在青年時期也曾爲了上進而勤奮過；可是，我勤奮的目的，只是爲了到老的時候能領取退休金，過安逸的生活，因此，也像任何一個懶鬼一樣，三天打魚，兩天曬網，一事無成，如果我得了病，這正好成爲一個美妙的藉口，可以讓我盡情按我的心意行事。我覺得：爲老之將至（也許我還活不到老）而籌謀，而折磨自己，這簡直是荒唐；一想到此，我馬上停下，什麼也不做，趕緊去痛痛快快地玩。先生，我向你保證，我退隱的眞正原因，就是如此，而我們的文人雅士卻說我是在故意做作。這就意味著我有耐性，或者說得更確切一點，我很頑固，硬要堅持做我必須付出許多代價才能辦到的事；這種說法，與我天生的性格是完全相反的。

先生，你也許認爲我所說的這種懶散性格與我這十年來發表的著作論調不太符合，而且和我對榮譽的追求大相徑庭，而我之所以能出版那麼多書，正是由於我的榮譽感激發的緣故。對你這個看法，必須加以反駁，因此，不能不把信寫得長一點，不能不把話說完。先生，如果你不介意我信中高傲的語調的話，我就要再回頭來談一談這個問題，因爲，既然要打開心扉，吐露肺腑之言，我就不能採用另外一種筆調。我描繪我自己，既不塗脂抹粉，也不故意謙遜。我認爲我是怎樣一個人，我就向你展示怎樣一個人；我現在是什麼樣子，我就向你描繪什麼樣子，因爲，既然我自己要回顧我這一生，我就要自己觀察自己，我就要觀察個清清楚楚，而且要採用那些自以爲了解我的人的方式來觀察和解釋他們根本就不了解的我的行動和我的爲人。在這個世界上，除我自己以外，還沒有任何一個人眞正了解我。等我把話說完以後，請你評判我說得對不對。

先生，我給你寫的信，不必寄回。把它們燒了就是了，用不著保存；不過，把它們付之一炬的目的，不是爲了我。保存在杜什納手中的信，我求求你，千萬別去收回。如果要把我在世上所做的蠢事痕跡全都抹掉的話，那需要收回的信就太多了。在這件事情上，我是一分鐘的時間也不願意花的。無論是罵我也好，還是替我辯解也好，我一概不過問。我這個人是不怕人家議論的。我知道我有什麼缺點，也完全明白我有哪些惡習；儘管這樣，我仍然能滿懷希望地死在最高的神的懷抱裡。我深深地相信，在我一生認識的人當中，沒有任何一個人比我更好。

二

致馬爾澤爾布先生

一七六二年一月十二日於蒙莫朗西

先生，既然我已經開始向你談我自己，我就接著繼續對你講述我這個人，因爲，就我來說，最糟糕不過的是，人們對我只是一知半解。你沒有因爲我有過錯，就看不起我，因此我想：你也不會因爲我坦誠相告，就不尊重我。

一顆什麼事情都不願意做的懶人的心，一個極易傷感、對一切與自己有關的事情都抱極端態度的暴躁脾氣，是很難在一個人的身上並存的，然而，這兩個截然相反的性格，在我身上都有。儘管我不能在理論上解釋這兩種相反的性格爲什麼同時在我身上存在，但它們的確存在。這一點，我很清楚，再清楚不過了，我可以列舉事實，像寫史書似的按時間順序編成一本可供大家研究這個問題的書。我童年時候非常愛活動，但活動的內容與其他小孩子不同。後來，我對一切都感到厭煩的性格，使我很早就養成了愛讀書的習慣。我六歲就開始讀普魯塔克的書②，八歲就能背誦；在我還沒有到能看小說的年齡，我就什麼小說都看；小說中的故事往往使我傷心得淚如雨下。從讀普魯塔克的書開始，我就產生了對英雄和浪漫人物的愛；這種愛，直到現在還有增無減，使我除了那些符合我奇異想法的事情以外，對其他事情都一律不感興趣。在青年時代，我以為在世界上可以找到我在書中讀到的那種人物；無論是誰，只要他能瞎說一番使我折服的話，我就毫無保留地信服他，雖然他那些話往往使我受騙。我好動，我很頑皮。當我逐漸覺醒以後，就改變了我的興趣、我的傾向和我的追求。這種改變，是花了許多心血和時間的，因為我尋求的，全都是一些根本不存在的東西。後來，經驗多了，也就漸漸放棄了追求那些東西的希望，最後連追求那些東西的興趣也沒有了。由於對我受到的不公正對待和親眼看到的不公正事情感到痛心，由於對那些迫使我照著別人的榜樣做的亂七八糟的事情感到憂慮，我便對這個世紀以及和我同世紀的人感到輕蔑。我覺得，在他們當中是根本找不到能使我的心感到高興的環境。於是，我開始逐漸脫離人類社會，並在想像中創造了另外一個社會，我覺得，我不用費多大力氣，也不冒什麼風險，就能使這個社會日益文明，非常安適，而且正合我的心意，所以我非常珍愛它。

② 指普魯塔克的《名人傳》。——譯者

在我這一生中度過了既對我自己又對他人都不滿意的四十年之後，我發現，想割斷我和很不喜歡的社會之間的一切聯繫，純屬徒勞。由於生活的需要（我指的是自然的需要而不是由社會輿論造成的需要），我不能不做許多不喜歡做的事情。然而，一件偶然的事情突然使我豁然開朗，使我明白對我自己應當做些什麼事情，明白對我的同胞應當持什麼態度：對於我的同胞，我心中一再產生許多互相矛盾的看法，我愛他們，但同時也有許多理由恨他們。先生，我願意對你描述一下，在我一生中，使我進入一個如此之奇特的時期的那一剎那間的情形；只要我還活著，一想起那一剎那間，當時的情形便如同剛剛才在眼前發生。

我去探望當時被關押在萬森納監獄中的狄德羅。我把一份《法蘭西信使報》放在衣兜裡，以便在路上有時間就看看。我突然看到了第戎科學院提出的那個問題，我的第一篇論文③就由這個問題引起的。如果有什麼東西能使人產生突然的靈感的話，那就是我在看到那個問題的時候，心中產生的震動：我突然感到心中閃現著千百道光芒，許許多多新奇的想法一起湧上心頭，既美妙又頭緒紛繁，竟使我進入了一種難以解釋的思緒萬千的混亂狀態。我覺得我的頭昏昏沉沉，像喝醉了酒似的；我的心怦怦直跳，連呼吸都感到困難，甚至邊走邊呼吸的力氣也沒有了，只好倒在路邊的一棵樹下。我在那裡躺了半個小時，心情是那麼的激

③ 指〈論科學與藝術〉，關於這篇論文的寫作經過，參見盧梭：《懺悔錄》，第八卷。——譯者

動，及至我站起來以後，才發現我曾不知不覺地哭了一場，眼淚把衣服的前襟全濕透了。唉，先生，如果我把在那棵樹下所看到的和感覺到的情形能好好地描述出四分之一的話，我就能多麼清楚地向人們展現社會制度的種種矛盾，多麼有力地揭示制度的一切弊端，多麼簡要地闡明人生來是善良的，他之所以變壞，完全是由社會制度造成的。我在那棵樹下一刻鐘內悟出的許許多多眞理，能記得的，都零零星星分散地寫進了我的三部主要著作，即第一篇論文④和關於不平等的論文⑤以及關於教育的論文⑥。這三部著作是不可分開的；三部著作應合起來成爲一部完整的著作。至於在那棵樹下的其他感受，我全忘記了，而當時寫下的幾句話，則是用法布里西烏斯那種氣勢磅礴、擲地有聲的筆調寫的。我就是這樣在壓根不想當著述家的時候，不由自主地當上著述家的。不難想像我是如何被第一次成功的誘惑力⑦和那些胡說八道的人的批評⑧逼上寫作這條道路的。我有沒有從事寫作的眞正才能呢？這，

④〈論科學與藝術〉（一七四九）。——譯者

⑤〈論人與人之間不平等的起因和基礎〉（一七五五）。——譯者

⑥《愛彌兒》（一七六二）。——譯者

⑦盧梭的第一篇論文（《論科學和藝術的復興是否有助於敦風化俗》）獲獎和出版後，立即在法國文壇引起轟動，使原本默默無聞的盧梭，一夜之間出了名。——譯者

⑧盧梭的這篇論文出版後不久，就引起了一場大爭論；在某個時期，攻擊作者和批評論文的文章幾乎天天都

我不知道。不過，我的文章一貫是重在以理服人，而不是誇誇其談、徒逞口辯。當我還沒有完全弄清眞理的時候，文章總是軟弱無力，寫得很糟糕的。看來，有一種自愛之心在暗中鞭策，要我愼於選擇，眞正按我信奉的格言行事，衷心服從眞理和我認爲是符合眞理的事物。如果我是爲寫作而寫作的話，我認爲，人們是不會看我的書的。

當我在他人荒謬的言論中發現了他們的壞事和惡毒的用心之後，我認爲，我的不幸完全是他們的那些言論造成的。我的缺點和惡習，由我所處的環境造成的多，由我本人的過錯造成的少。在此期間，我得了一種病（童年時候就得過這種病），許多江湖郎中都說能治，後來經醫生診斷說，根本無法治；自此以後，我就不再受任何郎中的騙了。我認爲，要做到言必行，行必果，把壓在身上的輿論枷鎖，一股腦地全都擺脫，我就一分鐘的時間也不能浪費。於是鼓足勇氣，一下子就制定了計畫，而且相當堅定地一直把它堅持到今天。我爲此付出的代價，只有我一個人知道，因爲，只有我一個人才知道過去曾經遇過哪些障礙，今後還需要克服哪些障礙，才能不斷地頂住向我襲來的浪潮。我知道得很清楚，這十年來走了一些彎路，但是，只要還能再活四年，人們將看到：我第二次擺脫身上的枷鎖之後，我至少能恢復到原先的水準，不會繼續往下墮落，因爲各種嚴峻的考驗，我都度過去了；我從以往的經

有，連波蘭國王也匿名撰文加入批評盧梭的行列。——譯者

驗中發現：要想過美好幸福的生活，只有保持目前的狀態才行，只有這樣，我才能對誰也不依靠，才不至於爲了自己的利益，就必須去損害他人。

我承認，我的著作帶來的名氣，非常有利於執行我的計畫。我有信心：一個有名氣的作家，即使抄樂譜抄得不好，也不會挨人家罵，更不會找不到這方面的工作。如果沒有這個頭銜，人家就不會相信我能抄樂譜，果眞如此的話，那就要了我的命，因爲人家的嘲笑，我可以不在乎，但是，如果人家輕視我，那我可受不了。不過，雖說名氣使我在這方面得到了一點好處，但只要我不願意做奴隸，而一心想單獨一個人過獨立的生活，則我受到的那點好處，就會被名氣帶來的麻煩通通抵銷。我之所以被人家逐出巴黎，一部分原因就是由於有了這種麻煩。我躲進了避難處，這種麻煩還在追趕我，而且可以肯定的是：儘管我的健康狀況日益惡化，它還是要繼續把我驅逐到更遠的地方。我在這個大城市遇到的禍害中，有一個禍害是：那一幫所謂的朋友，他們抓住我不放，以他們之心度我之腹，硬要我過他們的那種快樂生活，而不允許我過自己的快樂生活。他們對我退出他們的圈子感到失望，因此還在繼續追逐我，想要我改變主意。我只有把一切關係都通通割斷，我才能堅持過退隱的生活，才能從此獲得眞正的自由。

自由！不，我現在還沒有自由。我最近的著作還沒有出版，我可憐的身體狀況，現在是如此之糟，看來我是活不到所有的著作匯成集子出版之日。如果我能出乎意料地活到那一天，並向大眾說一聲再見，先生，請相信：自此以後，我將自由自在，活得比任何一個人都自由。啊，但願如此！唉，無比幸福的日子！我是看不到它的來臨了。

先生，我的話還沒有說完；你至少還要收到一封信。好在你不必非看它不可，因爲看了會感到難過的。如果要我馬上把連篇累牘的廢話全都說完，我只好說，但事實是，我現在沒有這個勇氣了。我當然樂於寫，不過，我需要休息一下，我目前的狀況，不允許我一口氣把信寫得很長。

三

致馬爾澤爾布先生

一七六二年一月二十六日於蒙莫朗西

先生，把我此次行動的動機向你闡明以後，我現在要向你講一講我退隱以後的精神狀態了。不過，我覺得我講得太晚了；混亂的心靈還依附在我身上。可憐的身體雖已衰敗，但我的靈魂卻一天比一天更緊緊地依附於它，而且要一直依附到它最後突然脫離，才能了結。我現在想對你談的，是我的幸福，不過，在我生病的時候談幸福，是談不好的。

我的病是天生的，而我的幸福則是我自己創造的。不管人們怎麼說，我從前是很聰明的，我心裡想怎麼快活，我就能做到怎麼快活。我從來不到遙遠的地方去尋求幸福，就只在身邊尋找，而且眞找到了。斯巴提安說，特納尙的寵臣西米里斯對自己被逐出宮廷一事，沒有任何不滿之處。他爲了到鄉下去過悠閒的生活，什麼事情都願意做；他要後人在他的墓碑上鐫刻這麼一句話：「我在世上活了七十六年，但眞正說得上生活的，只有七年。」我在某些方面也可以這麼說，儘管我的犧牲比他少。我是從一七五六年四月九日那一天⑨，才開始眞正生活的。

先生，當我聽見你說我是男人當中最不幸的男人時，我心裡受到的震動之大，眞不知如何向你描述才好。人們大概也會像你這樣看我，因此使我心裡更加痛苦。但願我的命運爲世人所知，願每個人都希望自己的命運也像我的命運，願世上到處都出現和平，人們再也不互相傷害；只要當壞人沒有好處，世上就不會有壞人。不過，當我單獨一個人的時候，我拿什麼東西來享受呢？拿我自己，拿整個宇宙，拿現在存在的一切事物，拿將來可能有的事物，拿可以感知的一切美好的事物，拿精神世界可以想像的事物：我要把所有一切能使心中感到高興的事物全都聚集在周圍；我的欲望就是衡量我的快樂的尺度。這樣的樂趣，就連最會享受的人也從未享受過。我從幻想的種種事物中得到的樂趣，比它們眞的變成事實給我的樂趣強一百倍。

⑨ 盧梭於那天搬進退隱廬。——譯者

當病痛使我感到漫長的黑夜難熬的時候，當我發燒到一刻也不能入睡的時候，我就喜歡分析我當前的情況，回憶我一生中經歷的各種事情：無論是令人後悔的事情，還是令人愉快的事情或抱歉的事情，以及使人感到溫暖的事情，全都一起湧上心頭，使人暫時忘記了痛苦。先生，你是否知道我在夢幻似的回想中，想得最多和最感快樂的，是我一生中的哪一個時期嗎？我想得最多的，不是天眞的少年時期，因爲少年時期得到的快樂太少，而且還摻雜有苦味，我對它們早已淡忘了。我想得最入迷的，是退隱以後得到的種種樂趣和我孤獨一人的田間漫步，是我單獨一人過得很快但很甜蜜的時光，此外，還有我那位善良純樸的女管家、那隻可愛的狗和老貓、田間的鳥兒和林中的小鹿，以及整個大自然與不可思議的大自然的創造者。我在日出以前就起床，到花園去觀賞日出；當看到晴朗的一天開始的時候，第一個願望就是：千萬不要有人來投書送信或登門拜訪，以免擾亂這令人陶醉的美景。有些事情儘管我可以挪到另外的時間去做，我也會高高興興地利用早晨的時間先把它們做完，之後，我就趕快去吃早飯，以免一會兒有不速之客來打擾。中午以後，休息的時間較長一些。在下午一點，即使是大熱天，我也要頂著烈日，帶著我那隻忠實的狗阿沙特，出門去閒逛。我們加快步伐走，以免碰見什麼人來不及躲避，被他糾纏不休。當我轉彎抹角快步走到一個僻靜處時，儘管累得心兒直跳，我也高興得手舞足蹈，開始暢暢快快地呼吸，慶幸自己得救，終於成了我自己的主人，可以由我支配當天餘下的時間了！於是，我放慢腳步，在林中找一塊野草叢生之地，或者找一塊從未被人使用過或占有過的荒涼地方，或者找一個僻靜幽深之處，而且此處的地形、地貌必須使我能自信是第一個置身其中的人，不會有冒失的第三者跑來插足在大自然和我之間。只有在這樣的地方，大自然才能向我展現它永遠清新美妙的景色。染料樹的金色和歐石楠的大紅色是那樣的華麗，簡直是深深地打動了我的心；挺拔的樹木把它們的影子投在我身上；周圍的灌木和腳下的各種花草，既賞心悅目，又能引起我細細研究的興趣。那麼多美好的事物使人目不暇接，看了這個又看那個，眞是心醉神迷，好像進入了夢幻之鄉，我一再禁不住自言自語地說：啊，所羅門在極其榮華的時候，也不如它們當中的任何一個穿得這麼美⑩。

我心中的幻想不能讓裝點得如此之美的大地長期荒涼，因此，我心中想到什麼，就馬上把它們擺設在這塊土地上。我把人們的議論、偏見和窮奢極欲的貪心，通通從這裡驅逐出去，讓那些配住在天然的幽靜處的人，全都搬到這裡來。我在想像中，把他們組成一個令人陶醉的社會，只有這樣的社會，我才不會有不適應的感覺。我按照我美妙的幻想，設計了一個黃金時代；我把我這一生中見到的，讓我留下了美好回憶的各種場面以及我心中盼望看到的情景，都拿到這個時代來重演一遍。我對人類所能享受到的這種眞正的幸福，竟激動得流下了眼淚，儘管那麼甜蜜和那麼純潔的眞正幸福離人類是那麼的遙遠。哼，要是此刻有什麼

---

⑩ 參見聖經《舊約全書．路加福音》，第十二章，第二十七節。——譯者。

發生在巴黎的事，或發生在我們這個時代的事，或與我作家的小小的虛榮有關的事，浮現在我心裡，打亂我的夢幻，我一定要十分憎惡地把它都通通趕走，以便讓我能毫不分心地盡情陶醉在這充滿我的靈魂的美妙感受！不過，我也承認，當我對這一切陶醉得入神之際，空幻的夢想有時候也會突然使我感到憂傷。即使我所說的這些夢想全都變成事實，那也不夠；我還要幻想和追求。我發現身上有一種難以解釋的和無法填補的空虛感；我心中的熱情推動著我去追求另外一種樂趣，儘管我對這種樂趣現在還一點概念也沒有，但我覺得它是我必須得到的東西。唉，先生，我產生的這種心理狀態，它本身就是一種樂趣，因爲我既十分激動，同時也感到一種我不能不有的憂傷。

我把我的心立刻從地面的景象延伸到大自然中一切有生命的東西，延伸到宇宙萬物；我想到了那不可思議的主宰一切的神。這時候，我的心在廣袤的宇宙中漫遊；我不再動腦筋思考，不再分析，不再推究哲理。我感覺到了一種得自宇宙的快樂，能盡情享受萬物紛呈的美，陶醉在茫茫的幻想之中。我覺得周圍的事物阻擋著我的心，使我感覺到幻想的範圍太狹窄，感受到我在這個世界上太沉悶；我要奔向無邊無際的太空。我覺得，要是我真地揭開了大自然的一切奧祕，也許我還領略不到這如醉如癡的盡情沉湎的感受。我此刻心花怒放地快樂得不知道如何是好，以致，除有時候大聲喊叫：「啊！偉大的神，偉大的神呀！」就再也沒有什麼話可說，再也沒有什麼事情可思考了。

一個人一天之中最美好的時光，就是這樣在如醉如癡的狀態中流逝的；當落日的餘暉提醒我該回家的時候，我驚奇地發現，時間是過得如此之快。我認爲，我對一天的時光還沒有享受夠，希望能再更多地領略它的美：於是決心明天再來。

我緩緩回家，儘管有點累，但心裡是很高興的。我一到家就舒舒服服地休息，回味所看到的情景，但我不用心去思考，也不進一步去想像，除盡情享受心靈的寧靜和幸福以外，其他一切全不考慮。我發現我的餐具已經擺好，我在小廚房裡吃晚飯吃得很香。我們家裡的成員在一起時，誰也不侍候誰，誰也不依賴誰。我這隻狗自己也知道牠是我的朋友，而不是我的奴僕；我們的心儘管是一致的，但牠從來不按我的話辦。我整個晚上都很快活，這表示我這一天是單獨一個人過的。看到鄉間景色的時候，我的心境是一番滋味，而回到家裡就不同了，我對一切都不滿意，甚至對我自己也很少有滿意的時候。我的女管家說我天黑以後就沉默寡言，稍不如意就大聲嚷嚷。自從她對我說了這個話以後，我就經常反躬自問，覺得她的話說得對。一天的事情完畢以後，我就到花園去散步，或者彈著埃比耐琴唱幾首歌，之後，我就上床休息，這時候，我的身子和我的心感到的舒適，比眞正睡著了還強一百倍。

這樣度過的時光，爲我的生活帶來了眞正的幸福，沒有憂慮、煩惱和悔恨，而且，我還有意識地把這種幸福限制在我的生活範圍之內。是的，先生，我眞心希望我一生都能享受這樣的時光，除此以外，就別無他求。在這使人入迷的沉思中，我覺得所得到的快樂並不亞於天上的神靈。不過，一個多病之軀，必將使精神失去自由。今後，我不再是單獨一個人了；我有一個使我感到心煩的主人，我必須擺脫他，才能做到我屬於我，我由我自己支配。這些美妙的感受，是一種實驗，其目的只是爲了使我在等待美好時刻來臨的過程中，少一些恐懼，能不分心地領略其中的甘美。

現在，我已經快寫滿兩張信紙了。看來還需要一張才夠，索性就另外寫一封信，以後就不寫了。先生，儘管我很喜歡談我自己，但我並不是對每一個人都講；要有了機會，而且覺得機會很好，我才講。這是我的錯，做得不對的地方，請你多多包涵。

四

致馬爾澤爾布先生

一七六二年一月二十八日於蒙莫朗西

先生，關於我隱居鄉下和停止一切活動的眞正動機，我已經把深藏在心裡的話，全都對你說了。當然，我的動機並不如你想像的那麼高雅，但我自己卻引以爲榮，因爲它使我感受到一個行爲端正的人，其心靈的驕傲和做這種人的勇氣。此事是由我做的主，目的不在於表示我的氣質和性格與別人不同，而是因爲這樣做，既對我有利，也不傷害別人。先生，我這樣說，就完全清楚了，別人對此事的說法，是不會講得這麼透澈的。我對你什麼也不隱瞞；儘管我有許多過失，但我對自己的評價還是很高的。

你身邊的幾位文人學士胡說什麼一個孤獨的人對誰都沒有用處，說他無法盡他的社會義務⑪。而我，我則認爲蒙莫朗西的農民是社會最有用的成員，他們比這幫吃著人民的飯而什麼事也不做的人有用得多；這幫人每星期到一個什麼學院去六次，只會在那裡東拉西扯地閒聊一通。我覺得，我和我的窮鄰居聊天，也比和這幫愛搞陰謀的人湊在一起痛快得多。這種人，在巴黎到處都有，他們都拼命出頭露面，獨霸一方。爲了大眾的利益，也爲了他們自身的利益，應當把這幫人通通都趕到各省去種地。這樣做，大有好處，可以爲人們樹立一個應當如何生活的榜樣。當一個人體力衰弱到不能勞動的時候，還能從他隱居之地向世人講述眞理，這是好的榜樣。我提醒世人不要上那些坑害他們的人的言論的當，是爲世人做了一件好事。我還做了一件好事，那就是：我曾盡了一份力量阻止（起碼是推遲了）達朗貝爾爲了討好伏爾泰，竟主張在我的家鄉花我們的錢修一座毒害人們的劇院⑫。如果我住在日內

---

⑪ 一七五七年，狄德羅把他出版的《私生子》送了一本給盧梭。狄德羅在書中用大段文字論證一個人孤獨生活的壞處，並特意總結性地加了一句話：「只有惡人才是孤獨的。」盧梭撰文反駁，針對盧梭的反駁，狄德羅說：「算了吧，公民，一個隱士還說自己是公民，這樣的公民也太奇怪了。」關於此事的爭論，參見盧梭：《懺悔錄》，第九卷。——譯者

⑫ 此句中的「我的家鄉」，指日內瓦。達朗貝爾在《大百科全書》第七卷「日內瓦」條中提出：在日內瓦修建一座劇院，上演伏爾泰的喜劇。一七五八年，盧梭發表他的〈就戲劇問題致達朗貝爾先生的信〉反對此

瓦，我就不能在《論不平等》這本書中加寫那篇「獻詞」[13]，也不能用那種語氣發表反對修建喜劇院的文章。如果我和我的同胞生活在一起，那肯定比我現在這樣隱居還無用得多。只要在我該活動的時候活動，住在什麼地方不可以呢？再說，蒙莫朗西的居民也不像巴黎人那麼世故。如果我勸說一個人不要把他的孩子送到城裡去學壞，我的功德就不如勸說一個孩子回到他父母的家嗎？我家道清貧，單單這一點，就豈能使我像那些大言不慚的人所說的什麼事情都不做嗎？由於我只能掙多少錢才能買多少麵包，我豈能不爲了生計和向社會償還我得之於它的東西而勞動嗎？是的，我謝絕了你爲我安排的工作，原因是：那項工作不適合於我[14]。我既然覺得自己沒有做你爲我安排的工作的才幹，還硬要接受那份工作的話，就等於是侵占了一個比我更窮但比我更能勝任那個工作的人的錢財。你以爲我能抄抄寫寫，就向我提供那份工作，想把我的心思用去搞那些與我無關的文章，這辦不到。我很可能使你失

---

⑬《論不平等》即《論人與人之間不平等的起因和基礎》，盧梭在這篇論文的正文前面加寫了一篇長達十餘頁的獻詞：〈獻給日內瓦共和國〉。獻詞行文的語氣，作者說：因心情激動「有點放肆」。——譯者

⑭一七五九年十一月十五日，馬爾澤爾布曾示意馬爾尚西在《學者報》爲盧梭安排一個工作，在該報擔任撰稿人，每月只需寫兩本書的提要就算完成任務。盧梭認爲這是一個因人設事的「閒差」，而沒有接受這項工作。——譯者

望，因爲我一動起筆來，就不會按我答應你的話辦，以致辜負你的好心。如果我把我答應的事情搞砸了，那是絕對不能原諒的。到時，我自己不滿意，你也不滿意，我也不能像現在這樣領略到寫信給你的樂趣了。將來，如果我的精力許可，我還是要在爲我自己工作的同時，爲社會貢獻一份力量。雖說我對社會的貢獻很微小，但我向社會索取的東西也不多。我認爲只有像我現在這樣生活，與社會的關係才能拉平。在我完全退休，只爲我一個人生活的時候，我也將這麼做。我下定決心，再也不理會任何人的閒言碎語了。將來，即使我還能活一百歲，我一篇文章也不寫了。我認爲，只有當我完全被人忘記以後，我才能眞正重新開始生活。

我承認：我差點又再次捲入社會的漩渦，差點放棄過孤獨生活的初衷（其原因，倒不是我不喜歡這種生活，而是由於我差點在孤獨生活與社會生活之間，做出寧要後者的選擇）。先生，你首先要了解我所有的朋友是如何背離我和鄙棄我的，要了解當他們使我的心靈遭受到巨大痛苦時，盧森堡先生⑮和他的夫人是多麼希望結識我，然後才能看出盧森堡先生和他的夫人主動對我的親切關懷，在我受到創傷的心中，產生了多麼大的影響。那時，我

⑮ 盧森堡先生，即後文所說的盧森堡元帥。盧梭和盧森堡夫婦初次相識的時間，大約在一七五九年復活節前後。關於他和盧森堡的關係以及元帥夫婦對他一生的影響，參見盧梭：《懺悔錄》，第十卷。——譯者

幾乎死去；沒有他們，我肯定會憂鬱而死。他們給了我第二次生命，我理應把我的生命用來做他們喜歡的事情。

我有一顆非常愛他人的心，但我這顆心也很自愛。我太愛他人了，以致我從未對我所愛的人有過什麼選擇。我對所有的人都愛；正是因爲我愛他們，所以我要憎恨一切不公正的事情。正是因爲我愛他們，所以我才逃避他們；我沒有看見他們的壞處，這樣我所感受到的難過心情才有所減輕。我對人類的愛，就足以滋潤我的心；我不需要任何特殊的朋友，然而，一旦我有了，我就不能失去。他們離我而去，這的確是撕碎了我的心。他們那樣做，是大錯特錯了，因爲我要求他們的，只是友誼。他們愛我，我知道這一點就行了，沒有必要非常常見到他們不可。在感情的問題上，他們一心想讓大眾知道他們如何關心我和幫助我，要我把他們對我的關心和幫助，銘記在心。我眞心愛他們，而他們一直是在表面上愛我；對我這個在任何事情上都不喜歡表面的人來說，我對他們的做法是很不以爲然的。我發現他們對我所做的一切，全是這樣，因此，我只能把他們對我的關心和幫助，看作是爲了向大眾宣揚而做的。正是由於他們不表示不愛我，我才發現他們對我的愛並不眞心。

我突然發現我的心自由自在，這在我還是平生第一次。單獨一個人隱居，儘管疾病纏身，我今天也是這樣獨自一人。正是在這種情況下，我的心才開始轉移到新的目標；這個目標填補了我一切其他損失，它是任何其他的東西都無法代替的。我希望：我的生命能活多久，這個目標就存在多久；不論將來發生什麼情況，我都將把它當作是我一生最後的目標。先生，我不能對你隱瞞我對所有那些地位高居他人之上的人有強烈的厭惡之心。這句話，我本來是不該對你說的，因爲你是世家子弟，是法蘭西王公大臣的兒子，你本人又擔任總監之職。先生，我對你說這句話，的確是錯了，因爲，你雖不甚了解我，但對我做了無數件好事。儘管我天生一副不記他人恩情的性格，但對你，我是要說一聲感謝的。我憎恨大人物，憎恨他們的社會等級、他們的鐵石心腸、他們的偏見、他們的狹隘心胸和他們的種種罪過。我不是輕視他們，而是恨他們恨之入骨。我懷著這樣的心情，像是被強拉硬拽似的到了蒙莫朗西城堡。我見到了城堡的主人，他們愛我，而我，先生，我也愛他們，而且，在我有生之年，我也將衷心愛他們；我要爲他們作出奉獻，甚至願意犧牲我的生命。目前，我的才能已經衰退，我願拋棄我在同時代人當中享有的名聲；我從來不把我得到的名聲看在眼裡。我將奉獻於他們的，是我傾心追求的光榮，是我留待後世的人們給我的榮譽；後世的人們將給我以應得的榮譽，後世的人們是公正的。我絕不會半心半意地愛盧森堡先生和他的夫人，我愛他們，就要毫無保留地愛，這一點，我現在不後悔，將來也不後悔，因爲已經沒有可能改變我說過的話了。他們使我的心感到如此的溫暖，以致有好幾次幾乎開口求他們在他們的府第裡給我一個住處，使我能在他們身邊安度餘年。從他們對我的態度看，他們肯定會給我的。這個計畫，當然是我考慮很久並巴不得實現的計畫之一。然而，最後我還是覺得這個辦法不好，因爲，我只估計到了主人對我的愛，而沒有考慮到中間有人會疏遠我們的感情，何況我自己有許多毛病，因而在行動上將感到諸多不便。因此，這個計畫從感情上說是可以的，但實際上行不通。再說，在他們府第中應當採取的生活方式，肯定會和我追求的樂趣和我的習慣直接發生矛盾，住不到三個月，我就會受不了。所以，儘管我們住近了，那也枉然，兩個社會地位之間的距離依然如舊。一個小集體中洋溢的親切感，在我們這樣的小集體中是不會產生的。我既不能做盧森堡元帥的朋友，又不能做他的僕人，我只能做他的客人；一感覺到住的地方不合我的身分，我就會千方百計地想辦法回到我原先的住處。其實，與我所愛的人保持一個距離而又時時懷著想接近他們的心，遠比我住得近但又不願接近他們好一百倍。如果接近他們的程度再多一點，也許就會使我的生活發生大變革。我曾經無數次像做夢似的想像：要是盧森堡先生不是公爵，而只是法蘭西元帥，一個開明的鄉村紳士，住的是一個古老的舊城堡，而尚－雅克．盧梭不是作家，不是著書立說的人，才氣平平常常，肚子裡的知識也不多，自我引見地去見城堡的主人，去見他的夫人。主人和夫人都很高興；我覺得與他們在一起很幸福，也使他們感到幸福。為了使我的想像更美好，如果你允許的話，就讓我使勁一推，把蒙莫朗西那座城堡推到離這裡只半里之地。先生，我覺得，要是能這樣長久想像下去的話，我眞不願意從夢想中醒過來。

現在，一切都完了，我長長的夢也該結束了，今後，再做什麼夢都不對了。我在蒙莫朗西城堡度過的美好時光，如果能再過上幾個小時的話，那就太好了。不管怎樣，我心中的感受是這樣，我就這樣說；如果我還值得你評論的話，你就根據我這番雜亂無章的話評論好了。我不知道如何才能把話講得更有條理，我也沒有勇氣把這封信重新寫過。如果我的話說得太直率，因而失去你對我的眷顧，我就不再希冀任何不該我得到的恩寵了。如果我還能繼續得到你的眷顧，你對我的眷顧之情將更加珍貴，更有益於我。

《懺悔錄》草稿

一

尚—雅克．盧梭的《懺悔錄》敘述他一生經歷的重大事件和他在各種環境中深藏在內心的情感①

我曾經多次說過，即使在那些大誇自己善於看人的人當中，如果有誰眞敢自詡把自己的爲人看清楚了的話，他對自己的了解也充其量只是了解個皮毛，因爲，一個人光看自己如何如何，而不和別人比較，他怎能斷定自己究竟如何呢？然而，竟有人把這樣一種對自己的不完全了解用來做評判他人的標準。有人想用它做衡量一切的尺度。正是在這個問題上，我們發現人們對自愛之心有兩種錯誤的看法：一種，硬說我們所評判的那些人也具有與我們相同的動機，似乎那些人雖處在他們的地位，也會像我們一樣行動似的；另一種，根據這種假設，我們把我們自己的動機也弄錯了，而不知道應當把我們從現在的環境轉移到另外的環境來看待我們的行爲。

我這番話，是針對我自己的情況而言的，因此，我在評判他人時，沒有犯這個錯誤。我

① 這個小標題是後來加在納沙泰爾手稿第一頁上的。——譯者

自己認爲屬於另外一種類型的人；他人在評判我的時候，往往弄錯了。人們對我的行爲的解釋，幾乎沒有一個說得對，而且，愈是才學高的人，反而比普通人更容易誤解我的行爲。他們的標準使用的範圍愈廣，他們愈容易弄錯，得出的結論愈不符合他們所評判的人。

說明了我的見解以後，我下定決心：要求各位讀者在了解世人方面必須進一步去了解。如果可能的話，把他們拉到你們這邊來衡量，而不要採用那些總以自己之心去揣度他人之心的人，對誰都使用錯誤的尺度；相反地，在衡量你們自己的心時，倒是要先從觀察他人之心開始。爲了學習如何自己評判自己，我希望你們最好有一個可供比較的物件，以便每一個人在評判自己的同時，也評判了那個物件。那個對象不是別人，就是我。

是的，是我，只能是我。因爲迄今爲止，我還沒有看見過任何一個人敢像我這麼做。有人抱出一大堆大大小小的人物傳記和人物肖像與特寫！這算什麼東西呢？它們只不過是用生花之筆編寫的小說而已，是根據形之於外的某些舉止言談和作者爲了表現自己的才華而不顧事實的添枝加葉的猜測而寫的東西；抓住一個人的某些特徵，生拉硬扯地加以編排，只要最後能湊成一個人的模樣，就算完事了，至於是不是眞像某一個人，誰又去管它呢？這樣去評判人，是評判不好的。

爲了眞正了解一個有特色的人，就需要把他先天的性格和後天的習染加以區別，就要看他是如何成長的，是什麼機遇使他有所發展的，要看他內心深處有什麼千絲萬縷的情結使他變成如此這般一個人，看他發生了什麼變化，以致在某些時候竟做出了極其矛盾和根本預料不到的事情。我們肉眼所看到的，只不過是極微小的部分；這是外表，而其中的原因是深藏在他內心的，而且，往往是很複雜的。我們只能根據他行爲的方式來猜測他的內心，根據他興之所至的行爲來描繪他是怎樣一個人。他不怕人們把畫像和原型加以對照。他體內的原型是什麼樣子，我們完全不知道；如果描繪他內心的人看不見他體內的原型，而對自己體內的原型一清二楚的他又不願意把它給描繪的人看，在這種情況下，我們怎麼能眞正了解呢？

一個人的傳記，除他本人以外，其他任何人都寫不好。他的內心，他眞正的爲人，只有他自己知道；在撰寫他一生的經歷時，他將給他自己披上僞裝，名義上是在寫傳記，實際上是在爲自己唱讚歌。他希望人家把他看作是什麼人，他就寫得像什麼人；他讓人家看的，根本不是眞面目。即使是最老實的人，也只是口頭上似乎是在講眞話，而實際上他們吞吞吐吐，瞞天過海，全是謊言。有些事情他們避而不談，這就把他們表面上講得好像煞有介事的話打了個大折扣，結果是，儘管講了一部分眞話，實際上卻什麼也沒有講。我把蒙台涅排在那幫採用輕描淡寫的手法騙人的假老實人之首；他們說他們有許多不足之處，但講給人家聽的，全是可愛之處，更沒有一個人有可憎之處。蒙台涅對自己的描繪好像很逼眞，但實際上畫的只是一個側面，誰知道他是不是對我們隱瞞了他臉上的某一處有個傷疤，或者有一隻眼睛是斜視，誰知道他是不是原封不動地畫的是他的眞面貌。有一個比蒙台涅更狂妄但更誠實的人，名叫卡爾丹②；可惜此人是如此之誇誇其談，以致人們從他夢囈似的話中得不到多少教益，再說，誰願意像大海撈針似的，爲了尋求一點點知識，就去讀他那十卷特大開本的書？

我敢肯定，如果我按我說的話去做，我將寫出一部舉世無雙的好書。也許有人不以爲然，說我只不過是一介平民，沒有什麼值得讀者閱讀的東西可寫。這話說得不錯，就我一生經歷的事情來說，的確如此。不過，我本來就不打算在事情本身的敘述上多下工夫，我主要是隨著事情的鋪敘，著重描寫我的內心。我對內心的描寫，是大書特書，還是一帶而過，這就要看我的思想是高尚還是不高尚，我思考的事情是紛繁還是不紛繁；書中所敘的事情，只不過是觸發我心情的偶然原因。儘管我一生默默無聞，也無論我思考的事情比國王思考的事情是多還是少，我相信，我對我內心活動的描述，一定比他們有趣得多。

還有，從經驗和對世事的思考來說，我在這方面所處的地位比任何人都有利。我本人沒有什麼社會地位，但我了解所有一切有社會地位的人。除了沒坐過國王的寶座以外，我在最底層社會和最高層社會都待過。大人物只了解大人物，小人物只了解小人物；小人物看大人物，只從後者的地位看，因此遭到後者不公正的輕視。關係隔得太遠，雙方共同的地方必然

② 卡爾丹（一五〇一—一五七六）：義大利數學家和哲學家。——譯者

不多，人的樣子彼此都看不清楚。至於我，我一定要揭開一個人的假面具，看他的全貌。我要把他們各自的興趣、愛好、偏見和行事的準則加以分析和比較。作爲一個沒有野心和無任何身分的人，我和誰都可以接近，因此，我可以怎麼方便就怎麼觀察他們。當他們互相都脫去僞裝的時候，我可以把這個人和另一個人加以比較，用這個社會地位的人去對照另一個社會地位的人。我是一個無名小卒，對誰都無所希求，因此，我不妨礙任何人，也不打擾任何人。我到處都可以去，對任何東西都不會戀戀不捨；我有時上午與王子同桌用餐，而晚上又到農民家去吃晚飯。

儘管我的社會地位和家庭出身都不顯赫，但我有另外一種只有我這個人才願意花那麼大的代價買到的名聲：我以多災多難出了名。我的事情紛紛揚揚，傳遍了歐洲；賢明的人聽了爲之咋舌，善良的人聽了感到痛心。最後，大家終於明白：我比他們都更了解這個以知識和哲學著稱的時代。我發現，他們以爲已消滅乾淨的盲目崇拜，只不過改頭換面，換了個樣子，然而，它還來不及扔下假面具，我就揭穿了它*。我也沒有料到，搞得它非扔下假面具不可的人是我。這些事情的來龍去脈，雖然最好是讓塔西佗去寫，但由我寫出來也不無趣味。事情是公開的，每一個人都可以去調查，不過，問題的關鍵是要弄清其中的祕密原

---

* 參見我在一七五〇年發表的第一篇論文(2)的序言。——作者

因。當然，沒有任何一個人比我更清楚到底是怎麼一回事；表述這些事情，就等於是表述了我一生的歷史。

事情愈傳愈走了樣，我對此感到十分惱火。我見過各種各樣的人，也經歷過各種各樣的社會階層；在五十年中，如果我善於利用了我的時光的話，我就可以說我等於是活了好幾個世紀。就事情的件數和種類來說，滿可以使我的敘述寫得非常有趣，儘管有些敘述也不一定寫得眞的有趣。不過，這不能怪內容不好，而只能怪作者不會寫。一個人在一生極其光輝的時候，也是有他的缺點的。

如果說我做的這件事情很奇特的話，促使我做這件事情的環境也是很奇特的。在我的同時代人當中，沒有任何人是像我這樣名滿全歐，而我本人是何許樣人，卻無人知曉。我的書傳遍了各個城市，而書的作者轉來轉去，都侷限在幾處小小的樹林中。大家都看我的書，大家都批評我和談論我，但都不是當著我的面批評和談論我的。我離得遠遠的，既聽不見他們說的話，也看不見他們的人，他們究竟說了些什麼，我一點也不知道。每個人都在胡亂描述我這個人，都不怕我會去說他描述得不對。在世人心目中有一個盧梭，而在這偏僻的隱居之地又有另外一個盧梭，他和世人心目中的盧梭根本不一樣。

所以，我對大家談論我的話是大有意見的*。儘管他們毫不留情地把我批評得體無完膚，但他們也常常把我恭維得五體投地。這全看他們在談論我時的心情而定，無論是說我好還是說我壞，都沒有一個標準。如果單憑我的著作來評判我這個人，則讀者必然會根據自己的愛好或興趣的不同，把我勾畫成一個想像中的怪人，因此，我每發表一部著作，我的面貌就會被人們修改一次。在我與某些人結了仇以後，他們就根據他們的觀點編一套言論，先把我捧得高高的，然後才把我打翻在地。爲了不露出他們幹這種卑鄙勾當的痕跡，他們一點也不指責我有或眞或假的壞事，或者，即使指責的話，他們也說那是由於我的頭腦有毛病。這樣一來，老實人反倒認爲他們上了我的當，拿我的心作犧牲，去歌頌他們的心。當他們假裝原諒我的時候，他們就拿我的原話反過來誣衊我，表面上好像是在偏袒我，但實際上是從不同的角度暴露我。

他們裝出很厚道的樣子，把我的臉上抹了黑，還說他們是出自一片好心。他們口口聲聲說我是他們的朋友，但心目中卻把我看作一個可恨的敵人。他們貌似憐憫我，但實際上是在詆毀我。他們就是這樣不顧事實地對我的性格亂加評論，用稱讚我的手法，達到醜化我

---

* 此話是一七六四年，我五十二歲時說的，那時我一點也預料不到我這把年紀會落到什麼樣的命運。現在，這篇文章中需要改寫的地方太多，但我決定一句也不改。——作者

的目的。他們對我的描繪，不僅沒有給我增色，反而把我畫成了另外一個人：再也找不到什麼比他們對我的畫像更不像我本人的了。他們無論是對我說好還是說壞，都沒有說得恰如其分；我本來沒有的美德，他們硬說我有，結果把我說成了一個壞人；反之，他們把誰也沒有說我做過的壞事硬栽到我頭上，這倒使我感到挺舒服。要是我受到他們的好評，那肯定是我做過什麼與庸俗之輩同流合汙的事；不過，這樣一來，我反倒可以躋身於賢士之列。其實，我是從來不希望賢士們投我的票。

以上所說，不僅闡明了促使我寫這本書的動機，而且也是我忠實執行計畫的保證。既然我的姓名要長留人間，我就不願意背上一個別人給我揑造的名聲，也不願意人家給我硬加上什麼我根本沒有的優點或缺點，更不願意人家給我畫上幾道不像我的線條。如果我眞想活在後世人們的心中，我就憑眞眞實實的事蹟，而不憑虛名。我寧可讓世人從缺點方面認識我和了解我，而不願意人家替我加上幾個我根本沒有的優點來顯示我。

比我更拙於處事的人是不多的，而像我這樣談論自己的人，可以說是一個也沒有。要一個人承認他性格上的缺點，那是比較容易的，而要他承認做過骯髒和卑鄙的事，那就難了。可以肯定：一個敢承認自己做過這類事的人，是什麼都敢如實地坦白的。我是否眞能做到有啥說啥，實話實說，就要拿這一點來認眞考驗我。我既然要說眞話，就要毫無保留地說，什麼都說；無論好的或壞的，我全都說。我要嚴格做到名副其實；對於良心的檢驗，即使是最虔誠的女教徒，也不會比我檢驗得更認眞。她向聽她懺悔的神父透露她心中的隱密，絕沒有我向大眾透露我的祕密這麼和盤托出，一絲一毫也不保留。請各位一開始看我的書，就檢驗我說的話，你用不著看多少頁就會發現：我說話是算數的。

爲了鋪敘我要說的話，就需要創造一種和我的計畫同樣新穎的語言。我的思想、感情是如此之頭緒紛繁，既多且雜，前後不一，而且，有時候是那樣的卑鄙，有時候又是那樣的高尚，以致攪得我心潮起伏，無有寧時。要理順這樣的思想、感情，條分縷析地加以鋪敘，請問：該採取什麼筆調？該採用什麼文體？哪些無足輕重和窮愁潦倒的事是用不著講的？對於有些令人噁心的、不乾不淨的、幼稚的和可笑的事情，其細節我該講到什麼程度，才能順著我心中祕密的思路把它們講清楚？應如何行文才能把每一種在我心中刻下痕跡的事情，第一次進入我心的情形，描述得明明白白？當我講到那些我一提起來就臉紅的事情時，我知道，心狠的人一定會把我對厚顏無恥的事情敘述，看作是丟盡了臉，是經過了痛苦的思慮才迫不得已承認的。其實，我是該承認的，就一定承認，否則，我就會喬裝打扮，給自己披上僞裝，因爲，如果我對某些事情避而不談，人們就無所依據來了解我。要揭開我的眞面目，就一切要有根有據，就要全面敘述我的性格，使之成爲一個整體；我這一生恰恰是需要經過各種各樣的環境，才能把自己鑄造成一個這麼奇特的人。

如果我也像別人那樣細心推敲，字斟句酌地寫這本書，我就不會自己揭露自己，而要塗脂抹粉，美化自己。我這個話指的是我的畫像，而不是我的書。我將在一個幽暗的房間裡工作，不需要什麼其他的技巧，只嚴格按照我的線條畫就行了。我畫什麼東西，就採用什麼風格，我絕不勉強非要前後的筆調一致不可。我興頭來了，高興用什麼筆調就用什麼筆調；只要心情一變，就毫不遲疑地改換筆調。我對一件事情是怎樣感覺，就怎樣講，有什麼看法，就說什麼看法，既不搜索枯腸，也不羞於啓齒，更不怕人家說我雜七雜八，什麼話都講。我既回憶過去的往事，也同時談我目前的感想，這樣著手，就等於是把我的內心描畫了兩次，也就是說，既敘述了事情發生時的情形，又道出了我寫作時的心境。我行文不講究勻稱，完全聽其自然，有時候緊湊，有時候鬆散；有時候措辭斟酌，有時候措辭又欠考慮；有時嚴肅，有時詼諧。此種寫法，正是我一生歷史的反映。總之，不論此書用什麼手法寫，它本身的目的，就決定了它是哲學家們難得的一本好書；我再說一遍：它是人們研究人心時的一本參考書，而且是當今唯一的一本參考書。

關於我將本著什麼樣的精神描述我這一生，以及讀者應本著什麼樣的精神看我的書和用我的書，我要說的話就是這些。有幾個人，由於我與他們有密切的關係，所以在談到他們時，我不得不像談我自己一樣地敞開心扉談。不這樣做，就無法使人們更加認識我，也無法更加認識他們。有些事情，誰也不能指望我會避而不談；如果我保持緘默的話，就會損害我應當講述的眞情，所以誰也休想我會避而不談它們。對於別人，我也許會筆下留情，少寫幾句，但對於我自己，絕不姑息，一定要講個一清二楚。我之所以決定在活著的時候不出版這本書，是出於對敵人的尊敬，而不是因爲計畫出了什麼問題。我還採取了可靠的措施，以便只有在書中所講的事情，由於時間的流逝而變得與誰也沒有關係的時候才發表。我將把這本書交給最可靠的人保存，不讓任何人隨便加以利用。就我來說，此書如果在我活著的時候出版的話，我也許會吃點苦頭。本來是尊敬我的人，如果看了我的書以後就瞧不起我的話，我也不在乎。我將在書中講述自己的一些醜事；對於這些醜事，我恨都恨不完，所以我不會加以辯解。我要講出心中的祕密，極其眞誠地向人們懺悔。爲了保護我的名譽而吃點苦，那也是應該的。至於人們將怎麼說，人們將如何嚴厲地評論我，我早有心理準備；無論人們說什麼，我都認了。現在，讓每一個讀者都仿照我這樣做，也像我這樣反省，在自己的靈魂深處捫心自問，看他敢不敢說：「我比這個人好。」

二

朗貝爾西埃小姐像母親那樣照料我們，因此，她也行使母親的權威。她憑藉這一點，有時候就像懲罰孩子那樣懲罰我們。開頭，我怕她的懲罰，比怕死還怕得厲害，及至挨她幾次打以後，就覺得並不像我想像的那麼可怕。儘管我從來不故意惹她打我或罵我，但我不但不怕，反而巴不得被她打一頓才好。溫柔的朗貝爾西埃小姐後來發現了她對我們的懲罰沒有達到目的，便宣布再也不打我們了；她說她打我們，實在太累，所以再也不打了。我看見她說話算數，反而感到有點遺憾，雖然我不知道爲什麼遺憾。

一個三十歲的未婚女子爲什麼這樣做，其原因只有她自己知道，不過，在我看來是値得注意的。另外還有一點也值得注意，那就是此事發生的時間。此事發生在一七二一年，那時我還不到九歲。

我不知道我爲什麼會有這麼早熟的色欲；也許是因爲看小說加速了我的性欲成熟的緣故。我非常清楚，此事影響了我的一生，影響了我的愛好、我的脾氣和我的行爲。我認爲這是貫穿全書的一條線索；順著這條線索敘述，是有好處的，不過，要如何才能做到既在字裡行間顯示這條線索而又不玷汙筆墨呢？

這感官的第一次衝動，在我的記憶中是如此的印象深刻，以致幾年以後，它就開始刺激我的想像力：我一見到漂亮女孩子的臉孔，就感到不安，就要動心，就覺得當年的情況再次重現，就覺得她們個個都是朗貝爾西埃小姐。

她們的形象屢屢浮現在心中，使我的血液沸騰，一舉一動都顯得狂躁，巴不得我見到的形象都成爲現實。這種情形出現在我身上，不能不說是非常奇怪的。我受的是很嚴格的教育，滿腦子都是爲人要誠實的思想，對浪蕩的行爲簡直是深惡痛絕到了極點。所有一切涉及淫穢的事，都使我十分反感、厭惡和痛恨。男女性結合的事，不用說別的，只要動一動這方面的念頭，我就覺得如此之可恥，以致我活躍的想像力便逐漸呆滯，怎麼也活躍不起來。

有了這樣一種奇怪的矛盾思想，使我對某些性質相近的事情採取了截然不同的做法，因而產生的效果也是很奇特的。有一些很可能毀滅我的事情，反倒救了我。在青春時期，我所從事的事情分散了心力，因而沒有去做那些令我害怕的事情。一種思想代替了另外一種思想，使我奮發振作，沒有墮落下去。我心中的騷動雖沒有產生任何惡果，但的確使我受到了很大的折磨，不過，我並不因此就羞於見人，只不過在一個很長的時期內，老保持著孩子氣，這一點，說來倒眞是有點不好意思。我這僅有的一點理智，卻使我的那些荒唐事做得頗有分寸。我覺得，我那些荒唐事只能說是幼稚的，不能說是浪蕩的。一個靦腆的人是不會去做淫蕩的事情。

正是這種心力分散的奇怪現象，使我心中雖燃燒著愛的火焰，而且幾乎從童年時候起，血液裡就沸騰著性欲，但我終於沒有過早地走入使大多數青年人耗盡精力並最後陷於毀滅的迷途。後來，夥伴們的可恥事例，不僅沒有消除，反而增加了我對這種事情的反感。我懷著憎恨的心情去觀察那些賣淫的女人。感謝那些賢明的人對我的教育和關懷，使我的自然的本能在我荒唐的時候也深深隱藏，因而在我遊歷了那麼多地方，並在各種人物當中廝混了那麼多年之後，直到十九歲，我才開始覺得我有性的需要。

儘管我在這方面懂得的事情愈來愈多，但我在婦女們面前依然保持著當初的那種謹慎樣子。愛情曾使我走入歧途，但我並未變成縱欲無度的人。我的感官始終受到良心的指導；我原有的羞恥心依然如舊；只要我稍稍觸動深藏在心中的情欲，這種羞恥心即將發揮它的作用，使情欲受到天性的制約。如果我想得到的快樂，只能讓我得到一半的話，我又何必爲了這一點點的快樂，就厚著臉皮去追逐女人呢？我不敢講出的快樂事，可以給其他的事情增添樂趣，但只有與他人分享的樂趣才是值得稱道的；只男人高興而女人受害的可笑事情，難道不是不值一談的嗎？

這樣說來，我之所以行端品正，只是因爲我有另外一些稀奇古怪的癖好嗎？這個結論不公平，也很武斷。我生來就很害羞，心地善良，並富有浪漫的想像力；這些性格，使我一方面有愛女人的心和言行謹慎的表現，另一方面又有種種追求：爲人要正直，舉止要端莊，對寡廉鮮恥和荒淫凶暴之事要恨之入骨。所有這些，都是高尚和賢明的教育對我薰陶的結果。儘管我受的教育有時候也摻雜了其他成分，而且時斷時續，不是一以貫之，但一個性格善良和重廉恥的人，有了那麼多的追求，就沒有剩餘的精力去追求其他了。由於我看人首先是重人品而不管他們的性別，加之我生怕得罪人，所以我對對方凡事都很順從和遷就，我表現得既像一個苦苦追求的情人，又像一個害怕受老師懲罰的學生，我發現，這是從側面接近我想得到的女人的好辦法。就我來說，依偎在一個潑辣的情婦懷裡，是得到女人寵愛的最甜蜜的享受。我覺得，這樣一種求愛的方式，進展的速度雖不會太快，但不會使被追求的女人的品德冒太大的危險。

要不是我怕細枝末節的事講得太多，使讀者讀起來太累；我哪能不舉出童年時候的許多事情來作有力的例證，以闡明人類性格的大特徵呢？我敢說，在我的性格中，最突出的特徵是對不公正的事情的極端憎恨。見到一樁不公平的事，即使與我個人毫無利害關係，我也是非常之憎恨，無論是多麼有權勢和地位的人，都不能阻止我把憤恨的話說出來。我再斗膽說一句：我對不公平的事情的憤恨，不僅是一秉大公，而且是非常的高尚；在我受到不公平的對待時，我的憤怒之情，遠不如我看到他人受到不公平的對待時那麼大。產生這一不可更改的正義感的根由，乃起因於一把被弄壞了的梳子③，這誰相信呢？

三

我們對人的了解，眞是太少了。迄今爲止，就連自己對自己有了解的人，我們也舉不出一個。萬一有誰說他對自己十分了解的話，我們可以說，他的那一點點了解，用來說明他在人們心目中是哪一種人和哪一種地位的人，也不夠。除了自己以外，一個人至少還要了解另外一個與他相似的人，才能在他自己的心中分清哪些現象是他那種人都有的，哪些現象是某一個人獨有的。是的，有許多人自以爲了解他人，其實他們根本不了解。從別人對我的評論來看，我有充分的理由這麼說，因爲對我的各種評論，儘管都是出自有學問的人之口，但卻沒有一個是正確和符合實際的。

---

③ 有一次，朗貝爾西埃小姐發現她一把梳子的齒被弄壞了，便認爲是盧梭幹的。實際不是，朗貝爾西埃小姐錯怪了盧梭。因此，任憑怎麼懲罰，盧梭「寧可死去」也不承認。童年時候的這件事情，對盧梭性格的形成，影響極大，以致後來在寫《懺悔錄》時，也把這件事情記敘了進去。參見盧梭：《懺悔錄》，第一卷。——譯者

四

在我這一生中，我曾不止一次地說過，在那些自以爲對人最有了解的人中，每一個人都只是了解他自己，幾乎每個人都是用自己的心去忖度他人的心。我希望他們至少要有一個與之作比較的對象，並希望他們既了解自己，也了解另一個人；這另一個人，就是我。

如果不根據自己去評判別人，那就要根據別人來評判自己；切莫停留在表面現象上，而要像自己捫心自問那樣去深入探討他人的心。然而，正是在這個問題上，我們發現人們對自愛之心有兩種錯誤的看法：一種，硬說我們所評判的那些人也有與我們相同的動機，似乎他們雖處在他們的地位，也會像我們一樣行動似的；另一種，根據這種假設，我們把我們自己的動機也弄錯了。因此，爲了做到自己眞正了解自己，應當採取的法則或檢驗的標準是：認眞地了解另外一個人；不認眞地了解另外一個人，就不可能保證不出差錯。

每一個人都自以爲了解自己，而實際上，他本人乃是他了解得最差的人。有人說，如果我處在那個人的地位上，我的說法將有所不同。這種看法錯了。萬一我處在那個人的地位上，我也照樣如是說的。

五

我撰寫的，是一個已經不在人間的人的一生事蹟。我對此人十分了解；此人活著的時候，只認識我，而我也值得他認識。此人非他，就是我。各位讀者，請仔細閱讀本書，因爲，不論它是寫得好，還是寫得不好，它目前是*同類書中獨具一格的作品。這本書之所以能寫成這個樣子，原因是……④

六

我使母親當中最好的母親喪了命⑤。我的出生是我的第一個不幸。

---

* (a)只要……將來也很可能是。(b)永遠是。(c)人類能存在多長時間，它就能在多長時間裡是。——作者

④ 此處原文是省略號。——譯者

⑤ 盧梭於一七一二年六月二十八日出生；出生後十天，母親因產後失調，於七月七日逝世。——譯者

七

我在周圍看到的那個圓圓的天空，使我把地球想像成一個空圓球，人生活在圓球的中心。爲了使我明白我的看法是錯誤的，父親就在一個用矽藻土做的泥球上插了許多大頭針，讓我動腦筋把它們想像成站在地球上的人。父親爲我講解什麼叫對蹠點。泥球上的那些頭朝下的人，他們的頭怎麼會正對著我們的頭，這我怎麼也弄不明白。哥白尼的學說使我以爲太陽在地球的上方；我始終不明白我們在夜裡怎麼會不掉進天空裡。我的父親用一個渾天儀對我講太陽的運行，可是他白講一陣，而我也白聽一陣，我怎麼思考也搞不清楚是怎麼一回事。那個渾天儀反倒使我愈思考愈糊塗。我發現所有的小孩子都跟我一個樣；他們記住了大人告訴他們渾天儀上的幾個圓圈名稱，也記住了那些圓圈的用途，然後，就到此爲止。他們對太陽的運行以及太陽與地球相對的位置，根本沒有得到任何眞正的概念。我認爲渾天儀這玩意設計得並不好，那幾個憑空想像的圓圈搞亂了孩子們的思想，使他們以爲眞有渾天儀上的那種圓圈。如果你告訴他們那些圓圈根本不存在，他們就更不明白他們所看到的東西是怎麼一回事了。爲了使孩子們對渾天儀的錯誤理解少一點，就要使它各部分的比例和它所顯示的比例正好相反，也就是說，球形大，圓圈小。總結來說，我所學的宇宙學的第一課，是一個鐘錶匠⑥用矽藻土做的泥球，上插一些大頭針，給我上的；這一課上得很好。我是多麼貪婪地學這門學問，眞是無法形容。

八

要是我的父親再多活四年，他就可以看到他兒子的名字傳遍全歐洲！啊，要是他聽到這個消息，他會樂死的！幸運的是，他也沒有看到我短暫的光榮竟有一天使他不幸的兒子付出了昂貴的代價。

九

當我正在心中胡思亂想地想她和看她⑦的時候，沒有注意到那裡有一面鏡子，她此時也在鏡子裡看我。她轉過身來，極其興奮地猛然抓住我。這個舉動，使我倒吸了一口氣，不由自主地伸出兩隻胳臂去抱她。當我發現她當場抓住我偷看她時，我簡直嚇得心驚肉跳。我當

---

⑥ 指他的父親。盧梭的父親是一個鐘錶匠。——譯者

⑦ 指巴西爾夫人，參見盧梭：《懺悔錄》，第二卷。——譯者

時的樣子，誰也想像不出來：我的臉色煞白，全身戰慄，幾乎暈了過去。可是她，卻用十分溫柔的目光看著我，用手指著她腳邊的凳子。讀者可以想像得到：我沒有等她開口，就坐了過去。到此刻爲止，一切都比較正常，但緊接在這個小動作以後的情形就挺奇怪了：雙方的一舉一動似乎都明白無誤地宣布我們之間已無藩籬，已無可顧忌，可以像兩個公開的情人那樣親暱了。其實不然。是的，我坐在她身邊的那一會兒，我的確是很快樂，但也是我有生以來最感拘謹的時刻。我不敢出大氣，也不敢抬頭看她。儘管我有幾次大著膽子把手放在她的膝蓋上，那也是放得那麼輕，她似乎根本就沒有感覺到。她專心做她的針線活，既不對我說話，也不看我。我們什麼動作也沒有；我們之間靜悄悄地，一句話也沒有說。不過，我們心裡是明白的，是有所感觸的！讀者也許覺得這種情形似乎很平淡，但我有理由相信，它不會使年輕的女人感到不快。就我來說，我願終生都如此，只要我能一輩子坐在她身邊，我就別無他求了。

十

她很靦腆，很害羞。她愛美德，她把誠實的品德看得比生命還重要。我不知道如何敘述，才能說清她的一舉一動，在我看來是多麼的動人。

十一

我的心在她[⑧]面前很平靜，什麼也不想。

十二

我的上帝呀，當時，要是一個人一廂情願地說一聲：「我愛你。」那是一定會遭到對方的冷淡對待。是的，在那種情況下，如果一方向對方表白說：「我愛你，」對方一定會立刻回答：「請你別愛我。」[⑨]

其實，在這種場合，只要我們的眼睛互相對視一下，就行了，她就算是失身了。當我們單獨在一起的時候，如果彼此都極力避開對方的目光，那就最好是趕快混入人群，溜之大吉。從我們的眼睛中射出的目光就可看出，此番幽會的結果，將多麼糟糕。

---

⑧ 這裡的「她」指華倫夫人。盧梭在他的《懺悔錄》第三卷中說：「我在她（指華倫夫人。——引者注）身邊既不特別興奮，也不有所奢望；我處在一種令人迷醉的寧靜狀態中。」參見盧梭：《懺悔錄》，第三卷，巴黎「袖珍叢書」一九七二年版，上冊，第一百六十二頁。——譯者

⑨ 這段話指的是誰，不太清楚，有人說指的是《懺悔錄》第七卷中提到的塞爾小姐。——譯者

十三

我覺得，她[10]對我一本正經，反而比對我寵愛有更加甜蜜一百倍。我認為，她似乎把我看作是一件屬於她所有的東西，把我收作她的財產，把我占為己有[11]。

「愛情」這個詞，我們之間還沒有用過，但是，要我不相信我曾經為她熱愛過，那是不可能的。

她不再對我說「請」字；她要我做什麼，竟直截了當地下命令了。她要我念書，我就念書。我念得不好，她就要我念兩次或三次，然後就硬要我停止。我很受感動，我要求她允許我繼續念下去。她答應了，我才敢繼續念。在我這一生中，從來沒有這樣認真地念過書。

有一回，唉！在我這一生中也只有這一回，我的嘴接觸到了她的嘴。現在回憶起來，那

---

[10] 這個「她」指的是烏德托夫人。——譯者

[11] 一七五七年十月十五日，盧梭在寫給烏德托夫人的信中說：「我豈不是成了妳的財產了嗎？妳豈不是把這個財產占為己有了嗎？這一點，妳想否認也是否認不了的……」——譯者

是多麼甜蜜啊！即使我進了墳墓，我能忘記此事嗎？

好色的人呀，你們吹噓那些粗俗的快感使你們多麼舒服，然而我敢說，你們誰也沒有享受過我在那六個月中，心醉神迷地享受的樂趣。

十四

在此次旅行中，她好像是更加愛我了。

在她對我的關懷中，我發現有某種非常親切和溫柔的跡象。我可憐的心極其敏感，一直在盼望得到她的友誼的明確表示。果然她對我說：「我覺得我們成了好朋友。」「是的，」我回答她說：「我們是好朋友，而且還可成爲更好的朋友。啊，我是怎樣對你產生了愛的呢？要愛你，就需要五個條件，而其中最容易的條件是不可能有的，而沒有這個條件，此事就連想都不用想了。」她聽了吃驚得目瞪口呆，一句話也說不出來。這是很自然的，而不自然的是，她眼珠子一轉就默不作聲了。這一表情，我一輩子也忘不了。這一令人摸不透心意的動作，一下子就把我的心冷下來了。

她的嘴唇雖不拒絕我的嘴唇，但她的口卻躲避我給她的親吻。

十五

當我寫到這裡的時候，我沒想到有人懷疑或者說有人敢懷疑我是不是忠實敘述我所經歷的事情。那位保持沉默的先生以及我今天提到的那些人，終於使我看清此事並未逃脫他們的算計。我本該預料到弗蘭格耶（由於那幾位先生的拉攏，他已經成爲那個集團的走卒之一）是不會尊重事實的。不過，此事早已眾所周知，而且他本人也曾經公開講過，所以我認爲他與別人合夥搞陰謀的痕跡是不會全部抹掉，一個也不剩的。

我毫不懷疑，弗蘭格耶和他的同夥，今後對事情的說法會大變樣。然而，總有幾個誠實的人不會忘記他當初是怎樣說的，不會忘記他是在加入別人的陰謀集團以後，才改口亂說的。

十六

關於我的人生觀

有一天，一個在基延納學神學的青年學生來看我。和別人一樣，他也非要我講一講《牧師的信仰自白》⑫不可。我發現他對基督救世說有一定的看法，不過，儘管他在其他問題上也有一套頗合哲理的見解，但他未能找到使他本人也滿意的辦法來解決我的疑難。

後來，我聽說他到內閣去大放厥詞，但沒有人聽。他渴望人家送他一個殉道士的光榮頭銜。

十七

我一看《公民們的看法》⑬這本小冊子，就知道它是出自凡爾納先生的手筆。我等一會兒就談我得出這個結論的依據是什麼。針對這本誹謗性的小書，我斷定：只有一個能保護我受侮辱的榮譽的辦法。我把它送到巴黎去，讓人立刻印出來，拿到我曾經居住過的地方去廣爲散發，才好讓人們評判他在日內瓦對我提出的指摘。在第一次情緒衝動之下，我公開對

---

⑫《牧師的信仰自白》即《一個薩瓦省的牧師的信仰自白》，見盧梭：《愛彌兒》，李平漚譯，商務印書館一九七八年版，第四卷，第三百七十七頁。——譯者

⑬一七六四年十二月三十一日，盧梭在莫蒂埃收到一本專門攻擊他的小冊子：《公民們的看法》，小冊子的作者沒有署名。盧梭當時認爲是一位名叫凡爾納的日內瓦牧師寫的。實際上，這本小冊子是伏爾泰寫的。關於此事的經過，見盧梭：《懺悔錄》，第十二卷。——譯者

作者進行的唯一報復是，我指名道姓地斥責他。當然，我這樣報復法，手段是狠了一點。不過，儘管我點了他的名，並闡明了我的觀點，但我用來支持我的觀點的理論是軟弱無力的，是根據他的話來發表意見的。現在，別人還沒有硬說那本小冊子是他寫的，因此，他是否加以否認，由他去決定。

十八

人們對我的迫害，反倒昇華了我的靈魂。我認為，我之所以珍惜我對真理的熱愛，是由於它使我付出了代價。剛開始，這種愛只不過是一時的，而現在，它已經成了我心中占主導地位的情感了。這是人類心靈中所能產生的最高尚的情操。我敢斷言：它是專門為了我的心而產生的。

《愛彌兒》第一卷第四十六頁⑭。

每一個讀者都將有此感覺。我敢肯定：一個人如果對自己的錯誤毫無歉疚之心，或者企圖對大眾隱瞞，他是不會說這番話的。

---

⑭ 這個頁碼，指的是一七六二年，阿姆斯特丹版《愛彌兒》的頁碼。——譯者

十九

隨著劇情⑮的進展，觀眾的興趣和注意力愈來愈增加。有人在竊竊私語，打破了沉靜，但沒有中斷演出的進行。熱烈的掌聲（有國王在場觀賞，本來是不許人們鼓掌的）也沒有淹沒最精彩的段落演唱。掌聲一停止，人們緊接著是一陣狂喜和百般誇獎的讚揚。我聽見每個包廂裡都有人在低聲說：「眞感人，好極了。」我很清楚地看見，在國王的包廂裡有一陣顯然不是惡兆的騷動。最後，在兩個情人相會那一段，音樂的旋律雖簡單，但卻有一種連我也弄不清楚的打動人心的美。我發現整個劇場的人都陷入了如癡如醉的境界。這一情景，連我的頭腦也支持不住了。

---

⑮ 指盧梭的歌劇《鄉村巫師》的劇情。一七五二年十月十八日，該劇在楓丹白露宮首次演出，獲得滿堂彩。——譯者

在朗讀《懺悔錄》前發表的談話①

①在一七七〇年底和一七七一年五月之間，盧梭曾先後在佩澤侯爵和埃格蒙伯爵等人家朗讀他的《懺悔錄》。這是他在一次朗讀前發表的談話。——譯者

我認爲，我一生經歷的事情的詳細情況，應當讓一個熱愛正義和眞理的人知道。此人的年紀要輕，在我死之後，他還享其天年，活在人間。經過長期的猶豫之後，我決定把心中的祕密向少數幾個經過挑選夠正直的人傾訴。我要向他們坦述眞情，並請他們把我講述的事情記在心裡，其目的無他，只是供他們在我活著的時候，用來檢驗我對他們所講的話是否眞實，並在我死後不偏不倚地對我一生的所作所爲作出正確的評論。

十年前我就決定：我要用極其確切的詞句寫《懺悔錄》，在這個計畫進行了相當長的時間以後，我發現，我必須放棄，或者，至少要暫時停止。不過，已經寫出來的部分，已足夠人們據以評判我以及與我有關係的人，因爲，我感到爲難的是，在做我的懺悔的同時，我還不能不爲他人做懺悔，否則，人們就不明白我懺悔的事情原委。由於這個緣故，我採取了一些措施，使我的書在我死以後，並等那些對此書感興趣的人去世以後，再過很長一段時間，才讓人們看到。不過，我遇到了許多困難，我採取的措施又遠遠不夠，所以，別無他法，只好把我一生的事情存放在有道德和眞誠的人的心裡，讓他們牢記在心，永久保存。

爲了正確評判我的行爲，就需要充分認識到我的氣質、我的天稟和我的性格生來就很奇特，與別人完全不同。有些人硬要用別人的動機來比附我的動機，所以他們對我的行爲解釋，沒有一個是對的。不過，如果這些情況都要詳詳細細地講的話，那就要從童年時候講起，這樣一來，要講的話就太多，一天的時間就不夠用。因此，我只能講非講不可的主要事情。這樣，即使以後在朗讀方面遇到阻力①，這次朗讀的事情也不會被人遺忘。因此，各位先生，我今天只爲你們朗讀一些主要的事情，講一講從我來到法國之日，直到對我下逮捕令，逼得我離開蒙莫朗西之時的內心感受。如果各位先生聽起來不覺得太囉唆的話，我在朗讀過程中，還將穿插著補充一些我原來打算略而不提的事情。

先生們，現在就請你們仔細聽。我之所以要請各位仔細聽的原因，倒不是因爲我講的事情特別重要，而是由於我要冒昧交給各位先生一項任務——世間最光榮的一項任務。這項任務之完成得好或壞，將決定我身後是流芳百世還是遺臭萬年。有些人採取了許多令人驚奇的辦法，想永遠不讓我知道是哪些卑鄙的人在指摘我，不讓我知道他們暗中散布了哪些流言蜚語和誹謗不實之詞，只等我一死，他們便公之於眾。儘管我已經感覺到了他們暗中對我的傷害，但卻沒有發現他們的工具和操縱工具的手。我既不知道是誰在指摘我，也不知道指摘我些什麼，我有什麼辦法來保護我自己呢？只有一個辦法，把我這一生中所做的好事和壞事以及事情的始末和原委，通通都講出來，讓大家來比較和評說。諸位是第一個，而且也可能是唯一能聽我講述我一生事情的人。我把我好壞兩方面的事情都講給你們聽，所以也只有你們

① 盧梭在朗讀他的《懺悔錄》之前，預感到會有人來阻止，不許他公開朗讀。後來，果然不出盧梭的預料，埃皮奈夫人向警察局告發盧梭，警察局遂下令禁止盧梭公開朗讀他的《懺悔錄》。——譯者

是唯一有資格擔當評判是非的法官的人。

我請光臨此地來聽我朗讀的各位女士們注意：妳們既然承擔了聽我懺悔的工作，就不可能不聽到一些與這項工作分不開的醜話，因此，在進行這項十分高尚和嚴肅的工作時，只好用妳們的心去淨化妳們的耳朵。至於我，我已做好忠實執行計畫的準備：不僅要做到始終忠實講述事實，而且還要克服自己的害羞之心，要爲了眞理而敢於犧牲自己的面子。

社會各階層人士對我的態度

國王和大人物是不會把他們心中的看法說出來的；他們對我歷來都很寬厚。眞正高尙的人是愛榮譽的，他們也知道我了解榮譽的價値，因此，他們尊敬我，三緘其口，什麼話也不說。

法官們恨我，原因是他們對我的做法錯了。

哲學家們被我揭露了，因此想不惜一切代價毀滅我，看來，他們很可能成功。

主教們雖對他們自己的出身和等級感到驕傲，但他們看得起我，也不怕我；他們在尊重我的同時，也尊重了他們自己。

教士們已經賣身投靠哲學家；爲了討好哲學家，他們對我狂吠不已。

才子們感覺到我的確比他們高明，因此對我百般詆毀，以解他們心頭之恨。

人民乃是我心中的偶像，可是，他們只知道我是一個戴一副亂假髮的人，一個被法院下令通緝的人。

女士們被兩個對她們抱輕蔑態度的冷面人所蒙蔽，竟出賣我這個最値得她們尊敬的人。

瑞士人造成了我不少痛苦，然而，他們反倒永遠不原諒我。

那位日內瓦法官已經覺察到他自己錯了；他知道我會原諒他對我的傷害，如果他有勇氣彌補他對我的傷害，他早晚會彌補的。

人民的領袖們站在我的肩上，想把我遮擋得嚴嚴實實的，使別人只看見他們而看不見我。

作家們剽竊了我的文章之後，還罵我；壞蛋們盡說我的壞話，流氓們對我喝倒彩。好心的人們——如果現今還有這樣的人的話——也只能悄悄爲我的命運嘆息。我祝福他們，願他們將來有一天能教化世人。

伏爾泰已被我搞得睡不好覺，因此，他將模仿這幾段文字的寫法，兜售他的俏皮話。其實，他對我的粗暴侮辱，反倒成了對我的恭維，儘管他不願意。

日內瓦公民尚—雅克·盧梭的遺囑①

① 一七六七年五月，盧梭在離開伍頓時，曾把他寫的一本內計三十首歌詞的音樂手稿交給達文波爾小姐保存；這份遺囑是附在這本音樂手稿中的。——譯者

以下是我——日內瓦公民尚—雅克·盧梭親筆立下的遺囑。

我希望我死之時和我在生之日一樣貧窮。我的全部遺產,實際上只有幾件破舊的衣服和一點錢。這一點東西,值不得立什麼遺囑,何況這一點東西還不是我的。然而,我還是應當按照我的承諾和法律的要求作出安排。如果在我彌留之際說的話中,由於我的無知而有不夠周到的地方,我希望人們鑒於我的目的正確而加以原宥。現在,我指定我的女管家黛萊絲·勒瓦賽爾爲唯一的繼承人和全部遺贈財產的承受人:我把一切屬於我的東西和能夠以任何一種形式及在任何一個地方轉讓的東西,甚至連我的書籍、文稿與我的著作爲我帶來的收益,都像屬於我本人這樣交給她支配。我深感愧疚的是,我對她二十年①的辛勞和她對我的照料與愛戀,不能給予更多的報答。我謹聲明:在這二十年中,她從我手中,連一分錢的工錢也沒有得過。

我所有的親屬,不管他們是幾等親,我都不允許他們染指我的遺產;對我

① 盧梭與洗衣女工黛萊絲·勒瓦賽爾於一七四五年認識後不久,即開始同居。盧梭立此遺囑時,他們實際上已同居二十一年多。——譯者

那兩個最親的親屬，即我的姑媽蘇珊娜・貢賽茹・盧梭和我的堂弟加布里爾・盧梭，我將給以特別的照顧，每人給五個索爾②。我這樣做，毫無輕視和嘲笑他們之意，而純全是按照我居住的這個國家的法律規定辦的。

有幾位至親好友，我沒有對他們在此表達我心中想表達的敬意，我深感遺憾；再說，我也擔心：爲了執行我的遺囑，就需要辦一系列的手續，就會花費掉我能留下的這一點錢，並給繼承人帶來許多麻煩，因此，我不能讓任何財產的遺贈問題使本遺囑不能簡便執行。

我得的這個怪病，已折磨了我許多年；從種種現象看，它終將結束我的生命。它和其他同一類型的病是那麼的不同，我認爲，可以打開病灶檢查一下到底是什麼病。這樣作，對大眾是有好處的。

這就是我爲什麼希望我的身體將來交給手術高明的人加以解剖的原因。我在此附上一份敘述我的病情的便箋，以便指導手術的進行。做這項手術所需用的錢，可以從我的遺產中支取，錢數不限，任何人不得扣壓或阻撓。我並不把此事作爲我遺囑中必須執行的主要事項；我這段話的意思不是說非要人們這麼

② 索爾，當時的一種小銅輔幣。——譯者

做不可，而是表示：爲了大眾利益，只要做起來方便，而且有人自願來做這項工作，就照我的話辦好了。

西元一七六三年一月二十九日於莫蒂埃——特拉維爾

尚—雅克・盧梭

二十年前我患了尿滯留症，深爲此病所苦。這個病，我從童年時候就有了。起初，我還以爲是因尿道裡有結石的緣故。摩蘭先生是一個醫術不高明的外科醫生，始終未查明我的病因；他的結論，我一直感到懷疑。直到後來科姆修士用一根極細的探條插入尿道，才查明裡面沒有結石。

我的尿滯留症，病根不在尿道上，和別人的尿滯留症不一樣。別人的尿滯症是由結石引起的，因此，尿道時而暢通，時而又一點尿也排不出來。我的病狀很平穩：尿道既不暢通，但又不是一點尿也排不出來，只不過排尿總有或多或少的困難，從來不一尿就尿個乾淨，因此，我很苦惱，老想撒，而又從來沒有一次撒個痛快。後來，我注意到尿量愈來愈不均勻，尿水一年比一年細；我覺得，早晚總有一天，我一滴尿也撒不出來。

我的尿道有毛病，達朗先生用催膿的探條插入尿道，有時候的確使痛苦有所減輕，但長期使用，不僅無效，反而有害，而且探條的插入，每天都很困難，以致所用的探條一天比一天細，只好中間停好長時間之後再用，探條的插入，困難才少一點。

我感覺到，探條的插入不但困難，而且插入的深度愈來愈接近膀胱。所用的探條一年比一年長，到最後再也買不到長度足夠的探條，只好自己想辦法把它拉長。

多沐浴，多用利尿劑，通常是能夠減輕這種病的痛苦，但對我卻不然，反而使我的痛苦有所增加，甚至用放血療法也未奏效。內科大夫和外科醫生對我的病的診斷，一直是含糊其辭，他們籠籠統統的話，只能安慰我，而不能使我明白到底是什麼病因。他們沒有辦法治好我的身體，便想辦法醫治我的精神。他們的那番苦心，對他們自己和我都無用處；自從我不再找他們診斷以後，我反而活得更安然。

科姆修士說他發現我的前列腺很大又很硬，像一個硬塊似的。他的診斷是值得注意的。病因肯定是在前列腺上，或者在膀胱頸上，或者在尿道上，或者，很可能三處都有病。看來，檢查一下這三個地方，也許可找到病因。

說我這種病是因爲過去得過什麼性病引起的，這種看法是錯誤的。現在我宣布：我過去根本沒有得過性病。我曾經對看過我的病的那些醫生講過，我發現當中有幾個人不相信我的話。難怪他們的診斷是錯的。

我幸而未得性病，是我的運氣，但不能爲我帶來任何榮譽。不論人們是相信，還是不相信我說的話，我都應當在此明確宣布我講的全是事實，以免人們在我的病上尋找根本就不存在的病因。

享受人生的方法及其他

一

享受人生的方法

我被一種不治之症害得形銷骨立，一步一步地慢慢向墳墓走去。我屢屢回過頭去，用戀戀不捨的目光看我這一生走過的路程。我不僅不因爲我即將到達人生的終點而哀聲嘆息，反而巴不得重新開始，再過此生。然而，在値得我留戀的這一生中，爲什麼有悲有喜，如此坎坷？先是寄人籬下，然後是屢犯錯誤，懷抱的希望全落空；既一貧如洗，又百病纏身；歡樂的時間短，受難的日子長；受到的痛苦是眞的，而獲得的好處一會兒便煙消雲散，成爲泡影。不錯，生活是美好的，儘管這不幸的一生爲我留下了許多遺憾。

不過，我天天都聽見幸運的人們說什麼……①

二

在恬靜的孤獨生活中，我仍然快快樂樂地享受我這多災多難的餘生。四周是沒有樹木的

① 此處原文是省略號。——譯者

空地，沒有水的沼澤，矮小的槭樹、蘆葦和淒涼的灌木林。所有這些像死亡一般的東西，儘管不能對我說話，也不能聽我講話，但看起來卻有一種神祕的美，把我引入這寂靜的荒僻之地。這神祕的美，它不屬於這些沒有感知和宛如死去的東西，它不可能存在於它們的身上，它存在於我的心裡。我的心要把所知道的事情全告訴它。人與人的複雜關係，使我離開了我最親愛的人；只有隱居在這荒僻之地，我才能心境寧靜，靜觀自己。

三

各位請看，這裡有一個健康逐漸恢復的人。他胃口大開，狼吞虎嚥，硬要把桌上的東西全吃進肚子裡，而且貪心不已；嘴裡吃著這一個，心裡還想著另一個。他吃得津津有味，對每一樣菜品嚐的時間，比人家吃一頓飯的時間還長。他吃的東西比你們少一半，但他享受的樂趣卻比你們多一倍。

四

我們不要在這世上尋求什麼眞快樂了，因爲世上根本就沒有；也不要在世上尋求我們的心靈所追求的安閒。在這世上尋找我們的心靈需要的東西，是找不到的，因爲世上本來就沒有。我們有一種暗暗感知福已到頭的本能，它的作用就在於讓我們知道：我們的幸福原本是一場空。

五

我對我自己說：我曾經享受人生，我現在還在享受它。

六

我相信我看見過純潔的神靈，這些來自上天的使者按照萬物在大自然中的聲音安排萬物。大智大慧的人們好像都來到了我的周圍，想讓我看他們使這個有感知的世界活動起來，充滿生機。

七

他們很怕死，但又覺得活得很乏味。

他們心裡怕死，但又禁不住自己老在口頭上抱怨生活沒有意義。他們雖絕口不說苦，但從他們對一切使生活美好的事物都感到厭倦的情況看，他們是確有痛苦的。

八

在談到一件染成紅色的象牙飾品時，荷馬②說：幫它著色，反倒把它弄髒了。

九

至於我，我的看法卻相反。我認爲，正是由於我喜歡獨自生活，我才是眞正合群的，因爲，爲了對別人不產生恨，就必須站在遠處看他們，只有這樣，我才不求他們對我有什麼偏愛，何況他們的偏愛不是出自眞心。

十

我內心的感受，用三段論法是理不清楚的；它比理智的推理更具有說服力。

---

② 荷馬，古希臘詩人，史詩《伊利亞特》和《奧德賽》的作者。——譯者

十一

我有許多證據，我能舉出明顯的事實。

十二

只要他們說得有理，我就認輸；只要他們敢說公道話，那我一定會成爲贏家。

十三

他認爲：從他出名之日起，便開始倒楣；他命中註定要遭受的一切災難，都是少數幾個人經過長期祕密準備而策劃的陰謀造成的；這少數幾個人想方設法，陸陸續續把所有的大人物和所有的才子拉進……③

③ 此處原文是省略號。——譯者

十四

法國人並不恨我；我心中很清楚：法國人恨我的事情是不會發生的。我不會把某幾位作家對我的侮辱歸罪於法國；法國的公正輿論已譴責此種行為。法國乃講究禮貌之國，是不會贊成那些人的做法。眞正的法國人是不會用那種筆調寫文章，尤其是針對不幸的人；他們當然是錯誤地對待了我，但他們是抱著遺憾的心情那麼做的。他們對我的凌辱使我遭到的損害，遠不如他們為了彌補此事而採取的措施幫我增添的光彩多。

十五

很有可能，他們對我所講的話已作出反應，但是，他們肯定沒有回答我提出的問題。即使他們詳細地批駁了我的文章，他們也無非是說我講的話沒有人相信；至於我的思想，他們是一點也沒有駁倒的。如果眞有人願意花一番力氣，從我講得雜亂無章的話中探究我眞正的思想，他很可能發現我的思想是有錯的，然而，如果他根據我的對手所講的話去探究，他肯定是找不到我的錯誤，因為我的對手所講的話，沒有一句擊中我的要害。

十六

當我開始從事這項危險的事業，貿然踏上這條道路的時候，我不是不知道這條道路周圍都是陷阱。我想用我的筆闡述眞理，可是，我預感到……我老遠就看到那些令我提心吊膽的災難。不過，儘管我的膽子大，敢衝敢闖，但我也毫不麻痹，不敢掉以輕心……

十七

一七六八年秋，決定再次去英國之前，我又把書稿和文件重新檢查了一遍，準備把其中的大部分都燒掉，以免帶在身邊成爲一個累贅。我的檢查工作就是從這部集子④開始的。當我粗略地翻看的時候，偶然發現有一處被挖去幾段文字的空白。要是在以前，這不會引起我的注意，但此時此刻，有許多情況使我想到了它的重要性。做這種手腳的人使我對陷害我的陰謀有了一個初步的認識。於是我決定：不僅不燒掉這部集子，反而要把它好好地保存起來。不管此事的內幕如何，而且看起來對我不利，我認爲，它早晚會提供足夠的線索，使公正和細心的人了解眞相。也就是在這同一個時候，我收到了舒瓦塞爾先生給我的護照，然

④ 指一本書信集。——譯者

而，我決定放棄離開法國的計畫，決心以我的清白爲唯一的武器，一步一步地揭穿那個陷害我的陰謀。我在幾封信的末尾加了幾個簡短的注釋，以便那些能看到這部集子的人能順藤摸瓜，弄清事實。如果他們熱愛正義的話，他們就會按照其中的提示，去做必要的調查，以便有朝一日把清白還給這個最不幸的人，並使那些迫害他的人對他的誣陷得到昭雪。

十八

我過去認爲，現在仍然認爲：共和國是唯一值得人們嚮往的國家。我經常莊嚴地公開表示：一個有剛毅之心的人必然是行端品正的。我毫不懷疑德萊爾內心的想法是和我一樣的，但他卻喜歡惹我生氣，逼得我只好和他爭論，用輕蔑的語調談論什麼庶民的國家。如果這是熱愛共和的人的罪過的話，我承認，我的罪過可大了。我筆下是怎麼寫的，口頭就怎麼講，大聲地講，公開地講，而且我往往控制不住自己，愈講愈興奮，我要把話講完，講個痛快。無論是誰，只要他來攻擊我，我就要回敬他。不過，即使這樣，我也不能原諒德萊爾信中冷嘲熱諷的語氣；他用這種語氣的動機何在，只有他能解釋。他的壽命將比我活得長，我也希望他活得長，所以請各位去向他打聽，他寫這種信給我的原因是什麼。我可以把話說在前頭，你們將發現：始作俑者（有人已經告訴我了）乃狄德羅和霍爾巴赫。

十九

我於一七六八年九月十一日⑤在勃古安娶黛萊絲·勒瓦賽爾爲妻，證婚人爲勃古安市市長尚帕涅爾先生和炮兵軍官羅西耶爾先生。

⑤這裡，盧梭把日期記錯了；他和黛萊絲·勒瓦賽爾舉行世俗婚禮的日期是一七六八年八月三十日。——譯者

後記

一

在法國的傳記文學中，盧梭留下了三部永傳後世的作品：《懺悔錄》、《對話錄》和《一個孤獨的散步者的夢》；三部著作，三種體裁，三種筆調；如果說《懺悔錄》是一部編年史，《對話錄》是一部心理分析小說，那麼，最後這部《夢》便是一部散文詩。寫這部作品時，盧梭已到垂暮之年，已完全放棄了與敵人周旋和與命運抗爭的徒勞的努力，一切聽天由命，因此心境恬適，十分悠閒，落筆爲文宛如信步詠哦，把十篇〈散步〉寫成了十篇優美的散文詩。就性質來說，這十篇文章是文學作品，但就內容來說，它們又是研究盧梭一生行事和思想發展軌跡的不可不讀的著作。受這部著作影響的人甚多，特別是法國十九世紀上半葉的浪漫主義文學家，例如：寫《九泉回憶生前事》的夏多布里昂就是其中之一；他說：「我首先要承認，在我的青年時期，……《一個孤獨的散步者的夢》與我的思想非常近似；我毫不隱瞞，毫不掩飾我喜歡閱讀的這幾部作品使我產生的愉快心情。」①

---

① 夏多布里昂：《九泉回憶生前事》（Chateaubriand: Mémoires d'Outre-Tombe），巴黎「袖珍叢書」一九七三年版，第一卷，第四百七十九頁；在這段話中提到的作品還有《奧西恩》、《維特》和《對大自然的研究》。

二

「文不加點」這個話，說的是一個人的文章不僅寫得快，而且寫得好。在本書選譯的作品中，〈致馬爾澤爾布總監先生的四封信〉，可以用這句話來形容，因爲盧梭寫這四封信，「沒有打草稿，拿起筆就奮筆疾書，寫好後甚至連重看一遍都沒有看」就發出去了；他說，這也許是他「一生之中唯一信筆寫來，立馬而就的作品」②。

三

〈嘲笑者〉是盧梭早期的作品，寫於一七四九年；那時候的盧梭還不是寫《論不平等》和《社會契約論》時的盧梭，因此行文隨意揮灑，放達不羈，在文中敘述了他和狄德羅的辦刊計畫後，便用幽默的筆調給自己畫像，結果發現：「再沒有誰比我自己更不像我的了。」看起來好像是嘲弄自己，而實際是在嘲弄別人。類似這種用布瓦洛諷刺詩的筆調寫的作品，在盧梭的著作中並不多，在研究尚未與《百科全書》派的朋友分道揚鑣的盧梭時，這篇文章值得一讀。

---

② 盧梭：《懺悔錄》，第十一卷，巴黎「袖珍叢書」一九七二年版，下冊，第三百五十三頁。

這篇文章和另一篇〈隨感〉，由張文英翻譯。

四

〈我的畫像〉及其後的六篇短文，是譯者一九九三年旅居巴黎和在尼斯的好友勒內·瑪蒂尼約爾（René Martignelles）先生家做客時譯的；此次重讀這幾篇譯文，對這位友人是年在解析文中難點方面給予的幫助，謹志一言，表示感謝。

李平漚

二〇〇六年三月於北京惠新里

作者年表

年代	年紀	生平紀事
一七一二年	〇歲	六月二十八日生於日內瓦。父親伊薩克是鐘錶匠，和哥哥佛蘭索瓦相差七歲。七月，母親蘇珊娜．貝爾納去世後，由姑媽撫養。
一七二二年	十歲	十月，父親和退伍軍人打架，離開出生地，定居里昂。同月，盧梭被送到貝爾納舅舅家裡，後又被送往日內瓦近郊波塞的朗伯西埃牧師家中學拉丁文。哥哥離家出走，杳無音訊。
一七二五年	十三歲	在日內瓦市的馬塞隆書記官處當見習生。四月當雕刻匠杜康曼的學徒。
一七二六年	十四歲	博讀雜書，養成孤獨、幻想的習慣。三月父親再婚。
一七二八年	十六歲	三月，認識安納西的華倫夫人（Madame de Warens, 1699～1762）。四月進入義大利的杜林修道院改信天主教。六月離開修道院，當店員、僕人等工作。其中在維爾塞里斯夫人家發生的絲帶偷竊事件，成為日後執筆寫《懺悔錄》的動機之一。
一七二九年	十七歲	在安納西的神學院就讀，並在教會學校學習音樂。出版《納爾西斯》。
一七三〇年	十八歲	從里昂又回到安納西（華倫夫人此時已前往巴黎）。七月開始出外流浪。
一七三二年	二十歲	到尚貝里，在土地普查局為國王效力。
一七三三年	二十一歲	十月，成為華倫夫人的愛人（和管家、夫人形成三角關係）。
一七三六年	二十四歲	和華倫夫人住在夏梅特（此時期成為盧梭回憶中最珍貴的幸福生活）。

一七三七年	二十五歲	六月，因化學實驗不慎發生爆炸，幾近失明。九月為療養而前往蒙彼利埃，途中，遇見拉爾納日夫人產生一段熾熱的愛戀。
一七四二年	三十歲	七月，為迎接新生活，離開華倫夫人，到巴黎定居。此時期認識狄德羅，開始出入貴族社交圈。
一七四三年	三十一歲	一月，出版《論現代音樂》。春天，認識杜賓夫人和她的兒子法蘭古，一起學習化學。開始寫歌劇《風流的繆斯》。
一七四五年	三十三歲	三月，和出生於奧爾良，年方二十三歲的黛萊絲（一七二一～一八〇一）生活在一起。七月完成歌劇《風流的繆斯》。受伏爾泰與拉摩之請，修正《納瓦爾公主》，改寫成《拉米爾的慶祝會》。
一七四六年	三十四歲	認識埃皮奈夫人。冬天，第一個孩子出生，送往育嬰堂。之後連續五個孩子也都送往育嬰堂，種下終生苦惱的原因。
一七四七年	三十五歲	五月，父親逝世。
一七四八年	三十六歲	經埃皮奈夫人介紹而認識了貝勒加爾德小姐（後來的烏德托伯爵夫人），主宰了盧梭後來的命運。和狄德羅共同策畫出版定期雜誌《嘲笑者》，但只出版盧梭編輯的第一冊即告停刊。
一七四九年	三十七歲	為《百科詞典》撰寫音樂詞條。

一七五〇年	三十八歲	七月，《論科學與藝術》入選，一舉成名。年底，經狄德羅多方奔走，日內瓦的巴里約書店出版了本書。
一七五二年	四十歲	十月，《鄉村巫師》上演，大獲成功。十二月，在法蘭西劇院上演年輕時的作品《納爾西斯》（或名《自戀者》），卻反應不佳。
一七五三年	四十一歲	盧梭寫〈論法國音樂的信〉，指責法國音樂，而讚美義大利歌劇，和狄德羅等人揭開「小丑會戰」的序幕。後來人們對盧梭產生反感，拒絕他進入歌劇院。
一七五五年	四十三歲	四月，出版《論不平等》（全名是《論人與人之間不平等的起因和基礎」》）。九月，在狄德羅的《百科全書》第五卷發表《論政治經濟學》。
一七五六年	四十四歲	四月，與黛萊絲同赴埃皮奈夫人的「舍夫雷特」居住。五月，完成聖皮爾神父的《永久的和平》、《多部委制》之摘編。對於伏爾泰的《里斯本大災難詠》中，歸咎上帝論的言詞感到氣憤，雖去信回覆，但兩人已開始對立。
一七五七年	四十五歲	愛戀烏德托夫人。三月，為狄德羅的著作《私生子》中的一句話起爭執，後來和解。開始寫《新愛洛伊絲》。十一月，讀了《百科全書》第七卷的日內瓦詞條後，撰文駁斥。
一七五八年	四十六歲	伏爾泰公開表示對盧梭的反感。和狄德羅形成絕交的狀態。出版《就戲劇問題致達朗貝爾的信》。從這個時期，開始執筆《民約論》。

一七五九年	四十七歲	完成《愛彌兒》第五卷。
一七六〇年	四十八歲	十月，完成《愛彌兒》。年底完成《民約論》草稿。
一七六一年	四十九歲	一月，出版代表作之一的長篇小說《新愛洛伊絲》（*La Nouvelle Héloise*，又名《茱麗》）。三月，出版聖皮爾神父的《永久的和平》。十月，開始在巴黎印刷《愛彌兒》。十一月，《愛彌兒》的校對延遲，懷疑原稿被偷，精神呈現錯亂狀態。十二月，荷蘭的雷依書店要求盧梭寫《著作集》用的自傳。是年，《民約論》初稿完成。
一七六二年	五十歲	一月，寫〈致馬爾澤爾布總監先生的四封信〉，是重要的自傳性作品之一。 四月初，由雷依書店出版《民約論》。六月，被索爾邦神學院告發，巴黎高等法院判定有罪，下令逮捕，盧梭展開八年的逃亡生活。日內瓦境內焚燒《愛彌兒》和《民約論》，同時也下達逮捕令。七月，伯恩政府下令驅逐盧梭，離開凡爾登，抵達普魯士的納沙泰爾邦，受到蘇格蘭貴族喬治．凱特總督的保護。請求普魯士國王腓特烈二世准許他在其領地莫蒂埃過隱居生活。 七月，華倫夫人逝世。八月，得到普魯士國王的許可。
一七六三年	五十一歲	總檢察官特農香發表《鄉間來信》，用以反駁盧梭。
一七六四年	五十二歲	十月，針對《鄉間來信》發表《山中來信》。十二月，伏爾泰發表匿名小冊《市民所感》，誹謗盧梭，揭穿他遺棄孩子的醜事。

一七六五年	五十三歲	二月，《山中來信》為日內瓦所禁。三月，巴黎焚毀《山中來信》。九月，受到村民的石頭攻擊，遷居聖彼埃爾島。據盧梭回憶，在這兒的生活，是他一生中最快樂的時光，在絕筆《一個孤獨的散步者的夢》中有深刻的描述。十月，伯恩市議會下達驅逐令，英國哲學家休謨勸他去英國。
一七六六年	五十四歲	一月，和休謨同往英國。三月，在烏頓執筆《懺悔錄》。六～七月，與休謨失和。這一年，伏爾泰散發誹謗盧梭的手冊。從這時開始，盧梭患上嚴重的被害妄想症。
一七六八年	五十六歲	八月與黛萊絲正式結婚。
一七七〇年	五十八歲	六月，在巴黎普拉托里亞街（現今盧梭街）定居。
一七七一年	五十九歲	二月，在瑞典皇太子前朗讀《懺悔錄》。下半年執筆《論波蘭政府》。
一七七二年	六十歲	四月，完成《論波蘭政府》。開始寫分析自己的書《盧梭審判尚—雅克：對話錄》。
一七七五年	六十三歲	十月，盧梭的歌劇《比哥曼儂》上演，非常成功。年底完成《對話錄》。
一七七六年	六十四歲	秋，開始寫絕筆作品《一個孤獨的散步者的夢》。
一七七八年	六十六歲	伏爾泰應邀前往巴黎，因疲勞而病倒，這位盧梭的勁敵於四月三十日逝世。五月，將《對話錄》的原稿，以及包括《懺悔錄》在內的各種原稿託老友保管。七月二日，盧梭因腦溢血逝世，遺體葬於埃默農維爾公園的白楊島上。

一七九四年		十月十一日，革命政府把盧梭的遺體從白楊島移至先賢祠，葬於伏爾泰之旁。

國家圖書館出版品預行編目資料

一個孤獨的散步者的夢 / 盧梭著；李平漚譯 . -- 初版 -- 臺北市：五南，2020.06
面；公分 .--（大家身影系列；8）
譯自：Les rêveries du promeneur solitaire
ISBN 978-957-763-994-3（平裝）

1. 盧梭（Rousseau, Jean-Jacques, 1712-1778） 2. 傳記 3. 學術思想 4. 西洋哲學

146.42 109005402

大家身影 008

一個孤獨的散步者的夢

作　　者 — 盧　梭
譯　　者 — 李平漚
發 行 人 — 楊榮川
總 經 理 — 楊士清
總 編 輯 — 楊秀麗
副總編輯 — 陳念祖
責任編輯 — 李敏華
封面設計 — 王麗娟
出 版 者 — **五南圖書出版股份有限公司**
地　　址：台北市大安區 106 和平東路二段 339 號 4 樓
電　　話：02-27055066（代表號）
傳　　真：02-27066100
劃撥帳號：01068953
戶　　名：五南圖書出版股份有限公司
網　　址：http://www.wunan.com.tw
電子郵件：wunan@wunan.com.tw
法律顧問 — 林勝安律師事務所　林勝安律師
出版日期 — 2020 年 6 月初版一刷
定　　價 — 450 元